Alice Walker · Meridian

Für Staughton Lynd und Maryam L.
und für John Lewis, den unbesungenen.

Alice Walker

MERIDIAN

Deutsch von
Thomas Lindquist

Frauenbuchverlag

Zur Erläuterung der englischen Ausdrücke siehe Glossar

1. Auflage 1984
1. bis 3. Tausend

Titel der Originalausgabe: MERIDIAN
Umschlaggestaltung: Hansjörg und Evi Langenfass, Ismaning
Satz: Tina Schreck, München
Druck und Bindung: G. J. Manz AG, Dillingen
ISBN 3 88897 107 1

Ich möchte dem Radcliffe Institute, der MacDowell Colony und der Yaddo Corporation danken für ihre Unterstützung beim Schreiben dieses Buches. Ich danke auch Mel Leventhal und Rebecca Leventhal.

Ich wußte damals nicht, wie vieles zu Ende war. Wenn ich jetzt zurückblicke ... kann ich noch immer die hingemetzelten Frauen und Kinder liegen sehen, in Haufen entlang der gewundenen Schlucht verstreut, so deutlich, wie ich sie sah, als meine Augen noch jung waren. Und ich kann sehen, daß da noch etwas anderes in dem blutigen Schlamm starb und im Schneesturm begraben wurde. Der Traum eines Volkes starb dort. Es war ein schöner Traum ... der Ring der Nation ist zerbrochen und verstreut. Es gibt keinen Mittelpunkt mehr, und der heilige Baum ist tot.

– Black Elk, *Black Elk Speaks*

Me·ridi·an, der; (lat., *meridianus,* bez. den Mittag oder den Süden, von *meridies,* Mittag, der Süden; *medius,* Mitte, und *dies,* Tag.)

1. der scheinbar höchste Punkt, den ein Himmelskörper auf seiner Bahn erreicht.

2. (a) der Höhepunkt von Macht, Reichtum, Pracht etc.; Zenith; Gipfel; Kulmination; (b) die mittlere Phase des Lebens, aufgefaßt als Höhepunkt von Gesundheit, Kraft etc.; Blütezeit.

3. Mittag. (Veraltet.)

4. In der Astronomie ein imaginär großer Kreis der Himmelssphäre, der durch die Himmelspole und den Zenith jedes angenommenen Punktes führt und den Äquator im rechten Winkel schneidet.

5. in der Geographie (a) ein großer Kreis auf der Erde, der durch die geographischen Pole und jeden angenommenen Punkt auf der Erdoberfläche führt; (b) die Hälfte eines solchen Kreises zwischen den Polen; (c) eine der Längslinien, die auf einem Globus oder auf einer Landkarte in Nordsüdrichtung verlaufen und einen solchen Kreis oder Halbkreis vorstellen.

6. (a) ein Ort oder eine Situation mit besonderen eigenen Merkmalen; (b) besonderer Charakter.

7. ein in Grade unterteilter Messingring, in dem ein Globus drehbar aufgehängt ist.

erster Meridian: siehe *Nullmeridian,* unter *Null.*
magnetischer Meridian: ein sorgfältig ermittelter Meridian, von dem sich Sekundär- oder Leitmeridiane ableiten lassen.

me·ridi·an, adj.;

1. kurz vor bzw. nach oder am Mittag oder, insbesondere, kurz vor bzw. nach dem höchsten Stand oder der größten Kraft der Sonne am Mittag.

2. kurz vor bzw. nach oder beim Durchlaufen des höchsten Punktes auf der täglichen Bahn eines Himmelskörpers.

3. kurz vor bzw. nach einem Meridian.

4. kurz vor bzw. nach oder im Höhepunkt von Reichtum, Pracht, Macht etc.

5. südlich. (Selten.)

MERIDIAN

Letzte Heimkehr

Truman Held rollte langsam in das Städtchen Chicokema ein, als die beiden Schwarzen an der Tankstelle, wo er zum Tanken hielt, gerade Lunch-Pause machen wollten. Sie schauten herüber, als er ausstieg, und hoben lässig grüßend ihre Cola-Flaschen. Sie hockten auf Kisten im Schatten neben der Garage und redeten leise und ohne Hast miteinander, während Truman eine Candy-Stange kaute und einen jungen Weißen beobachtete, der mürrisch gaffend aus dem Büro der Tankstelle gekommen war, um den Wagen aufzutanken. Truman war die ganze Nacht gefahren, aus New York City, und sein grüner Volvo war staubig und verschmiert; plattgedrückte Insekten schwärzten den Silberpfeil quer über'm Kühlergrill.

»Wißt ihr, wo ich das Ding waschen lassen kann?« rief er und schlenderte zur Garage.

»Klar«, sagte einer der Männer, der langsam aufstand und sich den letzten Schluck Cola aus der Flasche in den Mund rinnen ließ. Er hatte bereits einen gichtknotigen Finger gehoben, um Truman den Weg zu zeigen, als ein kleiner Junge in zerschlissenen Jeans angerannt kam und in seinem Schwung den Alten beinah zu Boden riß.

»He, warte mal«, sagte der Mann und richtete sich auf. »Wo brennt's denn?«

»Brennt ja gar nicht«, sagte der Junge atemlos. »Es ist die Frau mit der Mütze. Sie will den Panzer niederstarren!«

»Barmherziger Gott«, sagte der Ältere, der sich gerade einen halben Pfannkuchen in den Mund geschoben hatte. Er und der andere Mann wischten sich rasch die Hände an ihren orangefarbenen Overalls und spähten zur Uhr über der Garage. »Zeit genug«, sagte der Mann mit dem Pfannkuchen.

»Schätze, ja«, sagte der andere.

»Was ist los?« fragte Truman. »Wo lauft ihr hin?«

Der kleine Junge, der mit der Neuigkeit gekommen war, hatte irgendwie den halben Pfannkuchen erwischt und kaute ihn eifrig, mit einem Auge nach dem Rest Cola in einer der Flaschen schielend.

»In dieser Stadt gibt's einen alten Army-Panzer«, murmelte er mit vollem Mund, »und mit dem zielen sie jetzt auf diese Frau mit der Mütze, weil sie so tut, als wüßte sie gar nicht, daß die anderen einen Panzer haben.«

Er hatte den Pfannkuchen 'runtergewürgt und auch die Cola verschwinden lassen.

»Muß laufen«, sagte er und rannte hinter den beiden Männern von der Tankstelle her, die eben um eine Ecke verschwanden.

Die Stadt Chicokema besaß tatsächlich einen Panzer. Er war in den Sechzigern angeschafft worden, als die Bürger, sofern sie weiß waren, sich von »fremden Unruhestiftern« angegriffen fühlten – jenen Mitgliedern der schwarzen Community, die meinten, »Gleiches Recht für Alle« solle auch auf die Schwarzen ausgedehnt werden. Man hatte den Panzer weiß angestrichen, mit Bändern (rot, weiß und natürlich blau) geschmückt und ihn auf dem Marktplatz geparkt. Daneben stand ein Denkmal des Konföderierten Kriegers, Gesicht nach Norden, dessen rechtes Bein, als man den Panzer einparkte, für immer beschädigt wurde.

Als erstes fiel Truman auf, daß zwar die Straßen rund um den Platz dicht von Menschen gesäumt waren, daß aber niemand ein Wort sprach. Abgesehen von der unnatürlichen Stille war es ein Platz genau wie in Hunderten von Kleinstädten im Süden. Eine fleckige, in der Sonne verdorrte Rasenfläche rund um das ziegelgemauerte Rathaus, eine Kette hoher Kiefern und Magnolienbäume und betonierte Spazierwege, glühend heiß und sauber, bis auf Kaugummiklumpen hie und da, die an den Schuhsohlen kleben blieben.

Auf der Seite des Platzes, wo Truman jetzt stand, waren die Läden heruntergekommen, ihre Reklameschilder, Tabak und Olde Milwaukee Bier anpreisend, waren durch allzuviel Jahre unter einer sengenden Sonne verblichen. Auf der anderen Seite des Platzes waren die Läden in besserem Zustand. Frisch eingekleidete Mannequins hinter funkelnden Schaufensterscheiben, und Blumenkästen mit rotem Springkraut.

»Was ist hier los?« fragte er und trat an einen alten Mann heran, der sich behutsam und reglos wie ein Vogel über seinen breiten Besen beugte.

»Na«, sagte der Straßenkehrer, der Truman einen vorsichtigen Blick zuwarf und seinen Besen fester packte, sich auf ihn stützte, »ein paar Kinder wollten 'rein und die tote Lady sehen, wissen Sie, die Mumie im Wohnwagen da drüben, und unser Tag, an dem wir sie sehen dürfen, ist erst am Donnerstag.«

»*Euer* Tag?«

»Genau was ich sage.«

»Aber das Bürgerrechts-Movement hat das alles doch geändert!«

»Rechte hab ich kommen und gehen sehen«, sagte der Straßenkehrer störrisch, als wolle er Truman zum Widerspruch reizen. »Sie sind ein Fremder hier, sonst wüßten Sie, daß dieser Tag für die Leute ist, die in der Guano-Fabrik draußen vor der Stadt arbeiten. Arme Leute.

Die anderen, die nicht in dieser Fabrik arbeiten müssen, behaupten immer, daß die, die müssen, so gräßlich stinken, daß man es nicht mit ihnen in einem Raum aushalten kann. Aber Sie wissen ja, aus was Guano gemacht wird. Uff. Da stinkt man schlimmer als ein toter Fisch!«

»Aber Sie arbeiten doch nicht da draußen, oder wie?«

»Habe ich. Rausgeschmissen, weil zu alt gewesen.«

Links von ihnen, auf der anderen Seite des Platzes, war ein rot-golden bemalter Zirkuswagen aufgestellt, der in der Sonne funkelte. In großen, verzierten Gold-Buchstaben standen dort, an der Seitenwand, die silbern umrahmten Worte: »Marilene O'Shay – Eines der zwölf Wunder der Welt – Seit fünfundzwanzig Jahren tot – Echt konserviert wie im Leben.« Darunter, mit kleinerer Schrift in roter Farbe auf vier große Sterne gekritzelt: »Gehorsame Tochter« und »Treusorgende Gattin«. »Liebende Mutter« hieß es auf dem dritten Stern, und »Vom Wege abgeirrt« auf dem vierten. Über dem vierten Stern flackerte der Lichtblitz einer senkrecht montierten Glühbirnen-Kette in beschleunigter Abwärtsbewegung – wie eine ewig stürzende Träne.

Truman lachte. »Das muß ein netter Schwindel sein«, sagte er.

»Klar, ist es«, sagte der Straßenkehrer und spuckte aus. »Aber Sie wissen ja, wie Kinder sind. Wollen alles sehen, was irgendwie unheimlich ist.«

Die Kinder standen am Rand des Platzes, in einigem Abstand vom Zirkuswagen, und der Army-Panzer verstellte ihnen zum Teil die Sicht. Sie trugen schwarz-gelbe Schuluniformen und schwärmten wie Bienen um irgend etwas oder irgend jemand. Alle gleichzeitig schwätzend und gestikulierend, machten sie einen geschäftig summenden Lärm.

Der Straßenkehrer kramte in seiner Hosentasche und zog ein pinkfarbenes Flugblatt hervor. Er reichte es Truman. »Die wahre Geschichte der Marilene O'Shay«, las er.

Wie der Verfasser, Marilenes Mann Henry, behauptete, sei sie die ideale Frau gewesen, eine »Göttin«, die »alles bekam, was ihr Herz zu begehren *meinte*«. Sie hatte eine Waschmaschine besessen, Pelze, ein eigenes Auto und eine fest angestellte Hausgehilfin und Köchin. Sie brauchte sich nur noch, so Henry, »hinzusetzen und alle Annehmlichkeiten zu genießen«. Aber »verdorben durch die honigsüßen Zungen von Taugenichtsen, die fern in höchsten Stellen sitzen«, war sie ausgegangen, um ihr »Vergnügen« zu suchen, während sie von ihm erwartete, die Rechnungen zu bezahlen.

Das Merkwürdige an ihrem vertrockneten Leichnam, so Henry, war die – allerdings ihre Verruchtheit widerspiegelnde –

Tatsache, daß der jahrelange Kontakt mit dem Salz ihn völlig geschwärzt hatte. Und obwohl Henry oft versucht hatte, ihm durch Anpinseln seine ursprüngliche Farbe wiederzugeben, war das Weiß immer wieder nachgedunkelt. Der Betrachter ihrer sterblichen Überreste solle sich daher durch ihr glattes und rotes Haar davon überzeugen lassen, welcher Rasse seine Frau angehört hatte.

Mißmutig brummend gab Truman das Flugblatt zurück. Drüben am anderen Ende des Platzes fingen die Kinder an, durcheinanderzulaufen und sich herumzuschubsen, als versuchten sie, sich in Reih und Glied aufzustellen. Irgend etwas an der Zusammensetzung der Gruppe beunruhigte Truman.

»Sie sind *alle* schwarz«, sagte er nach einer Weile, mit einem Seitenblick auf den Straßenkehrer. »Außerdem sind sie viel zu klein, um in einer Fabrik zu arbeiten.«

»Erstens«, sagte der Straßenkehrer und deutete hin, »sind ein paar weiße Kids in der Bande. Nur fallen sie unter all den Schwarzen nicht auf. Und zweitens ziehen die Leute, die nicht in der Guano-Fabrik arbeiten müssen, die Grenzlinie nicht bei den Mamas und Papas. Sie werfen die Kinder mit in einen Topf. Behaupten, daß der Guano-Gestank sich nicht abwaschen läßt.

Der Mann dieser Mumien-Lady, der hatte schnell heraus, auf welcher Seite das Brot mit Butter beschmiert ist. Wenn die Kinder der Fabrikarbeiter kommen und sich die salzige alte Schachtel ansehen wollen, solange von *denen* welche da sind, scheucht er sie weg und schimpft sie kleines Drecksgesindel. Und da mischt sich dieses unheimliche Mädchen ein, das letztes Jahr in der Stadt hier aufgetaucht ist. Und gleich trommelte sie all die armen Kinder zusammen, die sie in die Finger bekam. Sie schaut ja so 'runtergekommen und unheimlich aus, mit dieser alten Mütze, die sie immer trägt, daß man meint, die Kinder fürchten sich vor ihr – sind ja zu jung, um sich zu erinnern, wie es war, als die Schwarzen dauernd marschierten –, aber sie haben keine Angst.«

Truman hielt den Atem an und reckte sich auf Zehenspitzen, um über den Platz zu spähen. Dort bei den Kindern, direkt vor dem Zirkuswagen und dem Panzer, stand Meridian, in blauen Arbeitsklamotten und mit einer weißlichen Schirmmütze, wie die Fahrer auf Lokomotiven sie tragen. Neben ihnen, vor der Schaufensterfront der sauberen Läden, drängte sich eine wachsende Menge von Weißen. Vor den schäbigen Kaufläden, wo Truman und der Straßenkehrer standen, sammelten sich die Schwarzen, totenstill. Eine weiße Frau stürzte aus der Menge der Weißen hervor, sie packte eines der weißen Kinder und trieb es mit Stößen und Schlägen vom Platz. Truman warf einen besorgten Blick nach dem Panzer auf der Mitte des Platzes. In diesem Moment kletterten zwei Männer in den Turm, und eine Phalanx von Polizisten, die Gewehre geschultert, rückte vor, um den Zirkuswagen zu verteidigen.

Es war, als hätte Meridian nur darauf gewartet, daß sie sich zu einer geordneten Kette formierten. Als jetzt die Männer im Panzer mit der Kanone in ihre Richtung zielten, und als die anderen in einer Reihe vor dem Zirkuswagen Aufstellung genommen hatten, warf sie kurz die Faust empor und marschierte vom Bürgersteig los. Die Kinder im Gleichschritt hinterher, die Köpfe hoch erhoben und ihre kleinen Füße über das Pflaster schlurfend.

»Gleich wird sie einen Song anstimmen«, murmelte Truman, aber sie tat es nicht.

Meridian blickte weder rechts noch links. Sie ging an den Leuten vorbei, die sie beobachteten, als wüßte sie nicht, daß sie ihretwegen gekommen waren. Als sie sich dem Panzer näherte, scheuchte das Donnern seiner Motoren einen Taubenschwarm flatternd in die Luft, und es klang wie schnelles Gewehrfeuer aus der Ferne. Dann schwenkte die Kanone bedrohlich hin und her, wie um sie zu necken, bevor sie sich direkt auf Meridians Brust einpendelte. Je näher sie an den Panzer herankam, desto größer und weißer schien er zu werden, und sie selbst wirkte immer kleiner und schwärzer. Und dann, als sie den Panzer erreicht hatte, trat sie ganz unbeschwert und selbstbewußt vor ihn hin, pochte frech – als wolle sie an die Tür klopfen – gegen seine stählerne Armierung und hob wieder die Hand. Die Kinder drängelten weiter, durch die Postenkette der Bewaffneten und vor die Tür des Zirkuswagens. Als Meridian mit einem Fußtritt die Tür aufstieß, explodierte das Schweigen in einem massenhaften »Ahhh!«, und die Männer im Panzer krochen mit dämlichem Gesicht heraus und glotzten.

»Gott!« sagte Truman unwillkürlich. »Wie kann man so eine Frau nicht lieben!«

»Na, weil sie glaubt, *sie* sei Gott persönlich«, sagte der alte Straßenkehrer. »Oder vielleicht, weil sie nicht alle beisammen hat. *Ich* glaube, sie hat nicht alle beisammen.«

»Was wollen Sie damit sagen?« fragte Truman.

»Hören Sie mal«, sagte der Mann. »Wenn Sie mich fragen, ist das alles Blödsinn. Ein guter Freund hat mir schon mal erzählt von dieser weißen Mumie. Ist nur noch ein Skelett, sagt er. Hat lange Haare, und ihr Oller behauptet, daß sie immer noch wachsen. Der alte Esel hockt jeden Abend da und bürstet sie.« Er schnaubte verächtlich und lutschte an seinen letzten beiden Eckzähnen.

»Nur weil er sie erwischte, wie sie einem 'nen Gefallen tat, hat er den Mann erschossen und die Frau erwürgt. Hat sie beide in den Salt Lake geworfen. Hat den Behörden da oben alles erklärt, und sie haben ihm verziehen. Der Pfarrer hat ihm verziehen. Alle haben ihm verziehen. Sogar ihre Ma. Weil dieses Hurenstück ihm Unrecht getan hat, und das ist nicht recht!«

Er stieß Truman in die Rippen. »Das ist nicht recht, was?«

»Nein«, sagte Truman, der Meridian beobachtete.

»Na, Sir, und Jahre später, da wurde sie an den Strand gespült, und der Alte behauptet, er hat sie an ihrem langen roten Haar erkannt. Er hatte ihr mittlerweile verziehen und fand, daß er nichts dagegen hatte, wieder mit ihr zusammenzuleben. Dachte wahrscheinlich, weil sie selber so gefällig gewesen war, würde sie nichts dagegen haben, wenn er sich ihre Gunst mit dem amerikanischen Publikum teilte. Sah 'ne Möglichkeit dabei, ein paar Cents für die alten Tage beiseite zu legen.«

Wieder ein Rippenstoß. Ein Kichern.

»Schleppt sie herum, von Stadt zu Stadt, und verlangt einen Quarter, wenn man sie ansehen will. Wir natürlich brauchen nur einen Dime zu zahlen, weil wir arm sind und stinken und überhaupt. Was mich betrifft, ich werde gar nichts zahlen, um sie anzusehen. Die Nutte ist keinen Dime wert.«

Die Schulkinder drängten in den Wagen hinein und hinaus. Ein paar erwachsene Schwarze hatten sich in die Schlange gestellt. Und ein paar arme Weiße.

»Aber ihr Sarg!« sagte der alte Straßenkehrer. »Der ist ganz großartig, hab ich mir erzählen lassen. So'n Prachtstück aus Eisen und pinkfarbenen Samtpolstern und Griffen aus Gold und Silber. Kostet gut über tausend Dollar!«

Inzwischen begann die Menge sich zu verlaufen. Die letzten Kinder kamen aus dem Wagen. Meridian stand vor der Treppe und beobachtete, wie die Kinder und die Erwachsenen herunterkamen. Sie hatte den Fuß aufs Geländer gestellt, das rund um den Wagen lief, und hatte eine Hand in die Tasche geschoben. Truman, der ihr Gesicht so gut kannte, stellte sich vor, wie sie leicht die Stirn runzeln mochte – vor Anstrengung, zwanglos und aufrecht zu stehen, einfach so.

»Sie heißt Meridian«, sagte Truman zu dem Straßenkehrer.

»Sie kennen sie persönlich?« fragte der Straßenkehrer mitfühlend.

»Ob Sie's glauben oder nicht«, sagte er.

Die Tür zu Meridians Haus war nicht verschlossen. Darum ging Truman hinein und spazierte durch das Zimmer, das ihren Schlafsack beherbergte. Er blieb stehen, um ihre Wandzeitung zu lesen – Briefe, die sie fein säuberlich, in Augenhöhe, nebeneinander an die Wand genagelt hatte. Der erste enthielt Bibelverse und stammte von Meridians Mutter. Sein Tenor war, daß Meridian sich nicht nur gegen die Eltern respektlos versündigt hätte, sondern gegen jedermann. Die anderen waren von »Anne-Marion« unterschrieben (die, wie Truman wußte, Meridians Freundin und Zimmergenossin im College gewesen war) und sie enthielten eine Litanei von Anschuldigungen, voll Bosheit und Überheblichkeit geschrieben. Alle begannen: »Natürlich bist du irregeleitet ...« oder »Leute wie du, die sich nicht die Wahrheit eingestehen ...« oder »Niemals hast du, schwach wie du bist, und unsensibel für Geschichte, einen Sinn für Prioritäten gehabt ...« etc.

Wieso machte sich Meridian die Mühe, sie aufzubewahren? Auf einige hatte sie keck gekritzelt: »Ja, ja. Nein. Siehe oben. Nein, nein. Wie immer, siehe oben.«

Über und unter diesem Band von Briefen bestanden die Wände aus verwitterndem Bruchstein und unregelmäßigen Flächen trockenen Kleisters, als wären die Tapeten hastig abgerissen worden. Die Sonne, die durch einen zerschlissenen grauen Vorhang schien, tauchte das Zimmer in ein trübes graues Licht, und während Truman – langsam im Uhrzeigersinn um das Zimmer schreitend – die Briefe betrachtete, hatte er das Gefühl, in einer Zelle zu sein.

Es war Meridians Haus – der alte Straßenkehrer hatte es ihm gezeigt –, und dies war Meridians Zimmer. Aber er fühlte sich wie in einer Zelle. Er schaute sich um, wo er es sich bequem machen könnte, aber da war nichts. Sie besaß keine Möbel außer dem Schlafsack, der bei näherem Hinsehen nicht sehr sauber schien. Aber aus seiner Studentenzeit, als er für das Movement im Süden gearbeitet hatte, wußte er, wie angenehm ein Schläfchen auf einer schattigen Veranda sein konnte. Mit einem Seufzer voll Nostalgie und Erwartung bückte sich Truman, um seine glühenden Straßenschuhe auszuziehen.

»Wie sollte ich wissen, daß du es warst?« fragte er, log er, als sie die Augen aufschlug. Er hätte es nicht vermocht, sie vor all diesen Leuten anzusprechen. Es war ihm peinlich für sie.

»Ach, Che Guevara«, sagte sie verträumt und zwinkerte mit den Augen. »Truman?« Zu oft war er unverhofft in ihr Leben geplatzt, als daß sie überrascht gewesen wäre. »Du siehst aus wie Che Guevara. Nicht«, begann sie und holte tief Luft, »nicht zufällig, davon bin ich überzeugt.« Sie spielte auf seinen olivbraunen Teint an, seine schwarzen Augen und den elegant gestutzten Bart und Schnurrbart, den er sich hatte wachsen lassen, seit sie ihn zum letztenmal gesehen hatte. Auch trug er eine beige Kattunjacke von der Art, wie sie der Vorsitzende Mao getragen hatte. »Du siehst aus wie ein Revolutionär«, sagte sie. »Bist du einer?«

»Nur wenn alle Künstler es sind. Ja, ich male noch immer.« Und er musterte ihr Gesicht, ihre Wangenknochen, die er so oft gemalt hatte.

»Was tust du dir nur immer an?« fragte er und hielt ihre eiskalte, knochige Hand in der seinen. Ihr Gesicht beunruhigte ihn. Es war verwüstet und hart, die Haut von einer fahlen, ungesunden Bräune, mit Pickeln auf der Stirn und am Kinn. Ihre Augen waren glasig und gelb und schienen nur mühsam den Blick zu zentrieren. Ihr Atem roch muffig, wie ihre Kleider.

Vier Männer hatten sie nach Hause gebracht, auf den Schultern, ähnlich wie sie einen Sarg tragen würden, die Augen geschlossen, kaum atmend, die Arme über der Brust gekreuzt, die Beine ausgestreckt. Sie waren an ihm vorbeigegangen, ohne ihn anzusprechen, wie er dort auf der Veranda lag und zu schlafen versuchte, und hatten sie auf ihren Schlafsack gebettet und waren gegangen. Die hatten ihr nicht einmal die Mütze abgenommen, und während sie noch bewußtlos lag, hatte Truman, der ihr mit einem feuchten Taschentuch das Gesicht wischte, die Mütze zurückgeschoben und gesehen, daß sie praktisch kein Haar auf dem Kopf hatte.

»Haben die Leute da draußen dich verletzt?« fragte er.

»Sie haben mich nicht angerührt«, sagte sie.

»Also bist du nur krank?«

»Natürlich bin ich krank«, fauchte Meridian ihn an. »Warum sonst würde ich soviel Zeit und Mühe aufwenden, um gesund zu werden.«

»Du hast eine komische Art, gesund zu werden!«

Doch ihre Stimme wurde gleich sanfter, als sie das Thema wechselte.

»Du siehst nur aus *wie* Che«, sagte sie, »während ich wahrscheinlich aussehe wie der Fritten-knabbernde Tod.« Sie griff sich an den Kopf und zupfte an den Rändern ihrer Mütze, um sich den Schirm über die Augen zu ziehen. Sie hatte von ihrem Vater geträumt, kurz bevor sie erwachte: sie rannten bergauf und bergab zwischen steilen, grünen Hügeln und spielten Fangen. »Warte!« hatte sie aus vollem Hals geschrien, und »Stop!«, aber wenn sie von ihm die gleichen Worte hörte, war sie schneller gelaufen. Sie war erschöpft, und darum war sie aufgewacht.

»Ich habe auf dich gewartet, daß du nach Hause kämest – draußen, als ich auf der Veranda lag – und dann sah ich diese Leute kommen, die einen Leichnam trugen« – Truman lächelte – »und wie sich herausstellte, warst du es. Sie trugen dich auf den Schultern, steif wie ein Brett. Wie machen sie das?«

»Sie sind es gewöhnt, Leichen zu tragen.« Meridian zuckte die Schultern.

»Die ganze Zeit, seit ich hier bin, schleppen die Leute Kisten um Kisten voll Lebensmittel heran. Dein Haus ist vollgestopft mit Eßwaren. Einer brachte sogar eine Kuh. Das erste, was die Kuh machte, war, ein paar Kuhfladen auf den Bürgersteig fallen zu lassen. Uff«, sagte Truman und drückte ihre Hand, »allerhand, die Leute hier unten im Süden.«

»Die Leute sind dankbar«, sagte Meridian. »Sie *erkennen es an*, wenn jemand freiwillig bereit ist zu leiden.«

»Na, du kannst es ihnen nicht verübeln, wenn sie keine Lust haben, gegen einen Panzer vorzugehen. Immerhin, nicht jeder ist so kugelfest wie du.«

»Wir haben hier eine Vereinbarung«, sagte sie.

»Und die wäre?«

»Wenn einer gehen muß, dann mag es derjenige sein, der bereit ist.«

»Und, bist du bereit?«

»Heute? Nein. Was du vor dir siehst, ist eine Frau, die dabei ist, ihre Meinung zu ändern.«

»Das ist kaum zu glauben.«

»Komisch, wie wenig es mir bedeutet.«

»Das meinst du natürlich freundlich.«

»Ja.«

»Sag mal«, sagte Truman, der sich nicht anmerken lassen wollte, wie traurig er plötzlich war, »hast du selbst einen Blick in den Zirkuswagen geworfen?«

»Nein.«

»Wieso nicht?«

»Ich wußte, daß das, was der Mann dort feilbot, für mich belanglos war, sinnlos.«

»Die ganze Sache war sinnlos, wenn du mich fragst«, sagte Truman erbittert. »Du machst dich zur Katatonikerin mit all deinen nutzlosen Aktionen, die niemals irgend jemanden weiterbringen werden. Was haben die Kinder davon gehabt, das Monsterweib dieses Monsters zu sehen?«

»Es war alles Schwindel. Das haben sie entdeckt. Da war kein Salz, erzählten sie hinterher, in den Falten ihrer Augenhöhlen oder in ihrem Haar. Diese Stadt ist nicht weit vom Meer entfernt, weißt du, und die Kinder haben schon öfters tote Tiere gesehen, die von der Flut angespült wurden. Sie erzählten, daß die Frau aus Plastik sei und daß sie froh wären, nicht bis Donnerstag gewartet zu haben, wo sie Geld bezahlen müßten, um sie zu sehen. Außerdem war es ein heißer Tag. Sie langweilten sich. Es gab sonst nichts zu tun.«

»Bist du vor ihren Augen umgefallen?«

»Das versuche ich niemals zu tun. Und habe es niemals getan. Einige von den Männern – die, die mich nach Hause brachten – sind mir gefolgt, als ich vom Platz wegging; sie folgen mir immer nach einer Aktion nach Hause, falls ich sie brauche. Ich fiel erst um, als die Kinder mich nicht mehr sehen konnten.«

»Und die Männer verschränkten dir die Arme?«

»Sie verschränkten mir die Arme.«

»Und streckten deine Beine gerade?«

»Sie sind sehr behutsam und machen es gut.«

»Wissen sie, warum du umfällst?«

»Sie kümmern sich nicht darum. Sie haben ein Sprichwort für Menschen, die umfallen so wie ich: Du kannst noch so aufrecht stehen, wenn du nur hart genug getroffen bist, fällst du um. Sehr vernünftig, glaubst du nicht auch?«

»Ich weiß nicht, was ich glauben soll. Habe es nie gewußt. Hast du einen Arzt?«

»Ich brauche keinen. Mir geht es von selbst viel besser.«

Meridian bewegte ihre Finger, dann hob sie die Arme ein wenig vom Boden. »Siehst du, die Lähmung weicht bereits.«

Sie fuhr fort, die Arme zu heben und zu senken, während sie ihre Finger und Zehen krümmte und streckte. Sie rollte die Schultern vorwärts und rückwärts und hob und verdrehte die Füße. Jede dieser kleinen Bewegungen ließ ihr Gesicht glücklicher aussehen, auch wenn die Anstrengung sie erschöpfte.

Truman betrachtete ihren Kampf, die Gewalt über ihren Körper wiederzuerlangen. »Ich trauere auf andere Art«, sagte er.

»Ich weiß«, keuchte Meridian.

»Was weißt du denn?«

»Ich weiß, daß du trauerst, indem du wegläufst. Indem du so tust, als wärst du nie dagewesen.«

»Wenn etwas zu Ende ist, ist's am besten, wegzugehen.«

»Und so zu tun, als hätte es nie angefangen?«

»Ja.«

»Aber, das ist unmöglich.«

Das hatte Meridian in New York erfahren, vor beinah zehn Sommern.

»Du bist ein Feigling«, hatte eines der Mädchen damals zu ihr gesagt, obwohl sie wußte, daß Meridian kein Feigling war.

»Eine Masochistin«, schnaubte eine andere.

Und Meridian hatte zwischen ihnen am Boden gesessen, mit den Händen die Sohlen ihrer Turnschuhe umklammernd, den Kopf gesenkt. Um sich dieser Gruppe anzuschließen, mußte sie sich bereit erklären, für die Revolution zu sterben – was sie getan hatte. Sie mußte auch auf die Frage: »Wirst du töten für die Revolution?« mit einem eindeutigen Ja antworten. Das aber vermochte ihre Zunge nicht. In ihrem Kopf wirbelte eine kleine Stimme, die dauernd schrie: »Da fehlt doch etwas bei mir. Da *fehlt* doch etwas!« Und diese Stimme ließ ihr Herz pochen und ihre Ohren dröhnen. »Etwas, das die Alten mit ihren Songs und ihren Sprichwörtern vergaßen, mir einzugeben. Was ist es? Was? *Was?*«

»Warum sagst du nichts?« Anne-Marions Stimme, zornig und mit der ungetarnten Schärfe ihrer Verachtung, versuchte jeden Anklang von Mitgefühl zu unterdrücken. Anne-Marion hatte gesagt: »Ja, ich werde töten für die Revolution«, ohne zu zaudern; und doch kannte Meridian die Sanftheit ihrer Freundin – sie, eine Vegetarierin, weil sie die Augen der Kühe liebte.

Meridian allein hielt an etwas fest, das die anderen aufgegeben hatten. Wenn noch nicht ganz, so doch zum Teil – heute mit ihren Worten, morgen mit ihren Taten. Doch was keiner von ihnen zu begreifen schien, war, daß Meridian selbst sich festgehalten fühlte, nicht etwas aus der Vergangenheit festhielt, sondern durch etwas aus der Vergangenheit *festgehalten wurde:* durch die Erinnerung an schwarze alte Männer im Süden, die, vom Auge einer Kamera überrascht, nie den Kopf abwandten, sondern den Blick offen erwiderten; durch den Anblick junger Mädchen, die im Chor einer Dorfgemeinde sangen, ihr Haar glänzend vor Öl und Bearbeitung mit der Bürste, ihre Stimmen die Stimmen von Engeln. Wenn sie sich in der Kirche erhoben fühlte, dann stets durch die Reinheit der Seelen dieser Sängerinnen, die sie wirklich *hören* konnte, die Reinheit, die ihre Songs wie einen Taubenschwarm über ihren musiktrunkenen Kopf hinschweben ließ. Falls Meridian einen Mord begehen sollte – und für sie war sogar der revolutionäre Mord ein Mord – *was würde aus der Musik werden?*

Einmal hatte sie Anne-Marion im Scherz aufgefordert, sich die Mafia als Song-Gruppe vorzustellen. Die Mafia, hatte Anne-Marion gezischt, ist kein revolutionärer Kader.

»Du haßt dich selbst, statt *sie* zu hassen«, sagte jemand.

»Warum sagst du nichts?« sagte eine andere und knuffte sie in die Rippen.

Diese Gruppe mochte etwas tun für die Revolution – oder auch nicht. Immerhin war es eine Gruppe von Studenten, von Intellektuellen, zum Glauben an die Gewalt bekehrt, erst nachdem sie Zeugen der extremsten Gewalt geworden waren, der Gewalt von Staatsmacht und Polizei gegen schwarze Dissidenten. Würden sie eine Bank ausrauben? Ein Denkmal sprengen? Ein Polizeirevier in die Luft jagen? Würden sie jemals, das Gewehr in der Hand, dem Feind gegenübertreten? Vielleicht nicht. »Aber das ist nicht der springende Punkt!« gellte eine kleine Stimme. Der springende Punkt war, daß Meridian sich nicht so leicht vorstellen konnte, Blut zu vergießen. Und die Frage des Tötens empfand sie keineswegs als rhetorische Frage.

Sie warteten darauf, daß sie etwas sagte. Aber was sollte sie sagen? Während sie nichts sagte, erinnerte sie sich an ihre Mutter und an den Tag, als sie sie verlor. Sie war dreizehn und saß neben ihrer Mutter in der Kirche, trunken wie immer von der wundervollen Musik, den Stimmen, die selbst die Worte des Songs beinah bedeutungslos machten; Mädchen, Frauen, gesetzte Familienväter, die sangen

> Der Tag ist nun vergangen
> Die Abendschatten nah'n
> Oh, laßt uns all zusammen
> Der Todes-Nacht widerstahn.

Schniefend, ihr Herz vor Liebe brechend, hörte sie sie heraus, die Stimme ihres Vaters, in ihrer Klarheit aus allen anderen herausgehoben. Sie hüllte Meridian ein, sie ließ sie bangen um jenen Teil von ihm, der in ihr selber steckte – wie konnte er so zu Tode resigniert sein, dachte sie. Aber wie herrlich seine Stimme! Doch ihre Mutter war es, der sie ihre Aufmerksamkeit schenkte, während sie sich dagegen sträubte. »Sag es doch, jetzt, Meridian, und du wirst gerettet sein. Nichts anderes verlangt Er von uns, als daß wir Ihn als unseren Herrn anerkennen. Sag, daß du an Ihn glaubst.« Und als sie die Tränen ihrer Tochter sah: »Versündige dich nicht gegen dein Herz!« Sie aber saß stumm, sah ihre Freundinnen an ihrer Bankreihe vorbei nach vorne gehen, Jesus Christus empfangen, Gott als den Herrn anerkennen, Jesus als ihren Erlöser – und Meridians Herz flatterte wie das eines Vögelchens, das gesteinigt werden soll. Ihres Vaters Stimme war es, die sie ergriff, diese Stimme, die nur von dem Leben herrühren konnte, das er lebte: ein Leben des Rückzugs von der Welt, ein Leben stetigen Wissens um den Tod. Die Musik war es, die Meridian so gefügig, so willig machte, daß sie alles sagen, alles anerkennen hätte können, einfach um Frieden vor diesem Schmerz zu finden, der durch die Stimmen der Sänger so köstlich verschönt wurde.

Aber so schön, so herzzerreißend ihr Vater von Gott singen mochte, sie fühlte doch, daß sie nicht auf dieselbe Art wie ihre Mutter an Ihn glaubte. In ihrem Kopf kreiste ein ewiges Gespräch zwischen ihren Eltern über die Indianer:

»Die Indianer haben einst hier gelebt, in Georgia«, sagte ihr Vater. »Sie hatten eine Stadt, ein Alphabet, eine Zeitung. Sie gingen ihren Geschäften nach, freuten sich ihres Lebens... So war es bei ihnen, überall im Land, und in Mexiko, in Südamerika... bedeutet es dir denn nichts?«

»Nein«, pflegte ihre Mutter zu sagen.

»Und die Frauen brachten Kinder zur Welt und töpferten Tongeschirr. Und die Männer nähten Mokassins und machten Trommeln aus Häuten und hohlen Baumstämmen.«

»Na und?«

»Es war ein Leben, von eigenen Geistern regiert.«

»Das behauptest du jedenfalls.«

»Und wo ist das alles geblieben?«

Ihre Mutter seufzte und fächelte sich mit einem Fächer aus dem Funeral Home. »Ich kümmere mich nicht um solche Geschichten. Immerhin gibt es so etwas wie Fortschritt. Ich habe ihn nicht erfunden, aber ich werde mich nicht dagegen auflehnen. Wenn du mich fragst, so haben diese Leute und ihre Art, Fliegen zu fangen, gar nichts mit mir zu tun!«

Meridians Mutter holte dann stets eine Handvoll Draht-Kleiderbügel hervor, bog den Draht gerade, nahm rotes und weißes Crêpe-Papier zur Hand und ihre Schere, und fing an, Rosenblätter auszuschneiden. Mit einem stumpfen Messer zog sie die Blütenblätter über den Daumen und drückte dann beide Daumen gegen die Mitte des Blättchens, um es kelchförmig zu wölben. Sie fügte kleinere Blättchen in die größeren ein und vollendete die Rosenknospe, indem sie ein Staniolkügelchen mit leuchtendgrünem Papier umwickelte, befestigte den fertigen Blütenkopf an das eine Ende des Kleiderbügels und stellte das fertige Produkt in ein Butterfaß, das bereits voll von künstlichen Blumen war. Im Winter nähte sie kleine Kissen, rüschengerafft und niedlich und von verschiedenen Farben. Sie stopfte sie in Plastiktüten, die sich im Kleiderschrank stapelten. Gebetskissen, so nannte sie sie. Aber sie waren zu klein, um darauf zu knien. Sie paßten nur unter ein Knie, was Meridians Mutter nie zu bemerken schien.

Und doch – es ist der Tod, die eigene Mutter nicht zu lieben. So jedenfalls schien es Meridian, und darum – auch wenn sie ihre Mutter als Ausbund selbstgefälliger Dummheit, als eine unwissende und in ihrer Unwissenheit grausame Frau einschätzte – liebte sie ihre Mutter über alles. Mehr aber achtete sie ihres Vaters Intelligenz, auch wenn er, wie es schien, so schön nur vom Tode zu singen wußte.

Sie kämpfte darum, die Hand ihrer Mutter zu erhaschen, griff sie mit beiden Händen und versuchte, sie an ihre Lippen zu ziehen. Doch ihre Mutter wandte sich ab, und Tränen der Wut und der Trauer strömten über ihr Gesicht. Die Liebe ihrer Mutter war fort, ihr entzogen, und es galt, Bedingungen zu erfüllen, bevor sie ihr wieder gewährt werden würde. Bedingungen, die Meridian niemals erfüllen konnte.

»Eingeschlafen, was?« Es war eine Stimme aus der revolutionären Gruppe, die sie aus einer entschieden unrevolutionären Vergangenheit zurückrief. Diese Leute brachten es fertig, daß sie sich ihrer Vergangenheit schämte, und doch hatten sie alle dieselbe hinter sich. Die Kirche, die Musik, die Toleranz, die man anderen Überzeugungen außerhalb der Community erwies, die Toleranz, die man Fremden bezeigte. Meridian wußte, sie liebte ihre Freunde. Doch Liebe war es nicht, was sie wollten; war es nicht, was sie verlangten.

Sie verlangten von ihr, zu töten. Zu sagen, daß sie töten würde. Sie dachte, vielleicht könnte sie es tun. Vielleicht.

»Ich *weiß* nicht, ob ich jemanden töten kann ...«

Allgemeines Nachlassen der Spannung. »Ah...«

»Falls ich es tun müßte, vielleicht könnte ich. Ich würde mich verteidigen...«

»Natürlich würdest du...«, seufzte Anne-Marion, den Haß zügelnd, der ihre Freundin anspringen wollte.

»Vielleicht könnte ich mich irgendwie mit der Idee vertraut machen, andere Menschen zu töten...«

»Feinde...«

»Bullen...«

»Aber, ich bin mir nicht *sicher*...«

»Oh, was ein lahmes Huhn, dieses Mädchen...«

»Ich weiß nur, ich will das, was am besten ist für die Schwarzen...«

»Das wollen wir alle!«

»Ich weiß, es muß eine Revolution geben...«

»Verdammt genau!«

»Ich weiß, Gewalt *ist* so typisch amerikanisch wie Cherry-Pie!«

»Plapper nur weiter!«

»Ich weiß, die Gewaltlosigkeit ist gescheitert...«

»Also, wirst du töten für die Revolution? Nicht nur für sie sterben?« Anne-Marions einst so liebe Stimme, geliebte Stimme. »Was eine Närrin!« setzte die Stimme hinzu, verbittert und hart.

»Ich weiß nicht.«

»Schei-eiße!«

»Aber kannst du *sagen*, daß du wahrscheinlich willst? Daß du *willst?*«

»Nein.« Alle wandten sich ab.

»Was wirst du machen? Wohin wirst du gehen?« Nur Anne-Marion machte sich die Mühe, sie zu fragen, auch wenn ihre Augen – mit ihrem hellen Funkeln – sich in schwarze Kieselsteine verwandelt hatten.

»Ich werde zu den Menschen gehen, wieder unter ihnen leben, wie es die Civil Rights Workers taten.«

»Das meinst du nicht im Ernst?«

»Doch«, hatte sie gesagt. »Ich meine es ernst.«

Und so hatte sie den Norden verlassen und war wieder in den Süden gegangen, von einer Kleinstadt in die andere ziehend, Jobs annehmend – manche besser, manche schlechter als andere –, um sich am Leben zu halten; und eng mit den Menschen verbunden, um sie zu sehen, um bei ihnen zu sein, um sie und sich selbst zu verstehen, diese Menschen, die sie jetzt ernährten und sie tolerierten und sie irgendwie sogar liebten.

Jedesmal, wenn Truman Meridian besuchte, traf er sie mit immer weniger Möbeln an, mit immer weniger Kleidungsstücken, in immer geringeren sozialen Stellungen in der Community – wo immer es sei, wo immer sie lebte. Anfangs als Lehrerin, die kleine Gedicht-Salven veröffentlichte, hatte sie sich in der Folge als Gärtnerin verdingt, als Kellnerin auf den Parties der schwarzen Middle Class, und gelegentlich sogar als Spülerin und Hilfsköchin gearbeitet.

»Und jetzt bist du hier«, sagte Truman und wies auf die Nacktheit des Zimmers.

»*Vraiment*«, sagte Meridian und lächelte über Trumans erschrockenen Gesichtsausdruck.

»Was? Du hast dein Französisch vergessen?« sagte sie. Und dann, wieder nüchtern: »Wirklich, wir müssen einander loslassen, weißt du.«

»Du meinst, ich muß dich loslassen«, sagte Truman. »Du hast mich schon vor langer Zeit fallenlassen.«

»Und was macht Lynne?«

»Ich habe sie lange nicht mehr gesehen. Ich hab sie nur einige Male gesehen, seit Camaras Tod.«

»Ich hatte deine Tochter lieb.«

»Sie war wunderbar.« Und dann, weil er nicht über seine Tochter oder seine Frau reden mochte, sagte er: »Deine Krankheit habe ich nie verstanden. Die Lähmung. Diese Zusammenbrüche..., die Art, wie du mit absoluter Gelassenheit einem Panzer entgegentreten kannst und im nächsten Moment unfähig bist, dich zu rühren. Ich habe dich immer für so stark gehalten, aber sieh dich mal an!«

»Ich *bin* stark, wirklich«, sagte Meridian, ein wenig kokett für eine Frau, die wie der Tod aussah und gymnastische Übungen machen mußte, bevor ihr Körper ihr gestattete, zu kriechen oder gar aufzustehen. »Ich bin bloß nicht Superwoman.«

»Und warum kann Anne-Marion dich nicht in Ruhe lassen?« fragte Truman und nickte mit dem Kopf gegen die Briefe an der Wand. »Eine, die so gehässige Sachen schreiben kann, ist wirklich eine böse Hexe.«

»Um die Wahrheit zu sagen«, meinte Meridian, »ich hebe die Briefe auf, weil sie die Handschrift dieser bösen Hexe enthalten.«

»Machst du Witze?« fragte Truman.

»Nein. Ich nicht«, sagte Meridian.

MEDGAR EVERS / JOHN F. KENNEDY / MALCOLM X / MARTIN LUTHER KING / ROBERT KENNEDY / CHE GUEVARA / PATRICE LUMUMBA / GEORGE JACKSON / CYNTHIA WESLEY / ADDIE MAE COLLINS / DENISE MCNAIR / CAROLE ROBERTSON / VIOLA LIUZZO

Es war ein Jahrzehnt im Zeichen des Todes. Gewalttätig, unvermeidlich. Totenfeiern ätzten sich dem Gehirn ein, intensivierten die Flüchtigkeit des Lebens. Für viele im Süden war es ein Jahrzehnt der Erinnerung an eine frühere Zeit, als die Eichen im Wind unter ihrer Bürde seufzten, als Tillansienflechten blutverschmiert auf der Erde schleiften, als die Bretter des Amen Corner vor Betrübnis knarrten und als die Erregung, die Kraft zu haben, noch einmal den unerträglichen Verlust zu ertragen, bei den Trauernden eine Ekstase auslöste, so tief, daß sie, ohne ihrer Füße zu achten, auf schmalen Banklehnen balancierten; ihre durchdringenden Angst- und Freudenschreie niemals durch einen schmählichen Sturz unterbrochen. Gemeinsames Ritual für die Toten, deren gedacht werden sollte.

Doch jetzt war das Fernsehen zum Behältnis der Erinnerung geworden, und jeder Zuschauer trauerte allein.

Während der ersten Fernsehübertragung von Kennedys Begräbnis geschah es, daß Anne-Marion Coles ihre Studiengenossin, Meridian Hill, ganz bewußt wahrnahm. Sie hatte sie schon früher auf dem Campus gesehen, aber eigentlich nie so richtig. Meridian wirkte so reserviert, daß sie in der Mensa an einem Tisch mit vier Plätzen sitzen konnte, ohne daß jemand sie fragte, ob er sich zu ihr setzen dürfe; oder, falls jemand fragte, wurde die Bitte schüchtern vor Ehrerbietung vorgebracht. Sie war selbst über diese Schranke verwundert, die sie vor sich aufrichtete, und wenn sich endlich jemand ihr näherte – ob in der Mensa, in der Kapelle oder unter den Bäumen des Campus – wirkte ihre Antwort meist allzu eifrig, allzu bereitwillig, allzu freundlich, ihr dunkles Gesicht straffte sich zu plötzlichem Leben, und ihre schwarzen, eher traurigen Augen strahlten aus fröhlichen Fältchen hervor.

Anne-Marion besaß die Keckheit der Selbstbewußten, die gegen alle Hindernisse gewinnen wollen. Ihr Wesen war eher ausbeuterisch als altruistisch, und nie hätte sie versucht, Meridians Reserviertheit zu durchbrechen, hätte sie nicht dahinter ein faszinierendes, wertvolles Innenleben erspürt – dessen Eroberung ihre eigene Existenz bereichern sollte. Daß sie Meridian liebgewinnen würde, konnte sie nicht vorhersehen.

Sie setzte sich Meridian gegenüber, während diese, zusammen mit anderen Honors-Studentinnen, die Kennedy-Familie beobachtete, wie sie hinter dem zerfetzten Leib ihres toten John zum Arlington National Cemetery hinausschritten. Jackie Kennedy, so verkündete ein Reporter, hatte ein Mittel bekommen, das ihr half, nicht zu weinen. Die Studenten hatten nichts bekommen, darum weinten sie – kleine Sintfluten. Meridians Gesicht, bläulich grau im Licht des Fernsehschirms, glänzte vor Tränen, die von ihrem Kinn auf das blaue Kattunkleid tropften. Vor Schmerz gebeugt, gab sie sich keine Mühe, ihre Hände zu heben, die offen auf ihrem Schoß lagen, leer. Sie zitterte, als ob ihr kalt wäre.

Im gleichen Jahr, als Medgar Evers ermordet wurde, hatte Meridian eine wilde Zimtapfelstaude zwischen die Stauden des Ziergartens vor dem Dormitorium der Stipendiatinnen gepflanzt. Jeden Tag hatte der eifersüchtige Gärtner seine Wurzeln ein Stückchen weiter herausgezogen, bis er bald abstarb. Daran erinnerte sich Anne-Marion, die Meridian zittern sah und ihr einen Pullover reichte. Kaum aufblickend, nahm Meridian ihn und wickelte sich ein.

Das Wilde Kind

Das Wilde Kind war ein kleines Mädchen, dem es gelungen war, ohne Eltern, Verwandte oder Freunde all die dreizehn Jahre ihres Lebens zu fristen. Es galt als ausgemacht, daß sie dreizehn war, obwohl niemand es genau wußte. Sie wußte es selber nicht, und hätte sie es gewußt, dann wäre sie nicht bereit gewesen, es zu sagen. Wile Chile, wie die Leute aus der Nachbarschaft sie nannten (und sie sprachen es langsam aus, musikalisch, so daß es wie ein eindringlicher, lüsterner Song klang), war eines Tages, schon fünf oder sechs Jahre alt, in dem Slum aufgetaucht, der sich rund um das Saxon College erstreckte. Damals waren sie zu zweit, Wile Chile und ein kleiner Junge. Der Junge verschwand bald darauf. Gerüchte verlauteten, er sei vom örtlichen Krankenhaus entführt worden, um für Experimente verwendet zu werden, aber dies wurde nie überprüft. Wile Chile jedenfalls sah man, wie sie in Mülltonnen stöberte und weggeworfene Möbelstücke abschleppte, ihre aschenfarbenen schwarzen Arme vor Anstrengung verkrampft. Wenn eine Nachbarin aus dem Haus trat und das Wort an das Wilde Kind richtete, verschwand sie wie der Blitz und ließ sich wochenlang nicht mehr blicken. Jahrelang behielt sie diese Gewohnheiten bei. Man sah sie in Mülltonnen nach Eßbarem fischen, und wenn man sie ansprach, rannte sie weg.

Im Sommer trug sie, was sich gerade an abgelegten Shorts

und Baumwollhemdchen fand. Oder sie trug einen großen Kunstseiden-Schlüpfer, bis unter die Arme hochgezogen, und sonst nichts. Im Winter kombinierte sie ein Sammelsurium wärmenden Plunders, und eine räudige Pelzjacke darübergezogen, die ihr beinah bis zum Boden reichte. Mit acht Jahren (laut Schätzung der Nachbarn) hatte sie angefangen zu rauchen, und während sie im Schutt herumkramte und Gegenstände hierhin und dorthin schleuderte (dabei fluchend: die einzige Sprache, die sie verstand), paffte sie mit frühreifer und geübter Hand Zigarettenkippen.

Im vierten oder fünften Winter, nachdem die Nachbarn sie zum erstenmal gesehen hatten, entdeckten sie, daß Wile Chile schwanger war. Sie verurteilten den unbekannten »dreckigen gemeinen Hund«, der sie geschwängert hatte, wußten aber auch nicht, was sie tun sollten. Wile Chile stöberte wie bisher im Dreck, aß faulige Speisereste, kleidete sich in weggeworfene Klamotten, fluchte und flitzte davon und rauchte ihre braunen Zigaretten.

Zum erstenmal hatte Meridian von dem Wilden Kind gehört, während sie in der Nachbarschaft Wählerstimmen mobilisierte. Die Nachbarn hatten damals versucht, die Kleine einzufangen: ein Heim hatte sich für die Zeit ihrer Entbindung gefunden. Man konnte sie aber nicht fangen. Wile Chile war, wie ein Nachbar erklärte, glitschiger als ein eingefettetes Ferkel, und traurigerweise endete der Vergleich damit nicht. Ihr Geruch, so hieß es, sei gräßlich. An dem Tag, als Meridian das Wilde Kind gesehen hatte, zog sie sich lange auf ihr Zimmer im Stipendiaten-Dormitorium zurück. Als andere Studentinnen bei ihr 'reinschauten, entdeckten sie überrascht, daß sie wie eine Tote neben dem Bett auf dem Boden lag, die Augen geschlossen und die Hände schlaff herabhängend. Während sie dort lag, reagierte sie überhaupt nicht mehr: nicht auf den Gong zum Lunch, nicht auf das Telefon, auf nichts. Am anderen Morgen bekamen die Kommilitoninnen es mit der Angst zu tun, aber an diesem Morgen war sie wieder auf den Beinen.

Mit Kuchenstücken und bunten Perlen und makellos weißen Zigaretten lockte sie Wile Chile und fing sie schließlich ein. An einer Violinensaite, als Fallstrick um den Arm geschlungen, schleppte sie das Wilde Kind auf den Campus; wenn Wile Chile auszureißen versuchte, riß Meridian sie zurück. In die Badewanne wurde Wile Chile gesteckt, deren Körper von Schlamm und Rotz verkrustet war, deren Haar vom Staub verfilzt war, deren lautstarke Obszönitäten Meridians besänftigender Stimme spotteten. Wörter, die im Haus der Honors-Studentinnen nie geäußert wurden, brüllte Wile Chile heraus, und Meridian, mit Seife und Schlamm bespritzt, mußte sich hinsetzen vor Lachen.

Beim Dinner erschreckte Wile Chile ihre Tischgenossinnen durch die Grobheit ihrer Manieren. Ohne die entsetzten Blicke zu beachten, schlürfte sie aus der Teekanne und streifte Zigarettenasche in ihre Tasse. Sie hob einen Schenkel und furzte wie im Takt der Musik.

Die Hausmutter, von den anderen Honors-Studentinnen verzweifelt herbeigerufen, versuchte Meridian davon zu überzeugen, daß sie für das Wilde Kind nicht verantwortlich sei.

»Sie kann nicht bleiben«, sagte sie streng. »Denk' an den Einfluß. Dies ist ein College für junge Ladys.« Die Wasserwellen der Hausmutter glänzten wie echte Meereswellen, und ihre hellbraune Haut schimmerte, changierend wie Perlmutt, durch eine Maske von Puder. Wile Chile zitterte bei ihrem Anblick und drückte sich in einen Winkel.

Am andern Morgen, als Meridian eine Reihe von Schulen für schwererziehbare Kinder und dann auch Heime für ledige Mütter antelefoniert hatte – nur um festzustellen, daß Wile Chile nirgends erwünscht war –, riß das Wilde Kind aus. Schwerfällig über die Straße strampelnd, mehr Bauch als Beine, wurde sie von einem rasenden Auto erfaßt und getötet.

Die Besucherin aus Fernen Welten

Meridian wohnte in einem kleinen Eckzimmer, hoch unter dem Dach des Stipendiatinnen-Dormitoriums, und sie hatte die Decke, die Wände, die Türen und die angrenzende Toilette mit großen Fotos von Bäumen und Steinen und hohen Bergen und schwebenden Wolken geschmückt, die sie zu *kennen* behauptete.

Während Meridian mager war und ein Inbegriff des Schweigens zu sein schien (so daß es immer eine Überraschung war, sie lachen zu hören), war ihre neue Freundin Anne-Marion rundlich und drall, keck und begierig, über die geringsten Streitpunkte zu diskutieren. Sie brauste leicht auf. Wenn sie sich um Gewaltlosigkeit bemühte und ein Polizist sie schubste, grub sie, um sich zu beherrschen, ihre Fingernägel ins Fleisch ihrer Arme, konnte aber nie der Versuchung widerstehen, ihre energische und ausdrucksvoll-rosa Zunge in voller Länge herauszustrecken.

»Meridian«, flüsterte sie dann zwischen zusammengebissenen Zähnen, »erzähl mir etwas Trauriges oder Komisches, *rasch*, bevor ich diesem Scheißkerl in die Eier trete.«

Anne-Marion hatte nicht viel für die tägliche Andacht übrig und war notorisch taub gegen Geistliche – auch wenn sie einmal verkündet hatte, sie würde Martin Luther King und »diesem feschen Andy Young« durch den tiefsten, finstersten Sumpf folgen – und verspürte auch keine Neigung, in der Öffentlichkeit zu singen oder zu beten. Wenn sie bei Protestmärschen einmal den Kopf beugte, war es nur, um nachzusehen, ob ihr Schnürsenkel aufgegangen sei, und wenn sie einmal sang, war es ein zwischen zusammengebissenen Zähnen gemurmelter Protest-Song. Sie sah nicht ein, wieso jemand sich Sorgen um ihre Seele machte, auch wenn es Leute waren, die Seite an Seite mit ihr marschierten. »Wenn es mich plagen sollte«, spottete sie, »werd' ich euch rufen lassen.« In dieser Hinsicht dachten sie und Meridian ähnlich, nur daß Meridian, wenn einmal irgendein armseliger Civil-Rights-Marschierer oder eine leicht verwirrte Marschiererin ihr mit ihrem Jesus in den Ohren lagen, geduldig stehenblieb und zuhörte. Und Anne-Marion war immer begierig, etwas über die Songs zu erfahren: »Wo war dieser oder jener entstanden?« und »Seit wie vielen Jahren, glaubst du, haben die Schwarzen ihn gesungen?«

Auch hatte sich Anne-Marion bei erster Gelegenheit – nachdem sie bei einer anderen Frau tatsächlich einen Natural gesehen hatte – ihr ganzes geglättetes Haar abgeschnitten. Dafür wurde sie zur Vorsteherin der Studentinnen (von ihr prompt »Vorliegerin« getauft) zitiert, die ihr Haar ihrerseits lang, geglättet und lavendelduftend trug, und erhielt einen Tadel.

»Zuerst Blue Jeans vor sechs Uhr, und jetzt so etwas!« sagte die Vorliegerin. »Mir wird allmählich klar, daß du sowas wie ein Original bist.«

»Unter den gegebenen Umständen«, erzählte Anne-Marion ihrer Freundin später, »war es eine Erleichterung, dies von ihr zu hören!«

Meridian stimmte zu. Eine Zukunft mit geglättetem, lavendelduftendem Haar schien ihr nicht verlockend.

Wie Meridian war Anne-Marion eine Außenseiterin im Dormitorium der Ehren-Studentinnen: aufgenommen, aufgrund ihrer Intelligenz, aber doch nur geduldet, weil es offenkundig war, daß auch sie eine war, der niemals die wahren Werte einer Lady vermittelt werden könnten. Die meisten Studentinnen – schüchtern, anpassungsbereit, ganz gescheit, aber niemals mutig, wurden Tag für Tag zur Lady zurechtgestutzt. Zu diesem Zweck hatten ihre Eltern sie auf das Saxon- College geschickt.

Sie lernten Französische Küche, Englischen Tee und Deutsche Musik zu zelebrieren, ohne jemals den Drang zu verspüren, sich um fünf Uhr morgens vom streng bewachten Campus zu schleichen, um einen merkwürdigen Baum genau im richtigen Licht zu fotografieren, wie Meridian es getan hatte, oder, wie Anne-Marion, das Risiko auf sich zu nehmen, in einem brutalen Stadtviertel vergewaltigt zu werden, während die beiden die ökonomischen Ursachen der Kriminalität in den City-Kernen aufzudecken versuchten.

Meridian und Anne-Marion gingen nebeneinander, wie schon so oft. Nur, daß sie sich diesmal langsam bewegten, behutsam, in schwarzen Kleidern bis hinab auf die Spitzen ihrer polierten Schuhe, und ihre Hände sich unter dem schmalen Sarg beinahe berührten. Der Trauerzug vor ihnen stockte, und einige traten aus der Reihe und spähten zur Pforte hinüber, wo es anscheinend einen Tumult gab.

»Ich hätte nie vermutet, daß Wile Chile so viele Freunde hat«, sagte Meridian trocken. Sogar in ihrem schweren schwarzen Kostüm und dem dichten, in Zöpfen geflochtenen Haar, wog Meridian weniger als hundert Pfund, und ihre tiefbraune Haut zeigte einen leicht rosigen Anflug von Schweißperlen. Wenn sie nachdenklich war oder wenn sie sich unbeobachtet fühlte, schien ihr Gesicht tief traurig, als wüßte sie, daß es keine Hoffnung gab auf lange Sicht – für niemanden auf der Welt, und daß alles, was sie gerade tat, für ein kurzes, wenn auch vollendetes Leben bestimmt sei. Wenn sie lächelte, wie sie es oft im Gespräch mit Freunden tat, wurde dieser Blick vorausgeahnten Verhängnisses beinah weggewischt, auch wenn Spuren davon stets in der Tiefe ihrer Augen verweilten.

Sie hatte nie als ein *hübsches* Mädchen gegolten. Die Leute sagten vielleicht, sie wirke interessant, geheimnisvoll, älter als sie an Jahren war und daher faszinierend, aber für annähernd *schön* wurde sie nur angesehen, wenn sie traurig schien. Wenn sie lachte, zerbrach diese Schönheit: und die Leute, gefangengenommen von der Traurigkeit ihres Gesichts, fühlten sich anscheinend veranlaßt, so lange mit ihr zu scherzen, bis sie zu lachen anfing und sich dieser Bann verlor. Dann verloren die Leute das Interesse an ihr und gingen fort. Nach solchen Begegnungen, ihr Mund noch immer bebend und angespannt vom Lachen eines Moments zuvor, stellte sie sich auf die Zehenspitzen, reckte sich – wie ein Reiher auf einem Bein – in die Leere, die sie plötzlich umgab, und wiegte sich im pochenden Rhythmus ihres verwirrten und – wie sie fand – ziemlich törichten Herzens.

Anne-Marion, die dergleichen allzu oft Meridian widerfahren sah, ohne daß diese daraus lernte, verspürte immer in dem Augenblick, wenn sich Meridian auf einem Bein hochreckte, das Bedürfnis, loszuspringen und ihr einen Tritt zu geben.

Jetzt stellte sich Meridian auf die Zehenspitzen, bemüht um bessere Sicht, sah aber nichts außer dem Menschengewimmel vor der Pforte.

»Dieser falsche Hund«, sagte Anne-Marion, und ihre schwarzen Augen funkelten. »Diese Ausgeburt seiner Mutter wird uns nicht davon abbringen.«

»Er wird's nicht wagen«, sagte Meridian besänftigend.

»Warte nur, du wirst es sehen. Er hat Angst, daß wir einen Aufruhr machen, der in die Spalten der Cracker-Zeitungen kommen könnte, gerade jetzt, wo er denen eingeredet hat, daß die Neger vom Saxon College *endlich* der verbesserte Idealtyp sind.«

Anne-Marion wischte sich über die Stirn und drückte den Sarg fester gegen ihre Wange.

»Aber er ist nur ein Putzlumpen für diese Down-Town-Crackers. Er kann nicht gegen sie anstinken, genauso wenig wie Pisse aufwärts fließt. Seine Mama hätte ihn im Klosett ersäufen sollen, kaum daß er auf der Welt war.«

»Laß die Mamas der Leute aus dem Spiel«, sagte Meridian, auch wenn sie über Anne-Marion lächeln mußte. Sie war erleichtert, daß der Leichenzug sich wieder in Bewegung setzte. Wile Chile wurde mit jeder Unterbrechung schwerer. Bald standen sie dem Wachposten an der Pforte gegenüber. »He, Brother«, rief sie dem gutaussehenden Typ zu. »Ihr werdet

Schwierigkeiten kriegen«, rief er lässig zurück. Es erstaunte sie immer noch, einen schwarzen Mann in Uniform, mit umgeschnalltem Revolver zu sehen. Was beschützte er eigentlich? fragte sie sich. Falls er den Campus bewachte, wie lächerlich, denn niemand würde es wagen, die reizenden alten College-Gebäude zu beschädigen; die Studentinnen konnte er auch nicht beschützen, denn sie kamen ja eben erst auf den Campus, im Gefolge der sechs jungen Frauen, die unter der Last des Sarges (den sie bezahlt hatten) schwitzten, in dem der Leichnam des Wilden Kindes lag; und er konnte doch nicht die Masse der Menschen aus Wile Chiles Nachbarschaft fürchten, deren Gerüche und Seufzer und Songs, ätzend vor Armut und Verzweiflung, vor ihnen herschwebten. Demütig bildeten sie den Schluß des Trauerzuges.

Anne-Marion, die es schon lange aufgegeben hatte, die Wachposten zu überzeugen, weigerte sich jetzt, sie auch nur anzusehen. Polizisten, Wachposten und dergleichen sah sie einfach nicht. »Ich bin Uniform-blind«, erklärte sie.

Es war eine ganz gewöhnliche Straße vor dem Tor, mit ausgeflickten Schlaglöchern und einer neuen Ampel am Durchlaß. Der Zaun, der den Campus umgab, war von der Straße her kaum zu bemerken und schien, von außen gesehen, eher ein schmückendes Ornament zu sein als der Versuch, etwas ein- oder auszuschließen. Nur die Studentinnen, die auf dem Campus lebten, mußten oft schmerzhaft erfahren, daß die Schönheit eines Zaunes keine Garantie dafür ist, daß er einen nicht genauso sicher verwahrt wie ein häßlicher.

Die klimabedingte Feuchtigkeit erwärmte sich leicht unter der strahlenden Sonne, und die Blüten an Apfel- und Birnen- und Kirschbäumen beschwichtigten das skeptische Auge mit Ruhe und erhabenem Staunen. Von so viel Grün eingerahmt, war die Straße weiß wie ein Hühnerei, wie frisch gescheuert, und die roten Ziegelbauten, älter als irgendein Lebender, leuchteten in der Sonne.

»Ich würde am liebsten die ganze Kulisse vernichten«, sagte Anne-Marion ungerührt.

«Da müßtest du mich zuerst vernichten«, sagte Meridian. Sie

brauchte diese saubere, wenn auch künstliche Atmosphäre wie die Luft zum Atmen.

Im Mittelpunkt des Campus stand der größte Magnolienbaum im ganzen Land. Er hieß »Die Besucherin aus Fernen Welten«. Manchmal fand der Unterricht in ihm statt: ein Podium und ein Katheder waren in seine unteren Äste eingebaut, mit Holztreppen, die hinaufführten. Die Besucherin war einst von einer Sklavin gepflanzt worden, die auf der Saxon-Plantage lebte – dem späteren Saxon-College, natürlich. Die Sklavin hieß Louvinie. Louvinie war hochgewachsen, mager, stark und kein besonders angenehmer Anblick. Sie hatte ein Kinn, das weiter vorsprang als es eigentlich sollte, und sie trug schwere Kopftücher, die einen Wulst über der Stirn bildeten. In der Plantagen-Society galt sie als lokales Phänomen, weil es hieß, sie *könne* nicht lächeln. Tatsächlich kam in ihrem ganzen langen Leben nie etwas auch nur entfernt einem Lächeln Ähnliches über ihre mürrisch verzogenen Lippen.

In ihrer alten Heimat, in Westafrika, war sie in einer Familie aufgewachsen, deren einzige Aufgabe es war, komplizierte Geschichten auszudenken, um damit Leute zu überführen, die nach einer Mordtat straffrei auszugehen gedachten. Das funktionierte folgendermaßen: Louvinies Mutter und ihr Vater wurden von den Dorf-Ältesten aufgesucht, die den zwei Meilen weiten Weg zu ihrer Hütte geschritten kamen, dabei die feierlichsten Gesänge anstimmend, um das Herz ihrer Eltern zu rühren und um die Geister, die um die Hütte hausten, günstig zu stimmen, damit sie ihnen in ihrer Not hälfen. Die Ältesten berichteten von dem Verbrechen, das einer oder mehrere Unbekannte im Dorf verübt hatten. Louvinies Eltern stellten ein paar Fragen. – Wie war der Betreffende ermordet worden? Was war, abgesehen von seinem Leben, geraubt worden? Wo waren die anderen Dorfbewohner zu dieser Zeit? usw. –, und währenddessen kratzten sie mit zwei bemalten Stöcken magische Zeichen in den Fußboden der Hütte. Die Stöcke dienten nichts anderem als der Ablenkung: Louvinies Eltern hatten es nicht gern, angestarrt zu werden.

Wenn die Ältesten dann gegangen waren, pflegte Louvinies

Mutter ihr Gesicht mit Farbe zu bemalen und ihr Haar zu verbergen und ein neues Kleid anzulegen und im Dorf selbst Wohnung zu nehmen. Nach ein paar Tagen kam sie zurück, und sie und ihr Mann fingen an, eine Geschichte auszuspinnen, die auf die Tat des Verbrechers paßte. Wenn die Geschichte fertig war, trugen sie sie der Dorfgemeinde vor, die sich im Dunkel der Nacht versammelte, um sie anzuhören. Jeder Zuhörer mußte einen besonders präparierten Bausch Pflanzenfasern unter den Arm, fest unter die Achsel klemmen. Am Schluß der Geschichte wurden diese Faserbäusche eingesammelt, und mit ihrer Hilfe konnten Louvinies Eltern den Schuldigen ausfindig machen. Wie sie das machten, konnten sie Louvinie nicht mehr beibringen.

In Amerika, auf der Saxon-Plantage, wurde Louvinie die Verantwortung für den Küchengarten übertragen. Man befand sie als zu häßlich, um im Hause zu arbeiten, und als viel zu verdrießlich, um sich mit Kindern abzugeben. Doch die Kinder liebten sie. Gehörig bedrängt, erzählte sie ihnen Geschichten, die einem vor Schreck das Blut stocken ließen. Die Kinder folgten ihr auf Schritt und Tritt und bettelten, sie solle ihnen all die fürchterlichen Horrorgeschichten erzählen, die sie wußte. Das tat sie gern, und sie erzählte Geschichten, bei denen einem die Haare zu Berge standen.

Sie erfand auch neue, amerikanische Stories, wenn die alten, aus Afrika mitgebrachten, an die sie sich noch erinnern konnte, langweilig geworden waren. So hätte sie weiter ihre Geschichten erzählen können, hätte sich nicht in der Saxon-Familie eine Tragödie ereignet, zu der es kam, ohne daß Louvinie eigentlich Schuld daran trug. Man hatte ihr nie gesagt, daß das kleinste der Saxon-Kinder, der einzige Sohn, an einem abnorm kleinen und schwachen Herzen litt. Von den Kindern zu immer ungeheuerlicheren Schilderungen, immer gräßlicheren Handlungsverläufen angespornt, erfand Louvinie ein Meisterwerk der Horror-Fiction, und berstend vor Lust, wie sie sich stets beim Geschichten-Erfinden fühlte (ohne aber jemals zu lächeln – was sogar den Kindern merkwürdig erschien), hockte sie, als gerade die Sonne langsam hinter einer schwarzen Wolkenbank im Westen versank, unter einem Baum im hintersten Winkel des Gartens und erzählte den Kindern die faszinierende, furchterregende Geschichte von jenem Alten, dessen Lieblingsbeschäftigung es war, kleine Kinder einzufangen und sie bis zum Hals einzugraben und ihre Köpfe (die wie Kohlköpfe in Reihen aus der Erde ragten) mit glitschigen, in Honig getunkten Aalen zu behängen. Lange bevor den Missetäter sein Geschick ereilte, war der kleine Saxon mit einem Herzschlag tot umgefallen. Er war sieben Jahre alt.

Vor vielen, vielen Jahren lebte am Ufer des Lalocac River, im tiefsten Afrika, ein Mann, der schwärzer war als die Nacht und dessen einzige Beschäftigung es war, weiße kleine Kinder einzufangen – so klein, daß sie gerade erst ein Zähnchen an den Zahn der Zeit verloren hatten – und sie in seinem Garten einzupflanzen. Er vergrub sie ganz und gar, bis auf die Köpfe: diese ließ er über die Erde ragen, weil er gern hörte, wie sie jammerten und weinten und nach ihrer Mutter schrien, die natürlich nicht wissen konnte, wo sie waren, und niemals zu Hilfe kam.

Er fütterte sie mit Honig und lebendigen, glitschigen Aalen, die ihnen in den Mund, die Kehle hinabkrochen, während ihre Schwänze noch unter den entsetzten Augen und um die Ohren der Kinder zuckten und ruckten. Des Nachts dienten die Köpfe der Kinder als Wärmflaschen für die Lieblingsschlangen des Mannes, allesamt kräftiges, dickes, eiskaltes Gewürm, und immer bereit, eine scharfe, spitzige Schwanzspitze in ein wehrloses, schnaufendes Näschen zu schieben. Der Mann lachte, wenn er ...

Dieser Teil von Louvinies Geschichte wurde später auf einem vergilbten Papierfetzen aufgefunden und in der Saxon-Library unter Glas aufbewahrt. Es war die kindliche Handschrift eines der älteren Saxon-Mädchen.

Louvinie wurde die Zunge samt der Wurzel ausgerissen. An ihrem eigenen Blut fast erstickend, sah sie ihre Zunge unter Master Saxons Stiefelabsatz zerquetscht. Stumm flehte sie darum, ihr die Zunge zu überlassen, denn sie kannte den alten Fluch aus ihrer Heimat: ohne die eigene Zunge in ihrem Mund oder an einem besonderen, selbst gewählten Aufbewahrungsort, sei der Sänger der Seele für immer verdammt, wie ein Schwein zu grunzen und zu röcheln in alle Ewigkeit.

Ein Fußtritt, und in einem Hagel von Sandkörnern flog Louvinie ihre Zunge entgegen. Sie war wie ein dickes, rotes Rosenblütenblatt, an der Wurzel blutig. In ihrer Hütte räucherte sie die Zunge, bis sie weich und geschmeidig wie Leder war. An einem bestimmten Tag, als die Sonne sich kurz verfinsterte, begrub sie sie unter einem kümmerlichen Magnolienbäumchen auf der Saxon-Plantage.

Noch vor ihrem Tod, vierzig Jahre später, überragte der Baum alle anderen in der Gegend. Die anderen Sklaven glaubten, er besitze Magie. Sie behaupteten, der Baum könne sprechen, Musik machen, sei den Vögeln heilig und habe die Macht, einen unsichtbar zu machen. Zwischen seinen Zweigen versteckt, könne ein flüchtiger Sklave nicht entdeckt werden.

In Meridians zweitem Jahr auf dem Saxon-College war die Rede davon, den Baum zu fällen, und sie hatte sich Mitgliedern des Kammerorchesters und dessen übergeschnapptem ungarischen Dirigenten angeschlossen, als diese sich an den Baum ketteten. Sie hatten »Die Besucherin aus Fernen Welten« seit langem den Musik-Baum getauft, und sie hätten es niemals zugelassen, daß er gefällt würde, auch nicht für eine funkelnagelneue Konzerthalle, die ein Philanthrop aus dem Norden – unempfindlich gegen die Tatsache, daß seine Bauten bereits den größten Teil der kostbaren Grünflächen des Saxon-Colleges aufgefressen hatten – unbedingt spendieren wollte. Der Baum blieb verschont, aber die Plattform und das Podium wurden demontiert und die unteren Äste und Treppenstufen – die den Zugang zu den höheren Regionen des Baumes so herrlich erleichtert hatten – wurden gekappt. Und warum? Weil die Studentinnen – getreu einem Sklaven-Aberglauben von vor hundertfünfzig Jahren – die Plattform und, wer weiß, sogar das ehrwürdige Katheder benutzten, um Liebe zu machen. Meridian selbst hatte dort einmal etwas gemacht, was beinah Liebe gewesen wäre, und es traf zu, sie war nicht entdeckt worden.

So viele Märchen und Legenden rankten sich um die Besucherin, daß die Studentinnen aller Fakultäten die Wahl hatten, welche sie übernehmen wollten. Es gab allerdings nur eine Zeremonie um die Besucherin, die alle Studentinnen des Saxon-Colleges vereinte – die Reichen und die Armen, die sehr Schwarzen (so wenige es waren) und die sehr Hellen, die Dummen und die Intelligenten – und das war die Gedenkfeier für Fast Mary of the Tower – die »Leichtsinnige Marie vom Turm«.

Man erzählte sich, daß in den zwanziger Jahren ein junges Mädchen namens Mary in dem Turm am einen Ende der Tower Hall ein Baby zur Welt gebracht habe. Sie hatte ihre Schwangerschaft verheimlicht und ihre Schreie erstickt (und hatte sich natürlich auch geschämt, um Hilfe zu bitten oder irgend jemandem etwas zu sagen), als das Kind geboren wurde. Dann hatte sie den Säugling sorgfältig in Stücke gehackt und ins Klosett gestopft. Die Teile blieben stecken, und Fast Mary wurde ertappt. Nachdem sie ertappt worden war, wurde sie von ihren Lehrern und ihren Eltern ausgepeitscht. Zu Hause wurde sie in ihr Zimmer gesperrt, und man verweigerte ihr sogar den Ausblick aus einem Fenster. Nach drei Monaten erhängte sie sich.

Jedes Mädchen, das schon einmal darum beten mußte, daß ihre Tage sich einstellten, war bei der Gedenkfeier willkommen, die unter der Maske eines langsamen Maitanzes um den Stamm der Fernen Besucherin abgehalten wurde (die, so hieß es, Fast Marys einzige Tröstung und Freundin auf dem Campus des Saxon-Colleges gewesen war). Es war das einzige Mal unter all den vielen geselligen Aktivitäten am Saxon-College, daß jedes Mädchen als gleichberechtigt galt. An diesem Tag hielten sie einander fest an den Händen.

Der Baum war von außerhalb der Campus-Mauern gut sichtbar, aber seine wahre Größe zeigte sich erst, wenn man nahe genug herankam, um ihn deutlicher zu sehen, auch wenn es einem dann vorkam, als stünde man vor der Fassade eines hohen, schäbig aufgemauerten Hauses. Von der Straße her, vor dem Tor, konnte die Trauergemeinde hinter dem Sarg des Wilden Kindes den Wipfel sehen, und die mächtige belaubte

Kuppel des Baumes, in voller Blüte, sah aus wie ein hoher, von Kerzen strahlender Berg. An dem großen Platz, der den Baum umgab, standen zu beiden Seiten die roten Ziegelbauten der jetzt leeren Dormitorien. Manche Fenster waren mit Blumen geschmückt. Andere waren mit Symbolen der akademischen Schwesternschaften bepflastert: QEZ oder ZEQ oder was immer. Wieder andere zeigten große, handgemalte Plakate, die dem Wilden Kind gewidmet waren: »Gott Segne Dich, W.C.« – »Wir Lieben Dich, Wile Chile« – »Sage Gott, Wir Sind Bereit, Du Wilde«. Andere Fenster waren einfach leer geblieben, oder es flatterten vor ihnen Papierwimpel in Purpur und Gold. Das waren die Farben der Schule.

Jetzt hatte die Unruhe an der Spitze des Trauerzugs, die sich durch die Reihen fortpflanzte, auch sie erreicht. Das Mädchen vor ihnen, sie hieß Charlene, drehte sich um. Sie war groß, kräftig gebaut und stark geschminkt und trug eine rötliche Perücke. Ihr Akzent ließ das Saint Louis lebendig werden, das sie liebte. Sie war eine zeitweilige Gefangene des ersten Studienjahres, eine zwangsimmatrikulierte Studentin.

»Die behaupten, der Präsident hat gesagt, daß die Totenfeier nicht in eurer Kapelle stattfinden darf.« Charlene stellte keine Ansprüche an das College, abgesehen von den Männern, die dort herumliefen. Sie kaute Kaugummi und ließ beim Sprechen die Blasen knallen.

Meridian mußte lachen, trotz des traurigen Anlasses. Sie stellte sich den Präsidenten vor – einen leicht gebräunten, in makelloses Schneidertuch gekleideten Patriarchen mit blitzenden, lebhaften grauen Augen – wie er vor den Sarg des Wilden Kindes hintrat und sprach, als richte er das Wort an eine Versammlung: »Es tut uns außerordentlich leid, meine jungen Damen, aber es verstößt gegen die Regeln und Satzungen dieses Instituts, Ihnen die Erlaubnis zu erteilen, Ihre Trauerfeier in dieser Kapelle abzuhalten, die – wie Sie vielleicht wissen – uns von einem der vornehmsten Räuberbarone aus New York gestiftet wurde. Außerdem ist es gleich Zeit für die Vesper, und Sie hätten diese Angelegenheit schon zu einem früheren Zeitpunkt über die *zuständigen Instanzen* regeln sollen.«

Und tatsächlich, so ungefähr mußte er wohl gesprochen haben, denn jetzt gab es ein Gedränge vor der Kapelle (einer bunt-verglasten Festung aus Stein, mit riesigen kreisrunden Säulen, die ein vorspringendes Baldachindach trugen), während die Trauergemeinde zu beraten versuchte, was nun zu tun sei.

Als Meridian und Anne-Marion vor den Kirchenstufen standen, trafen sie auf die zwei Wachposten von der Pforte. Der Präsident, seine Anweisungen erteilt, hatte sich in seine viktorianische Villa auf dem Hügel zurückgezogen, und sie malten sich aus, wie er durch seine irischen Spitzengardinen im zweiten Stock auf sie herunterspähte.

»Ich hab's euch ja gesagt, ihr werd't Schwierigkeiten kriegen«, sagte der Wachposten. Nur, daß er jetzt nicht mehr lässig war. Die Stimmung der Studentinnen war von Trauer in Empörung umgeschlagen. Aber sie waren wohlerzogene Mädchen, und ihr Zorn entflammte nur langsam. Und doch liegt es in der Natur des Zorns, daß er entflammt, und der Wachposten war nicht blöde.

Nachdem der Sarg auf den Stufen abgestellt war, untersuchte Anne-Marion den drei Zoll starken Riegel vor der Kapellentür und sah sich nach einem Balken um, oder auch nach einem großen Stein, um ihn zu zertrümmern. Aber es fand sich nichts. Die Leute aus der Community, Wile Chiles Nachbarinnen, so großartig sie sich gefühlt hatten, als sie durch die Pforte des Saxon Colleges eindrangen – denn sie kamen in ihrem besten Sonntagsstaat, in Rot, Gelb und Pfauen-Blau –, schienen jetzt in ihren Kleidern zu schrumpfen und mochten den Studentinnen nicht in die Augen sehen. Sie verkrümelten sich, zogen sich immer weiter zurück oder stahlen sich davon, bis sie ganz verschwunden waren, wie eine Schnecke, der man Salz auf den Schwanz streut. Die Arme ausgebreitet und flehend, lief Meridian hinter ihnen her, aber sie kamen nicht wieder.

Der Sarg stand auf der Kirchentreppe, und seine Orangefarbe machte dem Sonnenuntergang Konkurrenz. Einen langen Augenblick herrschte Schweigen. Dann löste die Erkenntnis, daß dem Wilden Kind der Zutritt zur Kirche verwehrt worden war, einen Schrei aus den versammelten Kehlen der Menge, der sich zu einem einzigen langen Wehgeheul steigerte. Fünf Minuten hallte die Luft wider von den Schreien und höflichen Fluchen junger Damen, deren Zuhause, fern von zu Hause, das College war. So beschämt und empört waren sie, daß sie anfingen, »Buh!« zu schreien, mit den Füßen zu trampeln und unter Tränen die Zunge herauszustrecken. Im Sturm ihrer Gefühle rissen sie sich ihren Schmuck ab und schleuderten ihn auf die Erde – die schweren dreireihigen Zuchtperlenketten und die breiten runden, gold-doublierten Keuschheitsspangen, die Kügelchen und Kettchen ihrer Ohrgehänge und ihre funkelnden, mit vielfarbigen Steinen besetzten Armreifen. Sie schüttelten wild ihr geglättetes Haar und starrten auf die verschlossene Kirchentür – mit einem Ingrimm, der an Haß grenzte.

Aber wie auf Verabredung – obwohl kein Wort gesprochen wurde – hoben die Sargträgerinnen den Katafalk nun auf und trugen ihn zur Mitte des großen Platzes und stellten ihn sachte unter den Ästen der »Besucherin aus Fernen Welten« ab, deren schwere, blütenstrahlende Blätter wie die leicht gewellten Flechten des halb geglätteten Kräuselhaars einer Mutter über ihm schaukelten. Anstelle von Blumen flochten die Studentinnen rasch, als hätten sie es geplant, Kränze aus den gefallenen Blättern der Besucherin, und die Besucherin selbst, freigebig wie je zu ihren Kindern, ließ ein Blatt auf die Brust des Wilden Kindes taumeln, das zum erstenmal – in ihrem Sarg – neue Kleider trug. Die Studentinnen sangen unter Tränen, die wie schmelzende Hagelkörner über ihre gramvollen und zornroten Wangen kugelten.

We shall overcome ...
We shall overcome ...
We shall overcome, someday ...
Deep in my heart, I do believe ...
glaube ich tief in meinem Herzen,
daß wir siegen werden, eines Tages
We shall overcome, someday.

An diesem Abend, nachdem das Wilde Kind in einem verwilderten Winkel des örtlichen Negerfriedhofs begraben war, rotteten sich die Studentinnen auf dem Saxon-Campus zusammen, zum erstenmal in seiner langen, untadeligen Geschichte, und das einzige, was sie zu zerstören wußten, war »Die Besucherin aus Fernen Welten«. Auch wenn Meridian sie angefleht hatte, stattdessen die Villa des Präsidenten zu demolieren, arbeiteten sie in einer Rage der Verwirrung und Frustration die ganze Nacht und hackten und sägten und fällten ihn bis zur Wurzel, diesen mächtigen alten, beschützenden Musik-Baum.

»Hast du gestohlen?«

Meridian war sich immer eines Schuldgefühls bewußt gewesen, sogar schon als Kind. Sie wußte nicht, wessen sie schuldig sein sollte. Wenn sie ihrer Mutter diese Gefühle zu erklären suchte, fragte ihre Mutter stets nur: »Hast du etwas gestohlen?«

Ihre Mutter war nicht die Frau, die Kinder hätte haben sollen. Zu eigenem Denken und Handeln, zu eigener Entwicklung war sie nur fähig, wenn sie frei war von den Ansprüchen unmündiger Kinder oder den Forderungen, den Bedürfnissen eines Ehemannes. Ihr Geist war von solcher Zerbrechlichkeit, daß die geringste Belastung ihm eine nicht wieder heilbare Erschütterung zufügen konnte.

In den letzten Jahren ihres Lebens als junge Erwachsene hatte sie den Luxus erfahren, am Sonnabend bis neun oder zehn Uhr im Bett zu liegen, und auch den Spaß, sich als Lehrerin ihr Geld zu verdienen. Sie hatte die Freiheit gekannt, sich die Möglichkeiten ihres Lebens auszumalen. Tatsächlich gab es deren nur zwei: Sie konnte in ihrer Heimatstadt bleiben und unterrichten; oder sie konnte wegziehen und unterrichten. Nie wurde sie müde, zu überlegen, welches von beiden sie tun sollte. Dieser Abschnitt ihres Lebens verging allzu rasch, so rasch, daß sie nicht die Zeit fand, ihn richtig schätzen zu lernen. Da gab es die Lust an der eigenen Unabhängigkeit, das Abenteuer, sich die eigenen Chancen an den Fingern abzuzählen, aber sie verlangte vom Leben, daß es ihr mehr schenke. Mehr Fülle, mehr Struktur. Sie hatte Ausschau gehalten nach einem Mehr an Glück, mehr als das, was sie besaß. Sie hatte gesehen, daß andere Mädchen sich verliebten und heirateten. Dies versetzte sie anscheinend in einen Zustand der Euphorie. Sie begann zu zweifeln, ob ihre eigene Art zu leben so angenehm sei, wie sie meinte. Offenbar hatte ihr Leben eine Ziellosigkeit, die nirgendwohin führen konnte. Ein Tag folgte dem anderen, und das ruhige Gleichmaß ihrer Freuden als alleinstehende Frau blieb konstant. Ganz gewiß erreichte sie niemals so etwas wie Euphorie. Und Euphorie sollte, das wünschte sie sich, all die anderen guten Gefühle steigern, die sie hatte.

Als Lehrerin verdiente sie natürlich Geld und auch Respekt. Das war ihr wichtig. In ihr aber wuchs das Gefühl, daß die Mütter ihrer Schüler, wie sehr sie sie auch um ihre Kleider, um ihre gepflegte Sprache, ihr kleines schwarzes Auto beneideten, sie doch bemitleideten. Und hinter diesen gehetzten oder passiven, stets aber übergewichtigen und häßlich angezogenen Figuren begann sie ein geheimnisvolles, vor ihr verborgenes Innenleben zu vermuten, das jene bereit, sogar glücklich bereit machte, in ihrem Los auszuharren.

Der Mann, den sie heiratete, Meridians Vater, war ebenfalls Lehrer. Er unterrichtete Geschichte im Klassenzimmer gleich nebenan. Er war still und sauber und ernsthaft. Sie konnten miteinander reden und waren Freunde, schon lange bevor sie bereit war, Nachsicht aufzubringen für seine persönliche Schwäche, die sie als Liebe erkannte. Er war schon damals ein verträumter, ehrgeizloser Mensch, der ohne Hast durch die Welt wandelte, als sei er sich jeden Schrittes und auch der Spuren bewußt, die seine Fußstapfen im Antlitz der Erde hinterließen. Er schrie, als er in ihren Körper einbrach, wie auch sie später schreien sollte, als ihre Kinder aus ihm hervorbrachen.

Nie konnte sie es der Community, ihrer Familie, seiner Familie, der ganzen Welt verzeihen, sie nicht vor Kindern gewarnt zu haben. Ein Jahr lang hatte sie eine gewisse Steigerung ihres Glücks erlebt: sie hatte es genossen, ihren Körper mit dem ihres Mannes im Sex zu vereinigen, und es genossen, jemanden zu haben, mit dem sie die kleinen Begebenheiten des Alltags besprechen konnte. Doch während ihrer ersten Schwangerschaft irrte sie ab von der Persönlichkeit, die sie war. In der Seele gespalten, wie auch ihr Körper gespalten war zwischen dem Teil, der sie selbst, und dem Teil, der sie nicht war. Ihre zerbrechliche Unabhängigkeit gab nach unter dem Druck der Mutterschaft, und sie erfuhr – sehr zu ihrem Entsetzen und ihrer Verwunderung –, daß sie nicht einmal Wut empfinden durfte darüber, »gefangen« zu sein. Daß ihr persönliches Leben vorbei war. Daß es niemanden gab, den sie anschreien konnte und sagen: »Es ist ungerecht!« Und indem sie dies verstand, verstand sie den Blick, den sie in den Augen anderer Frauen wahrnahm. Das geheimnisvolle Innenleben, das ihnen, wie sie sich vorgestellt hatte, geheime Freuden schenken sollte, war lediglich die volle Erkenntnis der Tatsache, daß sie tot waren, nur noch für ihre Kinder lebend. Auch sie hatten niemanden gefunden, dem sie zurufen konnten: »Es ist ungerecht!« Die Frauen, die jetzt acht, zwölf, fünfzehn Kinder hatten: die Leute rissen Witze über sie, aber sie spürte jetzt, wie gemein solche Witze waren. Es war, als lachte man über einen Menschen, der lebendig begraben würde, ausgemauert, Stein um Stein, aus seinem eigenen Leben.

Das war der Anfang ihrer geistigen Verwirrung. Als ihre Kinder älter und nicht mehr so lästig waren – und sie waren immer eine Last für sie gewesen –, wollte sie wieder Unterricht geben, bestand aber nicht die neuen Examina und konnte auch die neue Schülergeneration nicht leiden. Sie entdeckte sogar, daß sie gar kein Interesse an Kindern nahm, bis aus ihnen Erwachsene geworden waren: dann tat sie so, wenn sie einen von ihnen traf, als könne sie sich an ihn erinnern. Sie lernte Papierblumen und Gebetskissen aus Stoffrestchen herzustellen, weil sie das Bedürfnis hatte, etwas in ihren Händen zu spüren. Sie lernte nie richtig kochen, lernte nie hübsche Zöpfe zu flechten oder sich sonst irgendwie kreativ in ihrem Heim zu beschäftigen. Sie hätte es tun können, wenn sie gewollt hätte. Die Kreativität steckte in ihr, aber es war ihr verwehrt, sich auszudrücken. Es war alles wohlüberlegt – ein Krieg gegen diejenigen, denen sie nicht ihre Wut zeigen oder ins Gesicht schreien konnte: »Es ist ungerecht!«

Bei ihrer eigenen Tochter allerdings äußerte sie Dinge, die sie selbst nicht glaubte. Sie verweigerte ihre Hilfe und schien, wie Meridian es empfand, nie zu verstehen. Und doch verstand sie immer sehr genau.

Und dafür, daß sie selbst die Unbeschwertheit ihrer Mutter gestohlen, daß sie das aufblühende Selbst ihrer Mutter zerstört hatte, fühlte sich Meridian schuldig von Anfang an, auch wenn sie nicht begreifen konnte, wie dies überhaupt ihre Schuld sein sollte.

Wenn ihre Mutter, ohne sie anzusehen, fragte: »Hast du etwas gestohlen?« befiel Meridian eine Lähmung, und sekundenlang konnte sie sich nicht bewegen. Die Frage ließ sie buchstäblich auf dem Fleck erstarren.

Gold

Eines Tages, Meridian war sieben, fand sie ein großes Stück schweren Metalls. Es war so dick mit Erde verkrustet, daß das Metall, auch als sie es abgewaschen hatte, nicht durchschimmerte. Und doch wußte sie, daß es Metall sein mußte, weil es so schwer war. Schließlich nahm sie, als die Nässe getrocknet war, eine große Feile und feilte etwas von der Rostschicht ab. Zu ihrer Verblüffung war das, was sie gefunden hatte, ein Barren gelben Goldes. Nugget nannte man so etwas im Kino. Sie feilte eine Fläche von einem Quadratzoll frei und lief damit (so schwer es war) zu ihrer Mutter, die auf dem hinteren Balkon saß und Erbsen schotete.

»Ich hab' Gold gefunden!« rief sie. »Gold!« Und sie legte ihrer Mutter das schwere Goldstück in den Schoß.

»Tu' das weg«, sagte ihre Mutter schrill. »Siehst du nicht, daß ich mich plage, um diese Erbsen fürs Mittagessen fertigzukriegen?«

»Aber es ist Gold«, beharrte sie. »Fühl' nur, wie schwer es ist. Schau' nur, wie gelb es ist. Es ist Gold, und es könnte uns reich machen!«

Aber ihre Mutter war nicht beeindruckt. Auch ihr Vater nicht, oder ihre Brüder. Sie nahm ihren Goldbarren und feilte allen Rost ab, bis er glänzte wie ein riesiger Zahn. Sie legte ihn in einen Schuhkarton und vergrub ihn unter dem Magnolienbaum, der im Hinterhof stand. Alle Woche einmal grub sie ihn wieder aus und schaute ihn an. Dann grub sie ihn immer seltener aus ... bis sie schließlich vergaß, ihn auszugraben. Ihre Gedanken wandten sich anderen Dingen zu.

Indianer und Ekstase

Meridians Vater hatte sich zum Hinterhof eine kleine weiße Kammer ausgebaut, wie ein Werkzeugschuppen, mit zwei kleinen Fenstern hoch unter dem Dach, wie Eulenaugen. In einem Sommer, als es sehr heiß war, hatte sie die Tür offenstehen sehen und war auf Zehenspitzen hineingeschlichen. Ihr Vater saß vor einem kleinen braunen Tischchen und brütete über einer Landkarte. Es war eine alte Landkarte, vergilbt und zerknittert, mit zerschlissenen Rändern, auf der die alten Siedlungen der Indianer in Nordamerika zu sehen waren. Meridian schaute sich staunend in dem Zimmer um. Überall an den Wänden hingen Fotografien von Indianern: Sitting Bull, Crazy Horse, Geronimo, Little Bear, Yellow Flower und sogar eine Zeichnung von Minnehaha und Hiawatha. Es waren echte Fotografien, vielleicht sogar ungeahnt kostbare, die ihr Vater anscheinend in all den Jahren gesammelt hatte, von Indianerfrauen und Kindern, die verhungert und glasigen Blicks und schicksalsergeben in die Kamera starrten. Da waren auch Bücher über Indianer, über ihre Territorialrechte, über ihre Reservate und ihre Kriege. Als sie auf Zehenspitzen an die Bücherregale herantrat und sich hochreckte, um die Fotografie eines erfrorenen Indianerkindes zu berühren (dessen Mutter als blutiges Bündel daneben lag), blickte ihr Vater von seiner Landkarte auf, sein Gesicht naß vor Tränen, die sie einen Moment lang für Schweißperlen gehalten hatte. Erschrocken und verängstigt lief sie hinaus.

Eines Tages hörte sie ein Gespräch ihrer Eltern mit. Ihre Mutter füllte in der Küche Obst in Einmachgläser. »Du bist also hingegangen und hast es getan, nicht wahr?« sagte ihre Mutter und stopfte mit patschendem Geräusch Apfelscheiben in die Gläser.

»Aber das Land gehörte ihnen bereits«, sagte ihr Vater, »ich hatte es nur verwaltet. Meine Kohl- und Tomatenbeete verlaufen direkt über die größte Windung der Heiligen Schlange. Dieser Hügel ist voll von toten Indianern. Unser Essen wird nahrhaft durch das Eisen und Kalzium aus ihren Knochen. Sicher, weil es ein Friedhof ist, sollten wir es sowieso nicht besitzen.«

Bevor die neue Straße angelegt wurde, war es gar nicht möglich gewesen, von der alten her die Heilige Schlange zu sehen. Für die meisten Leute aus der Stadt war es eine Neuigkeit, daß dort ein heiliger Hügel der Indianer lag.

»Das ist ja widerlich«, sagte die Mutter. »Wie soll mir das Essen schmecken, wenn du dauernd von toten Indianern redest?«

»Der Hügel ist Jahrtausende alt«, sagte ihr Vater. »Heute ist dort nichts mehr als Staub und Mineralien.«

»Aber unser Land an einen nackten Indianer zu verschenken –«

»Nackt? Er ist nicht nackt. Du glaubst all den Blödsinn, den sie im Fernsehen bringen! Er trägt ein kariertes Hemd und Blue Jeans. Sein Haar ist das einzige, was wie bei den Indianern auf dem Bildschirm aussieht. Aber es ist kurz geschnitten, knapp über den Wangenknochen. Wie bei Johnny Cash.«

»Wie willst du wissen, daß es nicht nur ein Weißer ist, der sich als Indianer verkleidet?«

»Weil ich es weiß. Erwachsene weiße Männer tun nicht so, als wären sie etwas anderes. Keinen Moment.«

»Sie werden jederzeit sein, was sie wollen, sobald sie jemandem sein Land stehlen können.«

Und einmal hatte Meridian den Indianer gesehen. Ein großer, kräftiger Mann in Cowboy-Stiefeln, das Gesicht voller Falten

– wie braunes Packpapier, das irgend jemand mit fettigen Fingern achtlos zerknüllt hat. Zusammengekniffene schwarze Augen starrten mit ruhiger Intensität ins Leere. Er war ein Wanderer, ein Trauernder wie ihr Vater; wenn sie ihn ansah, begann sie sogar zu ahnen, wer ihr Vater war. Nur, daß er physisch, mit seinem Körper wanderte, und nicht mit dem Finger über Landkarten, wie ihr Vater es tat. Und er trauerte trockenen Auges. Sie konnte sich dieses verwitterte, dunkle Gesicht nicht in Tränen gebadet vorstellen. Sie sah nicht, wie diese stämmigen, von Schmutzringen überzogenen Fäuste sich gegen silberne Schläfen preßten oder verzweifelt über die restlichen schwarzen Haare strichen.

Sein Name war Walter Longknife. Was Meridian veranlaßte, ihr erstes »Hallo« herunterzuschlucken, als sie einander vorgestellt wurden; und er kam aus Oklahoma. Er war in einem alten Truck losgefahren, der im Schatten des Stone Mountain zusammenbrach. Er ließ ihn stehen und war glücklich – wie er mit schleppender Stimme, als sei er betrunken, was er nicht war, erzählte –, zu Fuß durch das Land seiner Ahnen, der Cherokee, zu streifen.

Ihr Vater hatte Mr. Longknife die sechzig Acres Boden geschenkt, die sein Großvater nach dem Bürgerkrieg erworben hatte. Ein Stück Land, zu steinig, um es zu pflügen (bis ihr Vater und ihre Brüder alle Steine mit der Hand oder mit der Schubkarre fortgeschafft hatten), und zu hügelig, um es ohne weiteres zu verkaufen (interessierte Grundstückkäufer hatten immer eine Scheu vor den Hügeln). Mr. Longknife hatte die Urkunde in seinem Hemd aufbewahrt, bis er bereit war, weiterzuziehen – er verbrachte den größten Teil des Sommers im Zelt, draußen auf dem Land – und dann hatte er sie ihrem Vater zurückgegeben.

»Andere Männer laufen einfach ihren Familien weg«, sagte ihre Mutter. »Du bleibst, aber du verschenkst das Land unter unseren Füßen. Ich schätze, das macht dich zum Helden.«

»Wir waren daran beteiligt, weißt du?« sagte ihr Vater.

»An was beteiligt?«

»An ihrem Verschwinden.«

»Ha!« sagte die Mutter. »Du warst es vielleicht, aber ich war noch nicht einmal auf der Welt. Außerdem hast du mir selbst erzählt, wie überrascht du warst, als du feststellen mußtest, daß einige von ihnen die Stirn hatten, im Bürgerkrieg für den Süden zu kämpfen. Das wiegt wohl die wenigen schwarzen Soldaten auf, die in der Western Cavalry gegen die Indianer geritten sind.«

Ihr Vater seufzte. »Ich habe nie behauptet, daß eine der Parteien unschuldig oder schuldig wäre. Lediglich unwissend. Sie waren daran beteiligt, wir waren daran beteiligt, alle waren daran beteiligt, und dies seit langem.«

»Ich weiß«, sagte ihre Mutter verächtlich, »und du würdest am liebsten davor weglaufen, wenn du könntest.«

Meridians Vater erzählte, daß Mr. Longknife im Zweiten Weltkrieg viele Menschen getötet hatte, hauptsächlich Italiener. Die Gründe, warum er es getan hatte, blieben abstrakt. Das war der Grund, warum er ein Wanderer geworden war. Er suchte nach Begründungen, nach Antworten, nach irgendetwas, um zu verhindern, daß sein historisches Bild von sich selbst als eines gerechten Menschen in Stücke brach.

»Die Antwort auf das alles ist«, sagte Meridians Mutter, »daß wir in Amerika leben und nicht reich sind.«

Eines Tages, als sie ihrem Vater half, Bohnenranken zu binden, kamen drei Weiße in Lastwagen mit behördlichen Nummernschildern - Armee-grün, mit weißen Buchstaben an den Seiten - auf die Farm hinaus. Sie luden einen großen Müll-Container aus Draht und zwei braune Picknick-Tische ab. Sie sagten, am nächsten Tag werde ein Bulldozer kommen. Der indianische Begräbnishügel der Heiligen Schlange und auch der Garten ihres Vaters mit seinen preisgekrönten Bohnen, Maisstauden und Kürbissen würden in eine Touristenattraktion, in einen öffentlichen Erholungspark verwandelt werden.

Als der Vater mit seiner Besitzurkunde auf das Katasteramt ging, sagten die Beamten, sie könnten ihm nur eine symbolische Entschädigung anbieten. Dies, sowie die Ermahnung, sich vom »Sacred Serpent Park« in Zukunft fernzuhalten, der nun, da er der Allgemeinheit gehörte, natürlich für Schwarze verboten war.

Jeden Nachmittag, nach der Schule, war ihr Vater auf die Farm hinausgefahren. Es war ein schönes Stück Land, noch eindrucksvoller durch die fünfhundert Yards lange Heilige Schlange, die einen gewundenen, bogenreichen Wall jenseits des Maisfeldes bildete. Der Garten selbst war auf sattem, flachen Ackerland angelegt, das den Windungen der Heiligen Schlange folgte, wie die Wellen des Meeres der Küste folgen. Jenseits des Gartens und der Heiligen Schlange war ein gemächlich fließender Bach, dessen Wasser braun und träge und dick war wie flüssiger Schnupftabak. Meridian hatte immer Spaß daran gehabt, mit ihrem Vater auf die Farm hinauszufahren, obwohl sie selten miteinander sprachen. Ihre Brüder hatten kein Interesse für die Arbeit auf der Farm, auch kein Gefühl für das Land oder für die Indianer oder für die Ernte. Sie aßen die Früchte des Feldes, das frische Gemüse, das ihr Vater lieferte, und redeten dabei über Autos und Motoren und Reifen und temposteigernde Radkappen. Arbeit an einer Tankstelle galt ihnen als ein »Schritt nach oben«. Alles andere, nur kein Farmer sein. Das Wort »Farm« war sogar ein Schimpfwort für sie.

»Ach, scher' dich doch auf die *Farm*«, knurrten sie über köstlichen Gemüsetellern.

Meridian aber trauerte mit ihrem Vater um den Verlust der Farm, des jetzigen »Sacred Serpent Park«. Denn sie begriff, daß seine Gaben zu spät kamen und zurückgewiesen wurden, daß ihm seine Freuden geraubt worden waren.

Wo der vorspringende Kopf der Heiligen Schlange den Stacheldrahtzaun der angrenzenden Farm querte, war der Hügelwall vor vielen Jahren von einem Farmer eingeebnet worden, der Weizen anbaute. Das war lange, bevor Meridian oder ihr Vater geboren wurden. Die Großmutter ihres Vaters, eine harmlos und leicht Verrückte, wie man sich erzählte, die auf den Namen Feather Mae hörte, hatte mit ihrem Mann Streit angefangen, um die Heilige Schlange zu retten. Er hatte auch diesen Teil des Begräbnishügels einebnen und die zerfallenen Gebeine der Indianer in alle Winde zerstreuen wollen. »Dir macht es vielleicht nichts aus, dein Gemüse auf den Knochen anderer Leute zu pflanzen«, sagte Feather Mae zu ihrem Mann, »aber erwarte nicht von mir, daß ich in deinem Haus noch einen Bissen essen werde!« Man flüsterte auch, daß Feather Mae sehr hitzig gewesen sei, und so wollte Meridians Urgroßvater es nicht mit ihr verderben, weil er sich scheute, die einsamen Konsequenzen zu ziehen.

Sie war oft und gern hinausgegangen, Feather Mae, um sich auf den Rücken der Heiligen Schlange zu setzen, mit baumelnden Beinen und ein Schilfrohr kauend. Sie reifte zur Frau heran – das heißt, bevor sie Meridians unersättlichen Urgroßvater heiratete – und sollte bald heiraten, bald ein Kind erwarten, bald wie ihre eigene Mutter werden, eine starke, schweigsame Frau, die anscheinend nichts anderes tat als waschen, plätten, kochen und ihre Leutchen vom Mittagsschlaf aufscheuchen, damit sie wieder an die Arbeit auf den Feldern gingen. Meridians Urgroßmutter träumte vor sich hin, bot ihre nackten Beine der Sonne dar und hielt ihr strahlendes schwarzes Gesicht in den Wind.

Eines Tages beobachtete sie ein paar Eichhörnchen, die an den Flanken der Schlange hin und her huschten. Als sie verschwanden, stand sie auf und folgte ihnen bis in die Mitte des Kreises, den der geringelte Schwanz der Schlange bildete, eine vierzig Fuß tiefe Grube mit glatten grünen Wällen rundherum. Als sie dort im Mittelpunkt der Grube stand und die Sonne direkt auf sie herabstrahlte, widerfuhr ihr etwas Außerordentliches. Ihr war, als sei sie in eine andere Welt versetzt worden, in eine andere Luft. Die grünen Wälle fingen an zu kreisen, und Feather Mae fühlte sich in so selige Höhen emporgehoben, daß sie wußte, sie würde im nächsten Moment vom Boden abheben. Sie wußte, daß sie ohnmächtig geworden war, aber sie fühlte sich weder schwach, noch war ihr übel. Sie fühlte sich wie erneuert, durch einen seltsamen geistigen Rausch. Ihr Blut pulsierte in heißen Explosionen durch ihren Körper, und ihre Augenlider juckten und kitzelten.

Später entsagte Feather Mae jeglicher Religion, die nicht auf der Erfahrung körperlicher Ekstase beruhte – sehr zum Entsetzen ihrer baptistischen Kirche und deren verständnisloser Gemeinde –, und gegen Ende ihres Lebens gefiel es ihr, nackt auf dem Hof umherzulaufen und nur noch die Sonne anzubeten.

Das war die Geschichte, wie sie Meridian überliefert worden war.

Und an diesen Ort, zu dieser Grube ging Meridian oft hinaus. Selber bestrebt, die Ekstase ihrer Urgroßmutter zu verstehen und auch das Mitgefühl ihres Vaters für Menschen, die gestorben waren, lange bevor er geboren war, sah sie ihn hinabsteigen in die tiefe Grube hinter dem ringförmigen Wall, den der Schwanz der Heiligen Schlange bildete, und zurückkehren auf sein Maisfeld, wobei seine ganze Gestalt in Helligkeit strahlte, wie die Aura rund um eine Flamme. Für Meridian war es anfangs ein Gefühl unermeßlicher Isolation. Als sie den Blick zum Rand der Grube hob, hoch über ihrem Kopf, sah sie den Himmel, vollkommen rund wie der Boden einer Schüssel, und die Wolken, die langsam über sie hinzogen, waren wie Rauchschwaden zwischen offenen, emporgereckten Handflächen. Sie selbst war ein Punkt, ein Tüpfelchen in der Schöpfung, allein und verborgen. Sie hatte mit keinem anderen lebenden Wesen Kontakt; vielmehr war sie von Toten umgeben. Am Anfang machte es ihr Angst, so unglaublich winzig zu sein, umschlossen von uralten stummen Wällen voller Knochen, allein an einem nicht für sie bestimmten Ort. Aber sie erinnerte sich an Feather Mae und blieb geduldig stehen und zwang ihre Furcht nieder. Und es widerfuhr ihr.

Von einer Stelle, hinten an ihrer linken Wade, ging plötzlich ein Stich aus, den sie, wäre sie nicht so absichtlich ruhig und abwartend dagestanden, leicht als Anzeichen der Angst oder Erschöpfung hätte verkennen können. Dann fühlten sich ihre rechte Handfläche und ihre linke an, als hätte sie jemand geschlagen. In ihrem Kopf aber setzte das Gefühl der Leichtigkeit ein. Es war, als ob die Erdwälle, die sie einschlossen, zurückwichen, sich mit betäubender Geschwindigkeit einebneten und rasend im Kreis herumwirbelten, sie aus ihrem Körper emporhoben und ihr das Gefühl des Fliegens vermittelten. Und mitten in diesem Wirbel sah sie die Gesichter ihrer Angehörigen, die Äste der Bäume, die Flügel der Vögel, die Ecken von Häusern, Grashalme und Blütenblätter allesamt in einem Zentrum hoch über ihr zusammenströmen, wirbelnd und strahlend und frei wie sie. Dann senkte sich die äußere Kreiselbewegung der Bilder wieder zum Mittelpunkt der Grube herab, wo sie stand, und alles, was anfangs vor ihr zurückgewichen war, strömte wieder heran. Als sie in ihren Körper zurückkehrte – und sie war sicher, daß sie ihn verlassen hatte –, waren ihre Augen weit aufgerissen, und sie waren trocken, weil sie direkt in die Sonne starrte.

Ihr Vater erzählte, daß die Indianer diesen Ring im Schwanz der Heiligen Schlange gebaut hatten, um den Lebenden ein Gefühl ähnlich dem des Sterbens zu vermitteln: der Körper schien von einem abzufallen, und nur der Geist lebte weiter, frei in die Welt entlassen. Aber sie war nicht überzeugt. Ihr kam es so vor, als sei es ein Mittel, durch das die Lebenden ihr Bewußtsein, lebendig zu sein, erweitern konnten, dort wo die Erde um sie her voll von Toten war. Es war eine Möglichkeit, über die sie beide allein auf dem Feld diskutierten. Ihr Geheimnis: daß sie beide die sonderbare Verrücktheit ihrer Urgroßmutter teilten. Es zwang sie manchmal, über die Bedeutung all dessen nachzugrübeln. Ein andermal jubelten sie über eine so faßbare Verbindung zur Vergangenheit.

Später, auf ihren Reisen, pflegte sie in Mexiko einen Berg zu besteigen, der auf seinem Gipfel nur die Reste eines alten Altars trug, über dessen Ursprung niemand Genaues wußte. Sie stieg eine steile Steintreppe zur Zinne des Altars hinauf, und ihr Gesicht verschwand in den Wolken, ähnlich wie die Gesichter der alten Priester vor den Augen der betenden Gläubigen, die tief unter ihnen in Ehrerbietung knieten, im Himmel verschwunden sein mochten. Und wieder ereignete sich ein Zurückweichen all dessen, was sie umgab, all dessen, was sie hätte berühren können, und wieder war sie ein Punkt in der großen Kreiselbewegung der Zeit. Wenn sie dann wieder festen Boden betrat, war es, um ihre Fußsohlen auf dem Gras abrollen zu fühlen, als wären ihre Füße die Tatzen eines Leoparden oder Bären, mit gekrümmten Krallen und nackten, rauhen Polstern, durch lange Gewöhnung sensibel geworden.

Im Indianer Museum der Hauptstadt schielte sie durch dickes Glas nach den Gebeinen eines Kriegers, schamlos zur Schau gestellt, in hockender Haltung ausgegraben und so belassen, mit fehlenden Schneidezähnen, seine Pfeilspitzen und Tonpfeifen um ihn ausgebreitet. Bei solchem Anblick empfand sie einen Ekel davor, lebendig zu sein.

Als den Schwarzen endlich Zutritt zum Park der Heiligen Schlange gewährt wurde, lange nachdem die Feldfrüchte ihres Vaters in den Staub getrampelt worden waren, kehrte sie eines Nachmittags dorthin zurück und versuchte vergebens, ihre einstige Ekstase und ihr Frohlocken wiederzuerleben. Aber da waren Leute, die lachend und johlend die Ringwälle der Großen Schlange hinunterrutschten. Andere standen mürrisch herum und versuchten den Sinn dessen zu ergründen, was schon lange und für immer verloren war.

Gemeine Walnuß
Juglans Regia

»Warum ziehst du immer so ein saures Gesicht dabei?« keuchte ein Junge während der fünfziger Jahre auf dem Rücksitz seines Wagens in ihren Busen. »Kannst du nicht ein bißchen *lächeln?* Ich meine, bringt es dich denn um?«

Ihre Antwort war ein Achselzucken. Später schaute sie noch finsterer drein, wenn sie erkennen mußte, daß ihre Mutter, ihr Vater, ihre Tanten und Freunde und Zufallsbekannten – ganz zu schweigen von ihrer kichernden Schwester – ihr nichts darüber gesagt hatten, was sie von den Männern, vom Sex zu erwarten habe. Ihre Mutter nahm das Wort nicht mal in den Mund, und ihre fehlenden Auskünfte zum Thema Sex gingen einher mit einem offenkundigen Mangel an Besorgnis um die Moral ihrer Tochter. Nachdem sie ihr absolut nichts gesagt hatte, erwartete sie wohl, daß sie nichts *machen* würde. Wenn Meridian abends mit ihrem Boy friend aus dem Haus ging – mit ihrem jeweiligen gierigen, heiß-keuchenden Lover, der immer sofort die nächste Lovers Lane ansteuerte, oder einen ähnlich geschützten Parkplatz – in ihrem Fall ein Gebüsch hinter der Müllhalde der Stadt – ermahnte ihre Mutter sie, lediglich »lieb« zu sein. Meridian wußte gar nicht, daß dies eine beschönigende Umschreibung war für: »Behalt deine Höschen oben und dein Kleid unten«, ein Spruch, den sie aufgeschnappt hatte und der ihr rätselhaft schien.

Und obwohl es ihr gar keinen Spaß machte, hatte sie Sex gehabt, so oft ihr Lover wollte, manchmal jeden Abend. Und weil irgend jemand ihr erzählt hatte, daß man von Sex breite Hüften bekommt, musterte sie sich jeden Morgen aufmerksam im Spiegel, bevor sie den Bus in die Schule nahm. Ihre Schwangerschaft war für sie ein totaler Schock.

Sie wohnten – sie und ihr letzter Liebhaber – in einem kleinen Haus, nicht eine Meile von der Schule entfernt. Er heiratete sie, wie er stets versprochen hatte für den Fall, daß »etwas schief ging«. Sie hatte sich dieses Versprechen beinah zwei Jahre lang angehört (während er sein Trojanisches Pferd um ein paar Tröpfchen Feuchtigkeit molk). Es hatte ihr nichts bedeutet, weil sie sich nicht vorstellen konnte, daß irgend etwas noch schiefer gehen sollte als die schiefe Bahn, auf der sie bereits war. Sie konnte nicht begreifen, warum sie mit solcher Häufigkeit etwas tat, was ihr keinen Spaß machte.

Er hieß Eddie. Sie konnte den Namen nicht leiden, und sie wußte nicht warum. Es kam ihr vor wie der Name von jemand, aus dem nicht viel werden würde, obwohl »Edward« ihr nicht besser gefallen hätte.

Als Liebhaber hatte Eddie gewisse liebenswerte Eigenschaften – von denen er einige beibehalten sollte. Er sah gut aus und war der Typ des High-School-Helden. Er war hochgewachsen, mit breiten Schultern, und auch wenn seine Haut dunkelbraun (und dies auf köstliche Weise) war, hatte er etwas an sich, was die tonangebenden weißen Cheerleaderinnen in Entzücken versetzte: diese offene Regelmäßigkeit seiner Züge, die Stupsigkeit seiner Nase. Natürlich war er gut in allen Sportarten und zeichnete sich beim Basketball aus. Und sie liebte es, ihn zu beobachten, wie er aus der Mitte der Turnhalle seine Körbe warf. Wenn er traf, lächelte er zu ihr herüber, und der Neid der anderen Mädchen ließ sie aufmerksam auf ihrem Platz verharren.

Sein Haar stand senkrecht wie eine Bürste – weder glatt noch gekräuselt. Eine schwarze Version des damals beliebten Bürstenschnitts. Er trug sogar braune Mokassins, mit Geld unter den Sohlen. Und Rollkragenpullover, solange sie »in« waren. Und ganz phantastische, hellblaue Blue Jeans. Die, wie sie später erfahren sollte, jede Woche gewaschen, gestärkt und geplättet werden mußten, was seine Mutter machte, denn dreckige Jeans waren damals noch nicht Mode. Seine Augen waren hübsch – schwarz und warm. Seine Zähne vollkommen. Es gefiel ihr, daß sein Atem immer süß blieb – wie der einer Kuh, sagte sie einmal glücklich lächelnd zu ihm.

Mit ihm zusammenzusein, bedeutete für sie eine Reihe von Vorteilen. Vor allem bewahrte es sie vor dem Streß, auf andere Jungen zu reagieren – oder die ganze Kategorie Mann überhaupt wahrzunehmen. Das war viel wert, denn sie fürchtete die Männer, fürchtete sie immer, bis sie von irgendeinem unter die Fittiche genommen wurde, der ihre Abwehr unterlief, um – in bemerkenswert kurzer Zeit – ihr Liebhaber zu werden. Und das war es wohl, was Sex ihr bedeutete: nicht Lust, sondern eine Freistatt, ein Asyl, wo ihr Sinn frei sein durfte von jedem Gedanken an all die anderen Männer im Universum, die etwas von ihr wollen mochten. Es war Geborgenheit vor der Verfolgung.

In ihrem »Asyl« geborgen, konnte sie sozusagen auf die Männerwelt hinausblicken – mit einer Haltung, die beinah Gleichmut, sogar Nachsicht und sogar Freundschaft einschloß. Denn mit Männern konnte sie sich nur anfreunden, wenn sie sexuell mit einem Lover involviert war, der immer in der Nähe bleiben mußte – und sei es nur, damit die neuen männlichen Freunde sie als das Girl von So-und-So anerkannten.

Ihre Mutter, typisch, jammerte lange über die Eheschließung. Was hatte sie nur falsch gemacht? und so weiter. Dann weihte sie sich gänzlich dem Wohlergehen der entstehenden Kleinfamilie. Eddie war ein guter Junge, das mußte man zugeben, darin war man sich einig – in den Augen ihrer Familie. Und er *war* es auch, nach den meisten herrschenden Normen: er war stets sauber – im Sommer badete er zwei bis dreimal die Woche. Seine Hosen, ob Jeans oder Sonntagsstaat, waren *immer* gebügelt. Seine Hemden gestärkt, in gedeckten Farben. Seine weißen Wildlederschuhe wurden erst schmutzig, als es in Mode kam, sie schmutzig werden zu lassen. Wenn die Mode es anders wollte, verschlangen die Wildlederschuhe jede Woche eine Flasche weiße Tinktur. Und Eddie war intelligent: er schaffte Einser und Zweier am laufenden Band. Er konnte Geschäftsmann werden wie sein Vater, der seine eigene Holzhandlung betrieb. Er ging nicht von der Schule ab, als er heiratete, sondern machte einfach Überstunden in dem Lokal, wo er schon vorher halbtags gearbeitet hatte. Er hatte sich die – in allen ihren Häusern herrschende – Überzeugung zu eigen gemacht, daß ein Mensch, der nicht mindestens ein High-School-Diplom hatte, nie etwas taugen könne. Er bedauerte es sogar, daß sie wegen ihrer Schwangerschaft von der Schule verwiesen wurde.

»Kannst du mir verzeihen?« fragte er und grub seinen borstigen Kopf in ihren Schoß.

»Verzeihen, wofür?« Es war ihr nie in den Sinn gekommen, *ihm* einen Vorwurf zu machen. Schwanger zu sein, das kam ihr beinah vor, als hätte sie sich eine ansteckende Krankheit zugezogen, deren Keime in der Luft schwebten, und als sei es niemandes Schuld, wenn sie sich diese Krankheit zugezogen hatte.

»Du weißt, ich habe immer viel verlangt.«

»Immer?«

»Zum erstenmal machte ich es, als ich neun war, auf einem Waschzuber unter dem Fenster des Mädchens stehend.«

Sie lachten. »Wußtest du, was du machtest?«

»Einen Balance-Akt. Aber es tat sooo gut!«

Wenn ihr nicht übel war oder sie sich nicht übergeben mußte, lachten die beiden viel, auch wenn es sie ein Schwindelgefühl kostete und ihr Lachen gedämpft klang, wie unter Wasser, und sein Echo träge durch ihren Kopf nachschleppte.

Sie lebten einfach. Sie ließ sich in das Leben seiner Familie hineinziehen. Wurde »wie eine Tochter« für seine Mutter. Lauschte höflich den Geschichten über die Heldentaten seines Vaters aus jener Zeit, als die Schwarzen nichts andres als Hühnerdreck waren. Als Hühnerdreck *galten*, fügte er hinzu. Es war ihre Schwiegermutter – eine stämmige, rosig-braune Frau mit nur einer Brust; die andere hatte sie durch Krebs eingebüßt –, die sie in die »Geheimnisse« des Lebens einweihte. Die sie mit Tatsachen verblüffte, wie: Man kann unmöglich schwanger werden, wenn man im Stehen Liebe macht. Gemeinsam kauften sie Stoffe ein, um Kleidchen für das Baby zu nähen. Trödelten Möbel aus zweiter Hand. Kauften Massen von jahreszeitgemäßen Lebensmitteln, die die zwei Haushalte sich teilen konnten.

Und bei alledem hockte sie in dem kleinen Haus, nicht eine Meile von der Schule entfernt, und dachte überhaupt nie an das Baby – solange nicht ihre Schwiegermutter zu Besuch kam und es erwähnte oder davon sprach, was man alles dafür vorbereiten sollte. Dabei wußte sie, daß sie es nicht wollte. Aber sogar dieser Gedanke war verschwommen. Wie konnte sie etwas nicht wollen, von dem sie nicht einmal sicher war, daß sie es bekommen würde? Aber sie *würde* es bekommen, natürlich. Sie nahm zu und nahm zu und nahm zu, wie schwangere Frauen es tun. Ihre Haut, immer glatt wie Samt, wurde pustelig, ihre Züge stumpf; ihr Gesicht sah aus wie aufgeschwemmt, angespannt.

Sie dachte auch nicht oft an Eddie. Jeden Morgen erwachte sie mit seinem süßen Atem im Gesicht – und fragte sich, wer er eigentlich sei. Was er eigentlich im Bett mit ihr machte. Oder sie lag still neben ihm, nachdem sie miteinander geschlafen hatten, und genoß die unglaubliche Wärme seines sehr schönen jungen Körpers. So tiefschwarz beinah, so strahlend und gesund, noch so schlank – neben dem ihren. Sie liebte seine Wärme, hätte alles dafür gegeben, liebte seine Sanftheit. Sie war dankbar dafür, daß er bereit war, so hart für ihre gemeinsame Zukunft zu arbeiten, die sie sich nicht einmal vorstellen konnte.

»Eines Tages«, sagte er beim Lunch, »werden wir ein Haus wie Mr. Yateson haben. Mit Kakteen rundherum und einem himmelblauen Fahrweg und blau angemalten Balken. Im Eßzimmer wird es einen Kandelaber geben, wie in diesem Film mit Joan Crawford. Und Teppichbelag von Wand zu Wand, und alle Zimmer in verschiedenen Farben.«

Mr. Yateson war der Direktor ihrer Schule. Sein funkelnagelneues Haus, über der strahlend blauen Einfahrt schwebend, mit betonierten Gehwegen rundherum, lag an einer Sandstraße, die bei Regenwetter unpassierbar war und erinnerte Meridian an eine elegant gekleidete Frau, die ohne Schuhe in einer Schlammpfütze steht.

»Mm, hm«, nickte sie unbestimmt zu Eddies Traum.

In dem Lokal arbeitete er als Kellner und manchmal auch als Beikoch – schwere Arbeit, wenig Lohn. Und doch war er immer geduldig und freundlich zu ihr, beschützerisch. Falls er sich Sorgen machte, verheimlichte er es vor ihr und rechtfertigte sein Schweigen mit ihrem »Zustand«. Sorgen, die er nicht für sich behalten konnte, drehten sich um Kleinigkeiten, die ihn beunruhigten: das Plätten seiner Kleider und jetzt auch ihrer eigenen, das sie bei weitem nicht so gut besorgte wie seine Mutter (die schließlich, im letzten Stadium der Schwangerschaft ihrer Schwiegertochter jeden Mittwoch kam, um die schmutzige Wäsche abzuholen und sie am Freitag makellos und gestärkt und gebleicht wiederbrachte); das Kochen, für das sie sich meistens zu unwohl fühlte; und Sex, wofür sie sich (wie er sagte) nicht zu interessieren schien.

Eines Nachts, als er sich auf sie schwang – denn er konnte mit ihr nur Liebe machen, wenn er seine Attacke von links begann – sagte er:

»Und heute nacht, bitte, mach deine Beine ganz weit auf.«

»Was meinst du damit, meine Beine aufmachen?« fragte sie.

»Ich muß immer kämpfen, um deine Beine zu öffnen; das weißt du genauso gut wie ich. Sie sind immer wie zusammengeleimt.«

Sie war sich dessen nicht bewußt gewesen, daß sie ihre Beine zusammenpreßte. Jetzt aber, nachdem er sie darauf aufmerksam gemacht hatte, preßte sie sie fester zusammen denn je.

»Du machst dir einfach nichts mehr daraus«, stöhnte er und vergrub seinen Kopf im Kissen neben ihr.

Diese Klage überraschte sie sogar. Sie konnte nicht verstehen, wieso er fand, daß sie sich weniger für Sex interessierte, denn sie glaubte, niemals auch nur annähernd so etwas wie Interesse gezeigt zu haben. Auch konnte sie sich nicht vorstellen, wieso eine Frau sich dafür interessieren *sollte.* Sie liebte die Wärme, das Beisammenliegen, den Frieden. Sie ertrug den Sex, weil er ihr diese Dinge verschaffte. Ohne ihn wäre sie genauso glücklich, ja glücklicher gewesen. Aber das verstand er nicht, und manchmal schien er gekränkt und beschwerte sich. Sie wußte sich nicht zu helfen, darum schob sie es auf irgendwelche einleuchtenden Gründe, ihren dicken Bauch, das Unwohlsein, das entstehende Kind, irgendwelche Ammenmärchen, die jeglichen Verkehr bis drei Monate nach der Geburt des Babys verboten (eine Tatsache, die sie von ihrer Mutter erfahren hatte: daß der Verkehr zu jedem früheren Zeitpunkt das Hirn schwäche).

Bis es soweit war, hatte er – und es überraschte sie nicht – eine Frau, die Sex mochte, und bekam jede Nacht soviel davon, wie er nur wollte.

Aber auch jetzt war er noch »gut« zu ihr. Weder »betrog« noch »schlug« er sie, was soviel bedeutete, daß er »gut zu ihr« war, jedenfalls in den Augen ihrer Mutter, seiner Mutter, der anderen Frauen aus der Nachbarschaft und tatsächlich aller Leute, die sie kannte und die stets zu erwarten schienen, daß diese beiden Dinge zusammen gehörten wie die zwei Gesichter ein und desselben Übels.

Aber hatte sie gänzlich das Interesse an Sex verloren? Sie wußte es nicht. Es war einfach so, daß Sex für sie etwas war, was sie kannte und zu verstehen glaubte. Vorher war es Neugier auf die Macht ihres Körpers gewesen. Auch war ihre Reaktion auf Eddies Liebemachen nicht so unkompliziert, wie er zu glauben schien.

Es war nicht gerade so, als wäre sie streunen gegangen an jenen Nachmittagen, als sie sich vor Daxters Funeral Home wiederfand – diesem riesigen, schneeweißen, zweistöckigen Gebäude, das zwischen einer Kirche und einem All Night Café auf einem Hügel stand. Daxters Leichenschauhaus gehörte George Daxter, einem fetten halbweißen Mann um die fünfzig. Seine Mutter, so erzählte man sich, sei eine Weiße gewesen. Als ihre

Eltern entdeckten, daß sie von dem Schwarzen, der bei ihnen arbeitete, schwanger war, sperrten sie sie in den Keller und warfen den Schlüssel weg. Sie gaben ihr Schweinetreber zu essen und wäßrige Milch. Als Daxter geboren war, wurde er mit dem übrigen Müll auf die Straße geworfen. Er wurde von einer alten Frau aufgezogen, die später an einer Ptomainvergiftung starb. Sie hatte verdorbene Tomaten gegessen, die Daxter ihr gab.

Daxter war hinter Meridian hergewesen, seit sie zwölf Jahre alt war. Sie hatte manchen Samstagnachmittag das Funeral Home besucht, wie alle es taten, um zu sehen, wer Neues in der Schauhalle lag. Daxter lockte sie in sein kleines Büro, wo er ein langes Sofa und zwei weiche Sessel hatte. Anfangs fand sie Daxter großzügig. Für eine rasche, forschende Berührung schenkte er ihr ein Candy. Als sie älter wurde – so um die fünfzehn – holte er seine mit Geld vollgestopfte Brieftasche heraus und ließ sie zwischen ihnen auf dem Sofa liegen, während er ihre Brüste betatschte und sie auf seinen Schoß zu ziehen versuchte. Der einzige Teil der Angelegenheit, der ihr gefiel, war, wenn er ihre Nippel lutschte, und es gefiel ihr, ihn keuchen zu hören, als ob ihm die Kehle zugeschnürt würde, wenn sie einer molligen Hand erlaubte, den Zwickel ihres Höschens zu befingern. Sie konnte dasitzen, seinen Kopf an ihre Brust gedrückt – wo er emsig und geräuschvoll lutschte – und das heiße Pochen seiner Leidenschaft beinah in sie eindringen fühlen. Aber seine Molligkeit ekelte sie schließlich an. Sie hatte gehört, daß rundliche Männer kurze und stämmige Penisse hätten, und sie stellte sich vor, daß Daxters Penis wie eine Gemeine Walnuß aussah.

Wenn Daxter nicht zu Hause war, ließ sie sich von seinem jungen Assistenten um den Balsamier-Tisch hetzen, einem beinah hübschen Mann, aber ausschweifend und mit einem Gesicht, das – sprichwörtlich – um die Fotze bettelte. Er konnte an nichts anderes denken. Sein Instrument der Verführung – seine Worte! – war seine Stimme, die er einsetzte, um den Geschlechtsakt zu schildern. Ihren Rücken fest an sich drückend, so daß sein Penis wie ein harter, lebendiger Bettpfosten gegen ihre Hüften ragte, flüsterte er ihr ins Ohr: »Denk nur, wie es sich anfühlen würde«, drängelte er und packte eine, dann ihre beiden Brüste, »dieses große schwarze lange Mmmm...«, und er drückte den Bettpfosten gegen sie – »in dir drin zu haben. Rein und raus. Rein und raus.«

Sie verabscheute ihn, war aber fasziniert; sie war auch alles andere als immun gegen die Stimme. Der Assistent manipulierte ihre Brüste, klemmte sie zwischen seine Beine und rubbelte an ihr, bis ihr Höschen von ihrem schmelzenden Widerstand durchgeweicht war. Der Assistent war sehr schlau und drängte sie tatsächlich nie über einen gewissen Punkt hinaus, aber jedesmal entließ er sie mit einer seiner kleinen Spruchweisheiten: »Erfahrung ist die beste, die *einzige* Lehrerin«, und: »Wenn man das Wasser nur anschaut, lernt man niemals schwimmen.«

Der Assistent, der wohl wußte (so sagte er), wie sehr sie verlangte, wie sehr sie *bereit* war, sich vögeln zu lassen – wenn nicht von ihm, dann von der Stimme, dem Bettpfosten – richtete es eines Tages so ein, daß sie zuschauen konnte, wie er ein anderes Schulmädchen verführte, sogar dasselbe Mädchen, das für seine Frau als Babysitter arbeitete: Er machte es in dem kleinen Schuppen, wo die Weidenkörbe gelagert wurden. Sie schaute zu, weil sie neugierig war und lernen wollte, möglichst ohne es selbst zu probieren, und weil sie an einem heißen Mittwochnachmittag nichts besseres zu tun hatte.

Der Assistent stand anfangs hinter dem Mädchen, seinen Bettpfosten gegen ihren Rücken gepreßt. Sie war vielleicht sechzehn, und sie trug Mokassins und einen roten Wollsweater, linksgestrickt, mit einem hübschen weißen Krägelchen. Ihre schmalen braunen Hände prüften immer wieder den Kragen, um sich zu vergewissern, ob er nicht durch die Entkleidungskunst der Worte des Assistenten aufgeknöpft war. Seine Hände waren woanders. Bereits unter dem Wollsweater, wo sie die Nippel des Mädchens kneteten – und dann in ihrem Höschen, während ihr Rock auf den Boden sank. Jetzt wuchtete er sie auf den Balsamierungstisch und fing an, sie im Stehen zu ficken. Dann rauf auf den Tisch. Das Mädchen bäumte sich auf und ab, so schnell sie konnte, als fürchtete sie, einen auswendig gelernten Rhythmus zu unterbrechen. Die Stimme fickte langsamer, gekonnt, wie eine Maschine, und die Stimme hörte nie auf zu reden. Am Schluß beobachtete er sie wie aus der Ferne, die Stimme monoton, sein Gesicht direkt obszön und häßlich. Als das Mädchen ihr Gesicht an seiner Brust zu bergen und seine Arme an sich zu ziehen versuchte, stieß er sie weg.

Später erzählte der Assistent, daß das Mädchen jetzt ihm gehöre, so oft er sie wolle, weil er ein Geheimnis entdeckt habe, das nur wenige Männer wüßten: eine Frau mit nichts anderem als seinem Penis und seiner schönen Stimme kommen zu lassen. Das seien seine Talente, sagte der Assistent, geschickter als die ruhige Hand, die erforderlich sei, um kaltes Blut aus den Venen eines Leichnams zu zapfen. Und wie hatte ihr die Vorstellung gefallen? Sie war bereit, ihre Rendez-vous unter einer Bedingung fortzusetzen, sagte sie ihm. Und die wäre? fragte er gierig und lutschte eine Zitrone, um seine Kehle zu schmieren. Wenn du mich in den Armen hältst, sagte sie beiläufig, mußt du mir versprechen, den Mund zu halten.

Natürlich hatte sie Daxter und den Assistenten aufgegeben, als sie sich mit Eddie einließ – nun ja, nicht gleich. Sie fühlte sich schuldig, weil sie versucht hatte, die beiden zu benutzen, um ihn zu entdecken, herauszufinden, was er von ihr wollte; und doch hatte das Betatschen der beiden und ihre Weigerung, sich auf mehr einzulassen als ein lockendes Scharfmachen, sie anscheinend für immer von ihrem jungen Ehemann getrennt. Denn so sehr sie auch wollte, hatte sie – das heißt ihr Körper – doch niemals die Absicht, *nachzugeben.* Sie war mißtrauisch gegen die Lust. Sie mochte sich ihr nähern, mochte sehnsüchtig auf sie warten, aber der Rückzug war unvermeidlich. Außerdem erwartete Eddie im Ernst nicht mehr als »Interesse« von ihrer Seite. Sie ahnte, daß es etwas mehr damit auf sich haben könnte; ihm aber genügte es, daß sein Vergnügen ihr Vergnügen machte. Dies vorausgesetzt, diskutierten sie nie über etwas anderes als ihre Einstellung.

Die glückliche Mutter

Sie hatte eine schwere Geburt gehabt, anderthalb Tage lang. Dann hatte das Baby, kaum nach Hause geholt, einen Monat lang an Koliken gelitten, gewürgt und gekeucht und sie um ihren Schlaf gebracht. Sie war so erschöpft, daß es vergeblich war, folgerichtig denken zu wollen oder überhaupt zu denken. Es kostete sie alle Kraft, das Kind zu versorgen, und sie mußte es tun, ihr Körper gehorchte nicht ihren eigenen Bedürfnissen, sondern den Schreien ihres Söhnchens. Dies also war, murmelte sie, wenn sie mitten in der Nacht an seine Wiege schlurfte, die Sklaverei. In ihrer Auflehnung begann sie jede Nacht, kurz bevor das Baby seine Schreie auszustoßen begann, von Möglichkeiten zu träumen, es zu ermorden.

Sie saß in dem Schaukelstuhl, den Eddie für sie gekauft hatte, und streichelte ihrem Sohn den Rücken, doch ihre Finger verlangte es, ihn aus ihrem Leben zu streichen. Sie erkannte wohl, daß er noch hilfloser war als sie, und doch wickelte sie ihn grob, riß seine fetten braunen Beinchen in die Höhe, weil er seinem Vater ähnlich sah und weil jeder, der zu Besuch kam, einfach unterstellte, daß sie ihn lieben müsse, und weil er für sie nichts anderes war als eine Kugelkette am Bein.

Der Gedanke, ihr eigenes Kind zu ermorden, erschreckte sie schließlich. Um ihn zu unterdrücken, dachte sie sich ganz bewußt Methoden aus, sich selbst umzubringen. Sie empfand angenehme Ablenkung, sich vorzustellen, wie sie starr und bewußtlos dalag, den Kopf im Gasherd. Oder kalt auf den Fliesen, mit einem Loch in der Gaumenplatte. Der Frieden des Todes erschien ihr wahrhaftig gesegnet, und jeden Tag plante sie neue Mittel und Wege, ihn zu erreichen. Weil sie sich zunehmend auf den Selbstmord, auf den Gedanken an ihn verließ, konnte sie leidlich gut funktionieren. Alle sagten ihr, sie sei eine beispielhafte junge Mutter, so reif, so ruhig. Das gefiel ihr, weil es so amüsant war. Das Lob machte ihr Spaß. Und ihr Gesicht wurde immer freundlicher, bis sie zu kichern anfing – um noch mehr Lob für ihre gute Laune einzuheimsen.

Sie hatte das Gefühl, als ob irgend etwas in ihrem Kopf drauf und dran sei, davonzufliegen. Eddie ging in das Lokal, arbeitete, kam nach Hause (oder kam nicht nach Hause), aß, schlief, ging morgens in die Schule, alles wie bisher. Er liebte seinen Sohn und war gut zu dem Kind. Er kaufte ihm die üblichen blöden Spielsachen, paradierte mit ihm vor seinen Eltern, machte alle sechs Wochen Fotos von ihm und lernte sogar, die Windeln des Babys zu wechseln – auch wenn er diese Kunst verleugnete, wenn Freunde zu Besuch waren.

Manchmal fragte sie sich, warum sie Eddie noch immer nicht liebe. Es verwirrte sie. Er sah noch immer gut aus, war noch immer bei den Frauen beliebt (einige hatten ihn inzwischen, wenigstens für eine Zeit, eingefangen) und er behandelte sie mit Zartgefühl und Respekt.

Aber je länger sie zusammenlebten, desto mehr beschlich sie der schreckliche Gedanke, daß Eddie genau wie sein Name, niemals erwachsen werden würde. Sie dachte, er werde immer ein Junge bleiben, nicht daß sie gewußt hätte, wie ein Mann sein sollte; sie wußte es nicht. Sie wußte nur, daß keiner von den Jungen, mit denen sie Dates gehabt oder sich angefreundet hatte, fähig zu sein schien, ein Mann zu werden. Sie projizierte den ersten, und dann auch die anderen in die Zukunft. Sie wurden älter, blieben aber immer noch Jungen. Sie konnte sie nur in beruflichen Stellungen denken, ähnlich – wenn auch oberflächlich ganz verschieden – wie jene, die Eddie in seinem Lokal innehatte: holen und bringen und höflich auf Befehle von oben warten. Von keinem konnte sie sich zum Beispiel vorstellen, daß er Direktor der örtlichen Bankfiliale werden würde.

Dies stürzte sie in eine gewisse Lethargie. Sie konnte sich zu keiner Aktivität mehr aufraffen. Sie konnte sich nicht einmal zielgerichtet in ihrem eigenen Haus bewegen. Wozu auch?

Sie konnte allerdings kritisieren. Und sie fing an, Fehler zu entdecken - an allem. Kleinigkeiten, anfangs. Zum Beispiel: Warum mußten seine Hosen und Hemden, kaum zweimal getragen, immer wieder gestärkt und geplättet werden? (Inzwischen wusch seine Mutter nicht mehr die Wäsche für sie.) Daß seine Mutter »es *immer* getan« hatte, oder daß er »saubere Kleidung *gewöhnt*« war, schien ihr keine vernünftige Erklärung. Na, und? erwiderte sie. So war sie. Aber sie hatte gelernt, ihre Sachen länger als zwei Tage zu tragen, ohne sie zu wechseln. Ausgenommen ihre Unterwäsche. Und warum, fragte sie sich, mußte er so ausgiebig duschen und das ganze Badezimmer einnebeln, so daß, wenn sie hineinging, und sei es nur, um die Toilette zu benutzen, ihre Frisur durch den Dampf ruiniert wurde? Und spielte er denn immer noch Basketball an der Schule? Welchen Sinn hatte es, sich fit zu halten? Was zum Teufel erwartete er sich davon?

Und ernsthafter: sie verabscheute die Tatsache, daß er, obwohl er noch in die Schule ging und sie nicht, anscheinend nichts über die Bücher wußte - oder über die Welt. Mehr als er wußte, lernte sie aus den Quiz-Sendungen im Fernsehen.

Er sei nicht an »Bildung« interessiert, sondern daran, die Schule abzuschließen. Sie verachtete diese Antwort, weil sie wußte, daß sie stimmte. Sie wußte auch, daß es das Ziel aller in dieser Schule war, vom Rektor bis hinab zu den Erstkläßlern. »Die Schule beenden«, das war das Synonym für »Bildung«. Tatsache war, daß sie nicht daran glaubte, jetzt, da sie nicht mehr zur Schule ging. Die Schule war langweilig gewesen,aber nur dort hatte sie manchmal den Quecksilberblitz des Lernens erlebt, der ihr jetzt nie mehr aufschien.

Sie las *Sepia, Tan, True Confessions, Real Romances* und *Jet.* Diesen Zeitschriften zufolge war die Frau ein geistloser Körper, ein Sex-Wesen, ein Ding, das man mit falschen Haaren und Fingernägeln behängte. Und doch halfen sie ihr, mit Sicherheit zu erkennen, daß ihre Ehe zerbrach. Mit dieser Gewißheit lebte sie im alltäglichen Nebel der Gleichgültigkeit. Und doch war der Bruch, als er kam, nicht die – von ihr gefürchtete und manchmal erhoffte – Katastrophe. Tatsächlich hatte sie ihn sozusagen kaum bemerkt. Er kam nicht auf einmal, mit hitzigem Streit, Schlägen, Kofferpacken oder Türenknallen. Er kam in Raten, manche größer, manche kleiner. Er kam – von Eddies Seite – mit einer Nacht außer Hauses, mit einer Abwesenheit von drei bis vier Tagen und mit einer allmählichen Abkühlung seiner gewohnt liebevollen Aufmerksamkeit für das Baby. Das war das einzige Zeichen von Berechnung, das sie bei ihm entdecken konnte. Er nahm natürlich an, daß das Baby bei ihr bleiben würde (so waren dergleichen Situationen immer gelöst worden), und er hatte nicht die Absicht, sich noch viel mit ihnen abzugeben. Von ihrer Seite war es nur – eine Fortsetzung ihrer Lethargie, eine Unfähigkeit, sich für irgend etwas anzustrengen.

An dem Tag, als er verschwand, war sie an einem Haus nicht weit von dem ihren vorbeigegangen, wo – weil es fast Sommer war – alle Türen und Fenster offenstanden. Menschen, junge Menschen überall. Sie liefen drinnen durcheinander, riefen den anderen draußen etwas durchs Fenster zu, wirkten sorglos (wie kinderlose junge Leute in ihrem Alter jetzt immer auf sie wirkten) und doch so, als seien sie sich irgendeiner Überwachung von außen her – abgesehen von Meridians Gaffen – bewußt. Aber sie war die einzige, die sich auf dieser Straße befand. Und sie war nur stehengeblieben, um zu schauen, weil es das Haus einer schwarzen Familie war, in einer schwarzen Nachbarschaft, und weil mehrere junge Weiße dabei waren. Und all die jungen Leute waren sonderbar angezogen und sahen irgendwie lustig und altmodisch aus in ihren Overalls und Trapperstiefeln, die sie trugen. Sogar die Mädchen (und besonders ein weißes Mädchen mit langem braunem Haar fiel ihr auf) trugen Overalls mit *Hosenschlitzen!*

Das war etwas, worüber sie nachdenken konnte an dem Tag, als Eddie für immer auszog. Irgendwie konnte sie sich nicht auf die Tatsache seines Verschwindens konzentrieren. Sie verstand nicht tief genug, was es bedeuten mochte. *War* er für immer verschwunden? Hatte er wirklich alle Kleider mitgenommen – sogar die gestärkten, aber noch ungeplätteten Hemden, die zusammengerollt im Kühlschrank lagen? Und wer sollte mit dem Baby spielen, wenn es erwachte? Das hatte Eddie meistens getan, wenn er ein paar freie Minuten hatte, zwischen Arbeit und Schule.

Jetzt saß sie lustlos da, starrte in den Fernseher. Das Haus, an dem sie vorbeigegangen war, wurde gezeigt. Es sollte eine Kampagne zur Registrierung von Wählerstimmen (sie fragte sich, was das sei) stattfinden, die in dieser Stadt, in diesem Haus beginnen und die Menschen im ganzen Land erreichen sollte. Man brauchte Schwarze, freiwillige Helfer. Diese Erklärung gab eine Gruppe junger Männer einem (weißen) Reporter, der verwundert dreinschaute und ein Taschentuch übers Mikro hielt, wenn er es vorstreckte. Wenn er selber hineinsprach, nahm er das Taschentuch weg. Schwarze traten nie in den Nachrichten auf – außer natürlich, sie hatten ihre Mutter erschossen, oder die Großmutter ihres Boss' vergewaltigt – und ein Schwarzer, oder mehrere Schwarze, die eine Pressekonferenz gaben, das war noch nie dagewesen. Aber dies beschäftigte sie wenigstens, weckte – so überraschend es war – oberflächlich ihre Aufmerksamkeit. Es hielt ihre Gedanken anderswo fest, während sie ihre Hände zwang, mit dem Baby zu spielen, das ihr auch jetzt noch den Wunsch einflößte, es umzubringen: diesen weichen, glatten, hilflosen Hals zu würgen, diesen Flaumlöckchenkopf in einen Wasserkessel zu stoßen, es in sein Zimmer zu sperren und verhungern zu lassen. Es blickte ängstlich umher, suchte traurig nach seinem Daddy. Sie zwang sich, nur an die schwarzen Gesichter auf dem Bildschirm zu denken und an das Haus, nicht weit entfernt von dem ihren.

Am nächsten Morgen, als sie im Bett lag und die Frühnachrichten verfolgte, wurden wieder Bilder von diesem Haus gezeigt – nur daß das Haus nicht mehr existierte, außer auf dem Film. In der Nacht, zwischen drei und vier Uhr morgens, war das Haus durch Brandbomben zerstört worden. Die explodierenden Sprengkörper setzten nicht nur dieses Haus, sondern eine ganze Häuserreihe in dieser Straße in Brand. Drei kleine Kinder wurden verletzt - nein, eine Einblendung am Rand des Bildes verkündete, daß sie tot waren; mehrere Erwachsene waren verletzt. Ein Erwachsener, vermißt, war vermutlich tot. Die anderen waren irgendwie davongekommen. Anscheinend hatten sie einen Wachposten aufgestellt, der durch das Geräusch eines wenige Meter vor dem Haus haltenden Lastwagens - der gleich darauf weiterraste - gewarnt worden war.

Dies verwunderte sie, daß sie einen Wachposten aufgestellt hatten. Warum brauchten sie einen Wachposten? Und dann, die treffendere Frage: wieso hatten sie gewußt, daß sie einen Wachposten brauchten? Wußten sie etwas, das sie nicht wußte? Sie hatte ihr Leben lang in dieser Stadt gelebt, aber sie hätte nicht vorhersagen können, daß das Haus bombardiert werden würde. Vielleicht deshalb, weil so etwas noch nie passiert war. Nicht in dieser Stadt. Oder - war es? Sie erinnerte sich an die Nacht, bevor sie von den Indianern geträumt hatte. Sie hatte geglaubt, sie vergessen zu haben.

Und so kam es eines Tages, Mitte April 1960, daß Meridian Hill sich die Vergangenheit und Gegenwart der größeren Welt um sie her bewußt machte.

Wolken

Jeden Morgen, nach diesem Bombenanschlag, brachte sie ihr Kind – es hieß Eddie Junior – tagsüber weg, zu seinem Onkel, dem kleinen Bruder seines Vaters, der erst drei Jahre alt war. Eddies Mutter, jetzt neunundvierzig, hatte zweifellos einen ihrer sexualkundlichen Ratschläge mißverstanden: Meridian konnte ihr nie recht glauben, wenn sie behauptete, sie hätte ein so verspätetes Baby geplant gehabt. Wenn sie Eddie Junior los war, kehrte sie in die – jetzt von ihren Schwiegereltern finanzierte – Wohnung zurück und legte im Schlafzimmer die Füße auf das Fensterbrett. Das Fenster sah auf einen kleinen, abgeschiedenen Hinterhof hinaus – fast immer grün, bis auf die kurzen Wintermonate Dezember bis März – und sie versuchte, dort über ihre Situation nachzudenken, anfangs ohne zu wissen, was sie tat. Am Anfang war es wie ein Rückfall in eine Zeit, die es für sie niemals gegeben hatte, eine Zeit völliger Ruhe, wie eine Ohnmacht. Ihre Sinne standen still, während ihr Körper ruhte; nur in ihrem Kopf spürte sie etwas, und es war ein Gefühl der Leichtheit, eine Leichtheit wie im Innern einer Trommel. Die Atmosphäre in ihrem Kopf war anfangs frei und gereinigt von jedem Gedanken. Stundenlang saß sie am Fenster und schaute hinaus, ohne aber den windgebeugten Pekanbaum oder den blauen, wolkengesprenkelten Himmel oder das Gras zu sehen.

Um drei Uhr rückte sie an ein Seitenfenster und beobachtete

die Kinder, die aus der Schule nach Hause kamen. Sie beobachtete die kleinen Mädchen, deren Körper sich eben zu weiblichen Körpern ausformten. Beobachtete, wie sie sich gegen den Wind beugten, ihre Bücher vor die Brust gedrückt in einer Geste der Abwehr, beinah der Scham. Ganz gewiß der Furcht. Dann, bei den etwas älteren, sah sie den aufkommenden Stolz auf den eigenen Körper, so daß sie sich nicht mehr gegen den Wind – den wirklichen oder den eingebildeten Wind – beugten, sondern die Brust so offenkundig wie möglich vorstreckten, damit die Jungen, die in Horden vorbei- oder neben ihnen hergaloppierten – mit all ihrem sinnlosen, ziellosen Gelächter und ihrer Rempelei wie junge Ponys – sich keck nach ihnen umdrehten und grinsten und sie hänselten, und die jungen Mädchen in Verlegenheit und Entzücken stürzten. Aber die Mädchen, so dachte Meridian, bewegten sich trotz aller körperlichen Selbstbewußtheit beschützt wie in einem Traum. Einem Traum, der wenig zu tun hatte mit den wirklichen Boys, die an ihnen vorbeigaloppierten. Denn sie sahen diese Jungen nicht so, wie sie wirklich waren, sondern so, wie sie in einer anderen Welt sein könnten. In einer anderen Welt als dieser, in der sie lebten. Was vielleicht auch erklärt, warum sie selbst sich an nichts mehr aus dieser Zeit erinnern konnte, an nichts als die Sonntagnachmittage und Abende im Kino. Denn mehr als alles andere war es das Kino, das diese Jahre des Galoppierens und der Rempelei ausfüllte.

Filme: Rory Caloun, Ava Gardner, Bette Davis, Slim Pickens. Die Blonden gegen die Brünetten, die Cowboys gegen die Indianer, die Guten gegen die Bösen – Schwärzeren. Diese Fantasiewelt machte die andere Welt der Schule – mit ihrer Monotonie und Zähflüssigkeit – erträglich.

Die jungen Mädchen, die sie beobachtete, waren zumeist wohlerzogen. Sie waren höflich, sie waren lieb, sie waren intelligent. Sie wußten einfach noch nicht, daß sie – zwischen zwölf und fünfzehn – ihr eigenes Leben lebten, und glaubten, sie lebten das Leben von anderen. Sie versuchten das Leben der Film-Idole zu leben: und ihr Leben war Fantasie. Nicht einmal die Weißen, die sie beobachteten und nachzuahmen versuchten – die Schauspieler –, lebten dieses Leben.

So bewegten sie sich, die jungen Mädchen draußen vor ihrem Fenster, durch Träume mit einem Happy End: Träume von Männern und Frauen, die alles hatten, von Männern, die die Welt regierten. So war auch sie gewesen.

Doch diese Gedanken, willkürlich und flüchtig wie Wolken, waren lediglich die äußerste Haut einer sehr großen Zwiebel.

Immerhin war sie erst siebzehn. Eine von der High School abgegangene Drop-out, eine verlassene Ehefrau, eine Mutter, eine Schwiegertochter. Und weil dies so war, ging sie am Spätnachmittag zum Haus ihrer Schwiegermutter und holte das Kind ab, das nicht mit nach Hause kommen wollte.

Das Streben nach dem Guten

Das Leben ihrer Mutter war Aufopferung. Ein blindes, duldendes Dahinstolpern durchs Leben - wenn auch mit Würde (soweit es unter den Umständen möglich war). Sie verstand offenbar nicht viel von dem, was außerhalb ihrer Familie, ihrer Nachbarschaft, ihrer Kirche geschah. Sie bezog nie einen extremen Standpunkt zu irgend etwas, außer wenn sie längere Zeit übermäßig provoziert wurde. Dann sprudelte sie ihren Zorn heraus, in wenig zusammenhängenden Klagen gegen - aber wogegen hatte ihre Mutter geklagt? Sie beklagte sich nicht gegen die Kirche, weil sie das Bauwerk Kirche - den Mörtel und die Ziegelsteine - für heilig hielt; sie glaubte, daß diese Heiligkeit in all den Jahren der Bibellesung und des inbrünstigen Gebets abgefärbt habe, so daß die Heiligkeit jetzt an den Wänden klebte wie Tünche. Sie glaubte, die Kirche sei buchstäblich Gottes Haus und glaubte Seine Gegenwart zu spüren, sobald sie durch die Pforte eintrat. Wenn sie wieder hinausging, glaubte sie etwas anderes zu fühlen.

Gewiß, es war manches verkehrt an der Kirche. Unter anderem, daß der Prediger meist nicht zu verstehen war. Das heißt, seine Worte waren es nicht, seine Sätze waren es nicht. Jahrelang - dreißig an der Zahl - saß sie jeden Sonntag auf ihrem Platz, überzeugt, daß dieser Mann - wer immer predigen mochte - ihr Gottes Wort und Weisheit einträufele, während alle anderen Sätze ihr eigentlich unverständlich blieben. Die

Prediger predigten mit einer Singsang-Stimme, rhythmisch, oft majestätisch und immer leidenschaftlich. Sie brachten kunstvolle moderne Gleichnisse für alte Texte. Sie waren Musiker, sie waren Dichter. Und ihre Mutter war erregt, ihr Geist emporgehoben durch das Verlangen, gut zu sein. (Denn dies war es, wie sie wußte, wohin alle Worte Gottes führten, egal ob sie sie deutlich verstand oder nicht.) Zum Streben nach dem Guten, zu einem Zustand der Rechtschaffenheit. Sie begriff nicht viel, außer einem rudimentären Wissen um die Geburt und Kreuzigung Christi (die in der biblischen Geschichte so knapp aufeinander zu folgen schienen, daß sie sich oft fragte, ob Jesus Christus überhaupt eine Kindheit und Jugend gehabt habe) und um das Wunder von Hesekiels Rad (dessen Bedeutung darin lag, daß der Mensch schon vor der Erfindung des Flugzeugs von der Erde abheben konnte, wenn er nur den Glauben hatte), um den von Moses befohlenen Auszug der Kinder Israel (einer Rasse, die traurigerweise nicht mehr existierte). Die Gesänge verstand sie. Sie gestatteten es jeder Sünderin, dem lieben Himmel von ihren Sünden vorzusingen, ohne Gefahr zu laufen, persönlich in die Pflicht genommen zu werden.

Mrs. Hill beschwerte sich nie über etwas Politisches, weil sie nicht den Wunsch hatte, Politik zu verstehen. Sie hatte nie in ihrem Leben gewählt. Meridian war mit der Vorstellung aufgewachsen, daß der Wahltag mit seinen flatternden Bannern und langen Menschenketten – dem Begängnis irgendeines komischen Festivals diene, besonders für die Weißen, die mit harten, entschlossenen Gesichtern in dunklen, verhängten Kabinen verschwanden und Sekunden später stark erleichtert wieder auftauchten. Auch beschwerte sich Mrs. Hill nicht über die Ausbildung ihrer Kinder. Sie hielt die Lehrerinnen für ungemein qualifiziert (das heißt, qualifizierter als sie selbst es war), sie zu unterrichten. Falls sie Verachtung für sie empfand, weil sie sich nicht mehr zu ihnen zählen durfte und weil sie schlechte Hausfrauen waren, so behielt sie es vorsichtig für sich. Sie verehrte die Lehrerinnen als Gruppe, verachtete sie aber als Einzelpersonen. Zugleich aber mußte sie an ihre Unfehlbarkeit glauben. Wie hätte sie sonst den Versuch wagen können, ihre Kleidung zu kopieren, die Art, wie sie sich frisierten oder den Tonfall ihrer Sprache? Ganz zu schweigen von der Autorität, mit der sie sich gegen weniger gebildete Männer behaupteten und sie oft sogar beherrschten.

Tatsächlich beschwerte sich Mrs. Hill nur über ihren Mann, dessen Mängel, so fand sie, ihre Unkenntnis all der anderen Mängel, die es sonst auf der Welt geben mochte, mehr als aufwogen.

Beim Plätten der Kleidchen ihrer Kinder verausgabte sie alle Energie, die sie hätte aufbringen können, um ihnen offen Liebe zu zeigen. Ihre Kinder waren makellos rein, wohin sie auch gingen. In ihren steifen, beinah unbiegsamen Kleidern waren sie eingehüllt in die Wäschestärke ihres mütterlichen Zorns, und sie mußten Distanz zu den anderen halten, um die schäbigen Knitterfalten des Kontakts zu vermeiden, die ihr Mutterherz hätten bekümmern können.

Erwachen

Einen Monat nach dem Bombenanschlag trat Meridian durch das Tor eines Hauses und klopfte an eine Tür.

»Ich komme, um freiwillig mitzuarbeiten«, sagte sie zu dem dunkelhäutigen jungen Mann, der sie anstarrte.

Wofür wollte sie freiwillig arbeiten? Sie hatte keine wirkliche Vorstellung. Irgend etwas im Zusammenhang mit dem Bombenanschlag hatte sie fasziniert – die Vernichtung des Hauses, jenes Wissen, das in der Lage gewesen war, die Zerstörung vorherzusehen. Welche Gedanken mochten diese Leute haben?

»Swinburn«, rief der Junge, der die Tür aufgemacht hatte, »sieh mal, was der gütige Gott uns da schickt.« Er war klein und stämmig, mit vorspringenden Augen hinter dicken Brillengläsern. Sein Lächeln war freundlich und offen, und als er vor Meridian ins Zimmer ging, fiel ihr auf, daß er leicht hüpfte und ruckte, wie ein Mann, der einen Hund an der Leine zerrt.

Swinburn erhob sich von einem Tisch, der im Hintergrund des Zimmers stand. »Gott sei Dank«, sagte er. »Allah sei gelobt und gepriesen. Komm herein, junge Lady, und laß' dich ausfragen. Kannst du tippen?«

»Nein«, sagte Meridian, die einen Schreibmaschinenkurs angefangen hatte, drei Monate bevor die morgendliche Übelkeit einsetzte – die Ganztages-Übelkeit in ihrem Fall.

»Kannst du es schnell lernen?« Ein junger Mann, etwas älter

als die anderen beiden, stand in der Tür. Er musterte sie mit einem ruhigen, kühlen, beifälligen Blick und hielt irgendwelche Papiere in der Hand. Sie konnte nicht anders, sie mußte seine Nase anstarren, die hoch gewölbt und scharf geschnitten war, anscheinend direkt aus den Gesichtern äthiopischer Krieger gerissen, die sie auf Fotografien gesehen hatte. Sie war herrlich edel, dachte sie, und gab dem jungen Mann ein arrogantes Aussehen. Er trug Blue Jeans und ein Polohemd, und seine Brust war mit Buttons bepflastert. Daß er so viele Buttons trug, kam Meridian komisch vor, allzu verspielt für einen so coolen, ernsthaften Typ. Sie wollte aber auch solche Buttons haben. Als er näherkam, gefiel ihr besonders der eine, große, der eine schwarze und eine weiße Hand im Händedruck zeigte, obwohl die Hände, weil die Farben so flach waren, bei näherem Hinschauen sich gar nicht zu drücken schienen, sondern sich lediglich berührten oder dabei waren, sich voneinander zu lösen.

»Ja«, sagte sie. »Ich glaube, ich könnte es lernen.«

Der Junge, der Swinburn genannt wurde, hackte emsig auf der Schreibmaschine vor sich herum, sein magerer Rücken gebeugt, und seine Rippen zeichneten sich durch den verwaschenen Hemdenstoff ab. Er war sehr dunkelhäutig, mit vollen, hübsch geschwungenen Lippen und großen Augen hinter einer randlosen Brille, die sie noch größer erscheinen ließ. Wenn er sprach, klang seine tiefe Stimme, die aus der schmalen Wölbung seines Brustkorbs kam, ganz außerordentlich. Ihr Timbre war so tief, daß es die Gegenstände im Raum scheinbar klappern ließ. Er beschleunigte seine Hackerei auf den Tasten, jetzt wo er wußte, daß sie ihn beobachtete, aber die Unzahl von Fehlern, die er machte, überzeugte ihn bald, aufzuspringen und ihr seinen Stuhl anzubieten.

»Wollt ihr nicht wissen, wie ich heiße?«

»Oh«, donnerte Swinburn. »Tut mir leid. Wir haben einfach so viel zu tun seit dem Bombenanschlag. Ein neues Haus finden, tippen, um Geld aufzutreiben... Ich heiße, äh, Swinburn, und das ist Chester Gray« (er zeigte auf einen der anderen jungen Männer).

»Et je m'appelle Truman Held«, sagte der junge Mann mit der Nase.

Die anderen beiden lachten über ihn: »Reimt sich sogar!« sagten sie. Doch Meridian war verwirrt. Vielleicht lachten sie auch über sie, weil sie nicht verstanden hatte, was er sagte. Sie nannte ihnen ihren Namen, und sie brummten und wandten sich ab, außer Swinburn.

»Das ist nur eine Petition«, sagte er, über sie gebeugt. »Weißt du etwas über den Bombenanschlag? Wir versuchen herauszufinden, wie viele Einwohner interessiert wären, einen Protestmarsch durch die Stadt zu machen. Tipp' einfach ab, was ich hier aufgeschrieben habe, und ich werd's in die Schule mitnehmen und sehen, ob ich's hektografieren lassen kann.«

»Du meinst, in unsere Schule?« fragte sie.

»Klar«, sagte Swinburn.

»Das werden die nicht machen.«

»Warum nicht?« fragte Swinburn.

»Ich kann dir nicht sagen, warum«, sagte Meridian. »Ich weiß nur, daß sie es nicht machen werden. Wir durften nicht mal zum Ostereiersuchen Shorts anziehen.«

»Na, tipp's jedenfalls ab«, sagte Swinburn. »Irgendwie werden wir schon die Kopien kriegen.«

Meridian tippte und tippte, bis ihr Rückgrat zu brechen schien und ihre Augen brannten. Sie tippte erbärmlich, und sie schämte sich dafür, wieviel Papier sie verbrauchte. Nach einer Stunde konnte sie aber eine perfekte Abschrift der Petition vorlegen, nur daß sie an das Wort »Negro« ein »e« angehängt hatte.

»Schon gut«, sagte Swinburn und strich das »e« mit einem dicken Filzstift aus, so daß die Schönheit des fertigen Produkts hoffnungslos ruiniert war, »du brauchst nur noch ein bißchen Übung.«

Kampfesmüdigkeit

Truman Held war der erste unter den Civil Rights Workers – denn so nannten sie sich: Arbeiter für gleiche Bürgerrechte –, der ihr etwas zu bedeuten begann, obwohl noch Monate nach ihrer ersten Begegnung vergehen sollten, bis es ihr klar wurde. Es geschah erst eines Abends, als zuerst er, dann sie verhaftet und zusammengeschlagen wurden, weil sie vor dem städtischen Gefängnis demonstriert hatten.

Es hatte einen Freiheitsmarsch zur Kirche gegeben, ein Gebet des amtierenden Geistlichen, Freedom-Songs, ein paar alte Frauen, die Zeugnis ablegten (hauptsächlich über die Zustände im Gefängnistrakt für schwarze Häftlinge, was Meridian vor Grauen zusammenzucken ließ) und schließlich berieten sie ihre künftige Strategie und sangen »Ain't Gonna Let Nobody Turn Me Round« – die Hymne von der Standfestigkeit der Überzeugten.

Die Strategie sah einen mitternächtlichen Marsch vor, mit Kerzen, in breiter Front auf der Straße zum Gefängnis, und es sollten nur Leute mitmachen, die bisher noch nicht verhaftet waren, wie Truman Held. Die Strategie sah tatsächlich vor, daß jeder, der bisher noch nicht verhaftet gewesen war, sich einsperren lassen sollte. Es war ein Protest gegen die Rassentrennung im städtischen Krankenhaus. Es war auch ein Versuch, frühere Demonstranten aus dem Gefängnis freizubekommen. Aber schon als sie singend zum Rathausplatz marschierten, wo das Gefängnis lag, konnte sich Meridian nicht vorstellen, wie das alles funktionieren sollte. Die früheren Demonstranten, da war sie sich sicher, würden nicht freigelassen werden, nur weil ein paar friedlich singende Menschen vor dem Gefängnis standen. Und das Gefängnis war zu klein, um noch mehr Leibern Platz zu bieten. Es mußte ohnehin schon vollgepfropft sein.

Sie hatten erst ein paar Minuten gesungen, als die Stadt mit blitzenden Scheinwerfern zum Leben erwachte. Polizeiwagen kamen von überall. Dutzende von staatlichen »Troopers« kreisten die Demonstranten ein und bildeten eine Mauer zwischen ihnen und dem Gefängnis. Meridian fiel auf, daß die Männer wirklich Bürstenhaarschnitte hatten, daß sie wirklich Kaugummi kauten. Und dann schwang die Gefängnispforte auf und die früheren Demonstranten kamen übermüdet heraus, ihre Gesichter geschwollen und zerschlagen und von blauen Flecken entstellt. Truman humpelte mit den anderen mit, das Gesicht schmerzverzerrt und leise vor sich hinfluchend, während die Kette der Troopers sie alle erbarmungslos über den Platz stieß. Nur ein paar Sekunden, und Meridian begriff, daß jetzt sie an der Reihe war.

Kaum waren die anderen außer Sicht, machten die Troopers kehrt und stürmten mit geschwungenen Knüppeln auf sie los. Ein Schlag warf Meridian zu Boden, wo die hierhin und dorthin fliehenden Menschen über sie hinwegtrampelten. Aber es gab nichts, wohin man fliehen konnte. Nur die Gefängnispforte stand offen und unversperrt. Binnen weniger Minuten waren sie alle hineingeprügelt worden, wo schon der Sheriff mit seinen Gehilfen sie erwartete, um ihnen den Rest zu geben. Jetzt begriff sie auch, warum Truman humpelte. Als der Sheriff sie an den Haaren packte und ein anderer sie in den Rücken zu boxen und mit Füßen zu treten anfing, schrie sie nicht mal, außer im Stillen, ganz intensiv, und sie schrie Trumans Namen. Was sie damit ausdrücken wollte, war nicht mal, daß sie ihn liebte: was sie damit sagen wollte, war die Tatsache, daß sie beide in einer Zeit und an einem Punkt der Geschichte standen, wo alles Banale von ihnen abfiel – und wo sie ganz fest beisammen waren.

Später in diesem Sommer, nach einer anderen Demonstration, sah sie ihn eine Straße entlanggehen, die nicht zu den Schwarzen Vierteln der Stadt führte. Seine Augen waren verquollen und gerötet, sein Körper zitterte, und er erkannte sie nicht, sah sie nicht mal. Sein leerer Blick, das wußte sie, war die Kampfesmüdigkeit. Sie alle litten an ihr. Meridian war so erschöpft wie alle anderen, und sie war manchmal in Tränen aufgelöst. Anfangs hatte sie immer geweint, wenn etwas schief ging oder jemand sie unfreundlich anredete – oder sie überhaupt anredete. Jetzt aber war sie dauernd in Tränen aufgelöst, und bei allem, was sie tat – Wählerstimmen mobilisieren, auf Demonstrationen sprechen, ihre Schnürsenkel binden, lachen –, rollten ihr langsam und unaufhörlich die Tränen über die Wangen. So konnte es tagelang gehen, sogar Wochen. Dann hörte es plötzlich auf, und ein anderes Symptom stellte sich plötzlich ein. Das Zittern in den Händen, das Zucken ihres linken Auges. Oder die Gewißheit, mit der sie manchmal einen Schuß fallen hörte und den Aufprall der Kugel in ihrem Rücken spürte. Dann stand sie völlig reglos und wartete auf den Sturz.

Sie rannte in einen Hof, wo es einen Trinkbrunnen gab, und tauchte ihren Hemdzipfel ins Wasser. Als sie wieder auf die Straße kam, um Truman das Tränengas aus den Augen zu wischen, war er verschwunden. Ein Polizeiwagen raste die Straße hinab. Sie stand auf der Straße und spürte die kühle Nässe an ihrer Hüfte und fragte sich, was sie tun solle.

Die Mehrheit der Schwarzen aus der Stadt sympathisierte von Anfang an mit dem Movement und sagte Meridian, daß sie für eine gute Sache arbeite: Tippen, den Analphabeten Lesen und Schreiben beibringen, gegen die Rassentrennung in öffentlichen Einrichtungen demonstrieren, das Haus dem Movement offenhalten, wenn die anderen Workers in die Schule gingen. Ihre Mutter aber hatte kein Verständnis.

»Wenn du mich fragst«, sagte Mrs. Hill, »so hast du ein Jahr deines Lebens verschwendet, indem du mit diesen Leuten herumtrödeltest. In der Zeitung steht, sie sind verrückt. Gott hat die Schafe von den Böcken geschieden, und die Schwarzen von den Weißen. Und mich von jedem, der sich so töricht benimmt wie sie. Mir hat es nie etwas ausgemacht, hinten im Bus zu sitzen. Die Aussicht ist genauso gut, und da drängeln nicht dauernd die Weißen mit ihren ekligen dicken Hintern vorbei.«

Meridian versuchte es zu überhören, aber ihre Mutter ließ nicht locker. »Falls jemand meint, pinkeln zu müssen, wenn er in die Stadt geht, soll er es auf seiner eigenen Toilette tun, bevor er das Haus verläßt! So haben wir es gehalten, in meiner Jugend!« Schließlich gingen Mrs. Hill die Worte aus.

Meridian hatte lange gebraucht, um ihrer Mutter zu sagen, daß sie zum Movement gehörte, und als sie es dann tat, wußte ihre Mutter es schon. Jetzt aber kam sie mit einer Neuigkeit, die ihre Mutter noch mehr erbittern mußte. Um diese Nachricht loszuwerden, brachte sie Delores Jones mit (auch eine Movement-Workerin) und Nelda Henderson, eine alte Freundin. Es war feige, aber Meridian konnte ihrer Mutter nicht allein entgegentreten.

Als Meridian noch Schülerin an der High School war, hatte man sie einem Test unterzogen und ihr mitgeteilt, daß ihr IQ von 140 in Anbetracht ihrer Wohnverhältnisse und ihrer Herkunft ungewöhnlich hoch sei. Sie war schwanger damals, jämmerlich wie ein Hund und kurz davor, von der Schule verwiesen zu werden; sie hatte die Mitteilung mit Achselzucken quittiert. Aber obwohl sie keinen High-School-Abschluß hatte, sollte sie – falls sie wollte – eine Chance bekommen, aufs College zu gehen. Dies teilte ihr Mr. Yateson mit, und er erklärte, daß ihr damit eine einzigartige Ehre zuteil werde – der sie sich würdig erweisen könne oder auch nicht; denn immerhin, anständige Mädchen wurden nicht auf der High School schwanger – und daß er von ihr erwarte, ein hohes moralisches Beispiel zu geben, weil sie als Stellvertreterin für die intelligenten »Produkte« auftreten müsse, die seine »Fabrik« hervorbringen könne.

Er sprach so gönnerhaft, daß sie im ersten Moment glaubte, er habe die Absicht, sie von seinem eigenen Geld aufs College zu schicken. Aber nein. Er erklärte ihr, daß eine hochherzige (und reiche) weiße Familie in Connecticut – die einige dieser mutigen armen Schwarzen unterstützen wolle, die man allabendlich auf dem Bildschirm marschieren und sich blutige Köpfe holen sah – beschlossen habe, als Geste ihrer liberalen Gesinnung und Anteilnahme, ein intelligentes schwarzes Mädchen auf das Saxon-College in Atlanta zu schicken, eine Schule, die diese Familie seit drei Generationen durch Stiftungen förderte.

»Sie wollen doch nicht behaupten, ich sei die Intelligenteste, die sie haben«, sagte Meridian bescheiden. Dann aber juckte sie der Gedanke, daß es sich wohl so verhalten könnte, einfach weil Mr. Yatesons »Fabrik« in der Regel nichts als Langeweile »produzierte«, und sie mußte lächeln.

Mr. Yateson war empört. »Zu meiner Zeit«, sagte er, »wurden Fehltritte nicht belohnt, und wir fanden so etwas nicht spaßig!«

Und so glaubte Meridian, sich für ihr Lächeln entschuldigen zu müssen, auch wenn es nur ein so erbärmliches, schwaches Lächeln gewesen war, und schon war ihr ein Teil der Freude an der neuen Erfahrung vergangen.

Truman aber konnte sie ihr wiedergeben, indem er ihr erzählte, daß das Saxon-College nur zwei Stunden entfernt von der Stadt sei und zudem gleich gegenüber seiner Schule, dem R. Baron College, gelegen, wo er selbst studierte, wenn er nicht gerade auswärts für das Movement arbeitete. Natürlich gab es auch in Atlanta eine Sektion des Movement, in der er bereits mitgewirkt hatte. Meridian und er würden sich jeden Tag sehen können.

»Mais oui«, sagte Truman immer wieder, während sie schüchtern, aber glücklich zu ihm aufsah, »du bist genau die Saxon-Type!«

Aber, ach, sie hatte ihm nicht gesagt, daß sie ein Kind hatte.

»Du hast ein Recht, aufs College zu gehen«, sagte Delores. »Und du hast Glück, weil du die Chance bekommst.« Sie war schlank und braun, mit einer ausgeprägten breiten Nase und

Augenbrauen wie schwarzen Schwingen. Sie trug Jeans und geblümte Hemden und fürchtete sich vor nichts. »Hör zu«, sagte sie, »es kommt nicht alle Tage vor, daß jemand nach deinem hohen IQ fragt und dir ein Stipendium anbietet. Du bist kein Dummkopf, Mädchen, und du wirst dich auch jetzt nicht wie ein Dummkopf benehmen.« Sie hatten die Haustür erreicht, und Nelda Henderson nahm Meridians Hand und drückte sie.

»Ganz egal, was deine Mutter sagt«, fügte Delores hinzu, »denk nur daran, daß sie den ganzen Tag nichts anderes als Gebetskissen macht.«

Nelda sagte nichts über die Tatsache, daß Meridian aufs College gehen sollte, denn sie wollte sich ihre Worte für Meridians Mutter aufsparen. Nelda neigte leicht zu Tränen, und sie schaute mit traurigem Neid auf ihre Freundinnen Delores und Meridian. Sie war wieder schwanger, und es begann eben sichtbar zu werden. Als Mrs. Hill die Tür aufmachte, begrüßte sie Nelda mit einer Kälte, die deren stets locker sitzende Tränen zum Fließen brachte.

Das Haus der Hills war außen weiß gestrichen, mit türkisfarbenen Fensterläden. Es war vollgestopft mit schweren braunen Möbeln, mit Porzellanpüppchen und Butterfässern voller Papierblumen. Aus Dutzenden von Fotos an den Wänden grinsten fremder Leute Kinder herab.

»Nun, es kann nicht moralisch sein, soviel weiß ich. Es kann nicht richtig sein, das eigene Kind wegzugeben.« Sie saßen um den Wohnzimmertisch und tranken Tee. »Wenn Gott der Herr dir ein Kind schenkt, will er, daß *du* für es sorgst.«

»Nicht Gott der Herr hat's ihr geschenkt«, murmelte Delores. Delores war unerschrocken. Meridian liebte sie dafür.

»Aber es ist die einzige Chance, die ich habe, Mama«, sagte sie.

»Das hättest du dir vorher überlegen sollen.«

»Ich *wußte* es vorher nicht«, sagte sie und starrte in ihr Glas. »Und überhaupt, wie könnte ich für Eddie Junior sorgen?« fragte sie. »Ich kann nicht einmal für mich selbst sorgen.«

Mrs. Hill runzelte die Stirn. »Weißt du denn, wieviele Frauen genauso dachten und auf Gott vertrauen mußten, um einen Weg zu finden? Du überraschst mich«, fuhr sie seufzend fort. »Ich dachte immer, du wärst ein *gutes* Mädchen. Und dabei warst du die ganze Zeit leichtsinnig.«

»War ich vielleicht«, sagte Meridian. »Aber ich wußte ja nicht mal, daß ich leichtsinnig war. Du hast immer in Rätseln zu mir gesprochen. ›Sei lieb‹. ›Sei nicht leichtsinnig!‹ Du hast dich nie verständlich ausgedrückt.«

»So ist's recht«, sagte Mrs. Hill. »Mach' mir nur zum Vorwurf, daß ich dir vertraut habe. Aber eines weiß ich: Jede andere, die einen Fehltritt macht wie du, steht dafür ein. Du bist die einzige, die glaubt, du könntest dich einfach weigern...« Mrs. Hill sprach nicht weiter und wischte sich über die Augen.

»Sieh' Nelda an«, begann sie wieder. »Ich weiß, *sie* würde niemals...«

Aber Nelda fiel ihr ins Wort. »Sagen Sie das nicht, Mrs. Hill«, sagte sie, Tränen in den Augen. »Ich würde alles tun, um eine Chance zu bekommen, um aufs College zu gehen, wie Meridian. Bei Gott, ich wünschte, ich hätte die Junior High School geschafft.«

Einen Moment, während sie Meridians Mutter ansah, lag Haß in ihren traurigen Augen. Haß, und eine Ahnung von Verrat. Sie hatte ihr ganzes Leben im Haus gegenüber den Hills gelebt. Sie und Meridian hatten im Garten der Hills zusammen gespielt. Sie waren zusammen in die Schule gegangen. Nelda wußte, daß das Wissen, das sie gebraucht hätte, um nicht schon in früher Jugend zu scheitern, ein Wissen war, das Mrs. Hill ihr hätte vermitteln können.

In jener Zeit hatte Nelda eine naive, bewunderswerte Sanftheit an sich gehabt, aber es zeigten sich auch schon deutlich – für den, der solche Dinge zu erkennen wußte (und Mrs. Hill hätte es sicher erkennen können) – Vorzeichen ihres Sturzes, der sich aus ihrer demütigen Hinnahme der Belastungen ihrer Familie entwickelte. Sie hatte Tag für Tag die Verantwortung für ihre fünf Brüder und Schwestern getragen, während ihre Mutter arbeiten ging. Am Sonnabend schleppte sie sich in die

Stadt, um Einkäufe zu machen, vor ihr die auf der Straße flitzenden Zwillinge, die beiden Kleinen an ihren Armen hängend und das Baby auf den Rücken geschnallt. Das war Nelda mit vierzehn – schön, so sagten die Jungen, wie eine Indianerin – kurz bevor sie selbst schwanger wurde.

An den Sonntagen stand es Nelda frei, zu tun was sie wollte. Dann arbeitete ihre Mutter nicht, sondern verbrachte den größten Teil des Tages – mit all ihren anderen sauber gekleideten und gekämmten Kindern – in der Kirche (sie war eine massige »Glatzköpfige« mit schweren Brüsten und einer schönen Konter-Alt-Stimme. Ihr Mann war im Zweiten Weltkrieg in Frankreich verschollen, und obwohl nur zwei ihrer Kinder – Nelda und das nächstältere, ein Junge – von ihm stammten, trugen sie alle seinen Namen. Ihr Haar hatte sie nach und nach während ihrer Schwangerschaften verloren.). Nelda durfte diesen Tag zu Hause verbringen, um sich die Haare zu waschen, das Mittagessen zu kochen und ihre Schularbeiten zu machen (sie schaffte den Weg zur Schule vielleicht sechsmal im Monat, und kein Beamter der Schulbehörde klopfte je an ihre Haustür), und am Spätnachmittag ging sie mit Meridian und Delores in der Stadt ins Kino, wo die drei auf dem Balkon, über den Köpfen der weißen Kinogänger, saßen und mit ihren jeweiligen Boy friends knutschten.

Meridian kannte den Vater von Neldas erstem Baby. Es war ein älterer Junge aus der High School, ein zarter Junge, der Nelda behandelte, als ob er sie mehr als sein Leben liebte, was er vielleicht auch tat. Er schenkte ihr Kämme und Blusen und Bermuda-Shorts und ihr erstes Paar Strümpfe – all dies von den drei Dollar Taschengeld, die seine Mutter ihm allwöchentlich gab, plus seinem Verdienst durch Rasenmähen während der Sommermonate. Während Neldas Mutter in der Arbeit war, kam er oft vorbei, um bei ihr zu Hause das Gras zu mähen, und meistens blieb er, um Nelda zu helfen, die Kinder zu füttern, zu baden und ins Bett zu bringen. Nelda war schon weit im dritten Monat, als sie merkte, daß etwas nicht stimmte. Anfangs merkte sie es daran, so gestand sie Meridian, daß ihre Pisse anders roch.

»Was meinst du damit – die Pisse riecht anders?« lachte Meridian.

»Ich weiß nicht«, kicherte Nelda, »aber sie hat nicht mehr ihren normalen Geruch.«

Sie saßen auf dem Klo in der Schule und lachten und lachten.

»Du solltest Eddie Junior *behalten wollen*«, sagte Mrs. Hill. »Es sei denn, du bist ein Ungeheuer. Und keine meiner Töchter ist ein Ungeheuer. Nein, gewiß nicht.«

Meridian drückte die Augen zu, so fest sie konnte.

Delores räusperte sich. »Die einzige Möglichkeit, wie Meridian für Eddie Junior sorgen könnte, wäre, wenn sie hier bei Ihnen wohnen und irgendwo Arbeit als Küchenmädchen finden würde, während Sie für das Kind sorgen.«

»Natürlich möchte ich helfen«, sagte Mrs. Hill. »Ich würde keines von meinen Kindern verhungern lassen, aber –«, fuhr sie fort und sprach mit Delores, als ob Meridian nicht anwesend wäre, »dies ist ein sauberes, aufrechtes, *christliches* Haus. Wir in diesem Hause glauben an Gott.«

»Was hat das damit zu tun?« fragte Delores, deren Gesicht Kampflust und Bestürzung ausdrückte. »Das letztemal, als Gott ein Kind hatte, hat er auch gekniffen.«

Mrs. Hill tat so, als sei sie nicht empört und beleidigt. Sie lächelte dieses Mädchen an, das sie lieber geohrfeigt hätte. »Du bist nicht aus dieser Gegend«, sagte sie. »Jeder weiß, daß die Leute aus Atlanta merkwürdige Ideen haben. Und viele von euch jungen Leuten haben den Respekt vor der Kirche verloren. Glaubst du überhaupt an Gott?«

»Ich mache mir Gedanken darüber«, sagte Delores.

Mrs. Hill zog den Bauch ein und verschränkte die Arme. »Ich begreife einfach nicht, wie man sein Kind von einer anderen Frau erziehen lassen kann«, sagte sie. »Das ist einfach selbstsüchtig. Du solltest in dich gehen und dich schämen. Ich habe sechs Kinder«, fuhr sie selbstgefällig fort, »obwohl ich nie welche haben wollte, und ich habe jedes einzelne selbst erzogen.«

»In der Sklaverei hätten sie es wahrscheinlich genauso gemacht«, sagte Delores.

»Auf, laßt uns alle Ungeheuer sein«, witzelte Delores, als sie wieder mit ihren Freundinnen vor Mrs. Hills Haustür stand, aber Meridian und Nelda konnten nicht lachen.

Vielleicht hätte sie ihn nicht zu den Leuten gebracht, die ihn haben wollten. Vielleicht hätte sie ihn umgebracht. Und sich dann selbst umgebracht. Irgendwann hätten alle es verstanden. Vielleicht hätte sie es so gemacht, wäre nicht eines hinzugekommen: Eines Tages schaute sie ihr Kind wirklich an und liebte es, mit der gleichen Liebe, mit der sie einen Baum oder den Mond liebte, und das war ein hohes Maß an überpersönlicher Liebe. Sie wollte mehr über diese vollkommene, ungeplante Existenz erfahren.

»Wer bist du?« fragte sie ihn.

»Wo warst du, als ich zwölf war?«

»Wer *bist* du?« bedrängte sie ihn und suchte sein Gesicht nach Feuerspuren, Wasserzeichen ab, nach irgendeiner Narbe, die auf ein früheres Leben hingedeutet hätte.

»Gab es auch andere Menschen dort, wo du warst?« Kommst du von einem Planeten der Babys?« Sie glaubte ihn sich gut vorstellen zu können, auf einem solchen Planeten, wie er mit vollen Händen das hohe Gras raufte.

Jetzt, als sie ihn ansah, war der Kleine schön. Sie hatte ihn häßlich gefunden wie einen Buckel, den sie durchs Leben schleppen mußte.

»Du wirst nicht länger Eddie Junior heißen«, sagte sie. »Ich werde die Leute bitten, dich Rundi zu nennen – nach niemandem, so hoffe ich, der je gelebt hat.«

Als sie ihn fortbrachte, tat sie es leichten Herzens. Sie schaute sich nicht um und war überzeugt, einem kleinen Menschenwesen das Leben gerettet zu haben.

Aber sie hatte nicht mit den Alpträumen gerechnet, die ihren Schlaf zu quälen begannen. Alpträume, in denen das Kind Rundi nach ihr rief, weinend, in unsäglicher Gefahr, weil sie nicht da war. Aber sie wußte, es war genau umgekehrt: Weil sie nicht da war, brauchte er nie Gefahr zu fürchten, zum Beispiel um sein Leben. Tief im Innern fühlte sie, daß es das einzig Mögliche gewesen war, was sie getan hatte, und das einzig Richtige, aber das spielte anscheinend keine Rolle. Auf irgendeiner Ebene, tiefer als sie jemals geahnt oder sich bewußt gemacht hatte, fühlte sie sich verflucht, zu lebenslanger Buße verurteilt. Die Vergangenheit überrollte die Gegenwart, als Meridian sich klar machte, daß das, was Delores gesagt hatte, nicht richtig war. Falls ihre Mutter in der Sklaverei Kinder zur Welt gebracht hätte, so hätte man ihr nicht automatisch erlaubt, sie zu behalten, denn sie hätten nicht ihr gehört, sondern dem weißen Master, der sie alle »besaß«. Meridian wußte, daß den Frauen in der Sklaverei schweres Leid zugefügt wurde durch den Verkauf ihrer Kinder, daß sie mit Freuden ihr Leben hingegeben hätten für ihre Kinder, daß die Töchter dieser versklavten Frauen den größten Segen der »Freiheit« darin gesehen hatten, daß sie ihnen die Möglichkeit brachte, ihre Kinder behalten zu dürfen. Und was hatte Meridian mit *ihrem* kostbaren Kind gemacht? Sie hatte es weggegeben. Ihre Mutter schien ihr einer solchen Geschichte der Mutterschaft würdig, und sie selbst sah sich einer unwürdigen Minderheit zugehörig, für die es bisher kein Beispiel gab und deren einziges Mitglied sie, soweit sie sehen konnte, bislang war.

Nachdem sie symbolisch die Erde des Campus geküßt und mit der Absicht, sich zu bessern, über seine Rasenflächen geschritten war, wußte sie gewiß, daß sie etwas zerbrochen hatte, denn sie begann eine Stimme zu hören, wenn sie für die Prüfungen lernte, und wenn sie durch die akademischen Hallen wandelte, und wenn sie aus ihrem Fenster im dritten Stock des Dormitoriums schaute. Eine Stimme, die ihre Existenz verdammte – eine Existenz, die den bisherigen Normen von Mutterschaft nicht standhalten konnte. Und immer wieder sagte sie ihr, bis sie buchstäblich – den Kopf zwischen den Händen haltend – durch die Straße rannte: Warum stirbst du nicht? Warum bringst du dich nicht um? Spring' doch unters Auto! Wirf dich unter die Räder eines Lastwagens! Stürz' dich von diesem Dach, auf dem du stehst! Und immer diese Stimme: höhnend, verspottend. Es erschreckte sie, weil diese Stimme, die sie bedrängte – die Stimme, die so furchtbare Dinge über ihre Wertlosigkeit sagte – ihre eigene Stimme war. Sie sprach zu ihr, und sie war voller Haß.

Ihre Lehrer nahmen sie hart heran im ersten Jahr auf dem College. Sie las Tag und Nacht und holte die verlorene Zeit auf. Aber wie sehr sie sich auch bemühte, war sie stets bereit, noch härter zu arbeiten, weil sie hier fast keine Menschenseele kannte, weil Saxon College für sie ein friedvoller, aber fremder, stiller Platz war, und weil sie dankbar dafür war, abgelenkt zu sein. Nie hielt sie lange genug inne, um sich dieses seelischen Zerfalls in sich selbst gewahr zu werden, bis sie ins zweite Studienjahr kam.

Schnee im Wind

Wir sind keusch und rein wie
Schnee im Winde
Wir sprechen höflich, kleiden und
benehmen uns gelinde;
In unsern Herzen tragen wir den Stolz
daß jederzeit
Saxon zu rühmen wir gesegnet sind
in Ewigkeit

Sie *hatte* sich gesegnet gefühlt in ihrem ersten Jahr in Saxon. Es war so schön! Die hohen roten Ziegeltürme, die alten Innenhöfe, die gewaltigen Bäume – besonders der größte aller Bäume, die »Besucherin aus Fernen Welten«. Dieser Baum erfüllte sie mit dem gleichen Gefühl von Winzigkeit und Riesengröße, von Vergangenheit und Gegenwart, von Leid und Ekstase, das sie im Ring der Heiligen Schlange erlebt hatte. Zu wissen, daß die Sklaven unter seinen Ästen Schutz gefunden hatten, schenkte ihr ein tiefes Gefühl des Friedens (dessen sie nur fähig war, wenn sie sich unsichtbar fühlen durfte). Wenn die Stimmung sie überfiel, wie es in diesem ersten Jahr oft genug geschah, setzte sie sich unter die Besucherin und gewann Trost aus dem Alter, der Beharrlichkeit dieses Baumes, aus den Geschichten, die sich seit jeher um ihn rankten, aus seiner ungeheuren Größe. Wenn sie unter der Besucherin saß, wußte sie, daß sie nicht allein war.

Sie war froh, in Anne-Marion Coles eine Freundin zu finden, die ihr flink und hell wie ein Sonnenstrahl erschien. Anne-Marion war es, die sich dagegen aufgelehnt hatte, die Schul-Hymne zu singen, wie sie geschrieben stand, und die stattdessen eine «Parallel-Hymne« gedichtet hatte, die anfing mit den Worten: »Wir sind jung und saftig frisch / wie das Steak auf unserm Tisch...« Steak war natürlich ein Gericht, das in Saxon nie auf den Tisch kam. Sie sangen das Lied mit Gusto, während ihre Kommilitoninnen zahm jubilierten, sich wie Schnee im Winde zu fühlen.

Natürlich wurde allseits geheimgehalten, daß Meridian verheiratet gewesen und geschieden war und ein Kind hatte. Es galt als ausgemacht, daß junge Ladies vom Saxon College per Definition Jungfrauen waren. Sie wurden behandelt, als wären sie dreizehn Jahre alt. Dazu gehörte auch eine, für alle Studentinnen verbindliche Vorschrift, die Meridian besonders peinlich war, weil sie mit Religion zu tun hatte: Jeden Morgen um acht Uhr mußten alle Saxon-Schülerinnen an einem Gottesdienst in der Kapelle teilnehmen, bei dem jeweils ein Mädchen aufstehen und auf die Kanzel steigen und – in einer zehnminütigen Ansprache – erzählen sollte, wie sie irgendwann dem Bösen Widerstand geleistet und sich zur Rechten Gottes erhoben hatte. Meridian konnte sich an keinerlei Versuchung erinnern, der sie widerstanden hätte, und ganz gleich, ob sie irgendwann einer Versuchung widerstanden hatte oder nicht, konnte sie sich jetzt nicht mehr vorstellen, auch nur in der weiteren Umgebung Gottes zu stehen. Tatsächlich war sich Meridian nicht einmal sicher, ob es einen Gott gab, und das sagte sie auch, als sie an der Reihe war. Sie war noch immer ein sehr naives Country-Girl, das erwartet hatte, im College eine andere Atmosphäre zu finden als in ihrer Dorfkirche. Sie hatte sich geirrt. Ihre Mitschülerinnen, wenn sie nur in ihre Nähe kamen, schauten immer drein, als erwarteten sie, daß der Blitz auf sie niederfahre, und ihre Lehrer gaben ihr zu verstehen, daß sie ein aufsässiges, sündiges Mädchen sei.

Es stellten sich Kopfschmerzen bei ihr ein, die so schlimm waren, daß sie beim Sprechen stotterte. Sie träumte so schreckliche Dinge, daß sie zitternd aus dem Schlaf auffuhr. Und doch, wenn sie die außerordentliche Chance bedachte, die sich ihr bot, da sie das Saxon College besuchen durfte, das einen hervorragenden wissenschaftlichen und gesellschaftlichen Ruf genoß, wußte sie, daß sie großes Glück gehabt hatte. Sie arbeitete hart und wurde von der Studentenvorsteherin ausgezeichnet, und in ihrem zweiten Studienjahr schloß sie sich dem Movement in Atlanta an. Es war ihr unmöglich, zu studieren, während andere zusammengeschlagen und ins Gefängnis geworfen wurden. Es war, überraschenderweise, auch ein Ausbruch für sie. Nachdem sie sich mit Anne-Marion angefreundet hatte, marschierten sie oft miteinander und gingen zusammen ins Gefängnis, Zahnbürste und Bücher und Zigaretten unter den Arm geklemmt. Im Gefängnis durften sie rauchen, was ihre flatternden Nerven beruhigen half. Auf dem Saxon-Campus selbst galt Rauchen witzigerweise als Anlaß zur Relegation, wie auch manch andere Formen »dekadenten« Benehmens.

In Saxon lag der Akzent auf der Form, und die angestrebte »Form« war die einer College-Absolventin, deren Ziel es war, wo immer sie später in der Welt stehen würde, als gleichwertig *akzeptiert* zu werden, weil sie alle Regeln korrekten Sozialverhaltens kannte und praktizierte. Die Beteiligung der Saxon-Studentinnen am Movement von Atlanta wurde von der Collegeverwaltung weder gutgeheißen noch direkt verboten. Nachdem sich gezeigt hatte, daß die Studentinnen sich nicht zurückhalten ließen, wurde ihr Engagement weitestmöglich ignoriert. Alle Vorschriften des Anstandskatalogs von Saxon, die es verboten zu rauchen, zu trinken, laut zu sprechen, den Campus ohne Begleitung zu verlassen, außerhalb der Besuchszeiten mit Jungen zu sprechen, blieben in Kraft. Es galt als ausgemacht, daß eine Studentin, die sich verhaften ließ, die Fortsetzung ihrer Ausbildung riskierte. Zum Glück gab es Lehrer, die für die Studentinnen logen – eine Woche im Gefängnis wurde so zu einer Woche der Feld-Exkursion und war sicherlich ebenso lehrreich für die Studentinnen, wie eine Feld-Exkursion es nur sein konnte –, obwohl jeder wußte, daß es eine

Lüge war. Oder der Lehrer, die Lehrerin landete selbst im Gefängnis. Auch das wurde ignoriert, obwohl Name und Bild der Betreffenden in den Zeitungen erschienen.

Ein Sprichwort über das Saxon-College besagte, daß man dort alles tun durfte, solange man makellose weiße Glacéhandschuhe trug. Aber weil die Handschuhe makellos weiß bleiben mußten, konnte man nicht sehr viel tun. Tatsächlich hatten Meridian und die anderen Studentinnen das Gefühl, zwei Feinde zu haben: Saxon-College, das von ihnen verlangte, ein schon damals überholtes Ideal – das der »Lady« – anzustreben, und den viel stärkeren, tödlicheren Feind, die rassistische weiße Gesellschaft. Nicht selten brach eine Studentin unter dem Druck dieser beiden zusammen. Eine von Meridians Kommilitoninnen, eine zarte Theaterwissenschaftlerin aus Ohio, war von vier Rowdies aus einer Streikpostenkette gezerrt und mitten auf der Hauptstraße von Atlanta gezwungen worden, einen halben Liter Ammoniak zu trinken. Später, nachdem sie sich – im Krankenhaus – physisch erholt hatte, auch wenn sie alles andere als seelisch wiederhergestellt war, wurde sie streng bestraft, weil sie eines Abends mit ihrem Freund im Gebüsch vor dem Dormitorium gestanden hatte. Beide hatten nicht bemerkt, daß die Besuchszeit um zehn Minuten überschritten war. Die Nerven des Mädchens waren zerrüttet, und sie mußte für den Rest des Semesters die Schule verlassen.

Meridian, einstige Ehefrau und Mutter, hatte ohnehin das Gefühl, als unschuldige Saxon-Studentin unter falscher Flagge zu segeln. Dies, und die Szenen, die sie persönlich auf den Straßen von Atlanta miterlebte, ließen sie die Mehrzahl ihrer wachen Augenblicke als surrealistisches Kaleidoskop erleben. Sie sah schwarze kleine Kinder, auf kurzen Beinchen flitzend, von axtschwingenden weißen Erwachsenen gehetzt, sie sah alte Frauen aus Ladengeschäften gezerrt und auf der Straße zusammengeschlagen, und die Demut eines langen Lebens half ihnen nichts. Sie sah schwarze junge Männer von hoher geistiger Schönheit über Nacht in alles-verachtende Nihilisten verwandelt.

Sachen passierten. Eines Tages, mit einer Gruppe von Demonstranten unterwegs in die City von Atlanta, lief Meridian an einem jungen Mädchen vorbei, die, eben erblüht, hübsch, mit langen braunen Zöpfen, auf der Treppe vor ihrem Haus saß und winkte. Einer Eingebung folgend rief Meridian ihr zu: »Komm zu uns.« Das Mädchen kam mit fliegenden Zöpfen gelaufen. Drunten in der City saßen sie dann bei Woolworth an einer Lunch-Theke und wurden zuerst von den weißen Kunden des Kaufhauses mit Ketchup bespritzt, mit Senf beschmiert und mit Salz und Pfeffer bestreut, anschließend verhaftet. Meridian hatte versucht, das Mädchen – sie hieß Anne – bei sich zu behalten, aber im Durcheinander verschwand sie. Mitten in der Nacht schrillten Schreie aus einer Zelle am anderen Ende des Korridors. Schreie – so behaupteten die Wärter – eines Alkoholikers, der von Riesenspinnen in seiner Zelle gejagt zu werden glaubte. Aber Meridian wußte, es war Anne, und obwohl sie nie wieder etwas von ihr hörte, war sie überzeugt, daß sie umgekommen sei, und diese Schreie wurden zur Begleitung der Schuldgefühle, die sie ohnehin schon niederdrückten.

Meridian merkte, daß ihre Gedanken, wenn sie nicht durch das Movement abgelenkt war, regelmäßig und intensiv um ihre Mutter kreisten, um deretwillen sie Sturzfluten beinah urzeitlicher Schuldgefühle ertragen mußte. Sie stellte sich ihre Mutter in der Kirche vor, in die sie alles investierte, was sie noch an Lebenskraft besaß, betend für die Seele ihrer Tochter, aber doch ohne Interesse, ohne Verständnis für das *Leben* ihrer Tochter; aber Meridian verurteilte sie deshalb nicht. Von ihrer Mutter getrennt, sah Meridian in ihr die personifizierte Schwarze Mutterschaft, und vor dieser hohen Institution empfand sie ungeheure Ehrfurcht, denn sie wußte um den Schrekken, die Aussichtslosigkeit, die diese seit jeher für Mutter und Kind mit sich brachte.

Meridian hatte das Gefühl, daß ihr Körper – jeden Tag unter dem Streß ihres Alltags zerbrechlicher werdend – einer Versöhnung zwischen ihrer Mutter und jenem Teil ihrer selbst im Wege stünde, den ihre Mutter vielleicht lieben konnte. Sie achtete ihren Körper geringer, beachtete ihn weniger, weil sie ihn als ein Hemmnis haßte.

Nur während einer Krise konnte sie vergessen. Während andere Studentinnen Konfrontationen mit der Polizei fürchteten, waren sie ihr willkommen, und sie konnte dabei eine innere Fröhlichkeit, ein Gefühl der Befreiung empfinden, wenn sie die Knüppel auf sich herabsausen sah. Nur einmal wurde sie bewußtlos geschlagen, und nicht an die ihrem Körper zugefügte Beschädigung erinnerte sie sich, als sie wieder erwachte, sondern an ihr Gefühl der Sehnsucht, des tief-traurigen Verlangens nach Vergebung, das sie empfand, als sie die strahlenden Lichtblitze hinter dem roten Blutschleier explodieren sah, der ihr Gesicht verhüllte, und an ihre Hoffnung, als das unerbittliche Licht des Bewußtseins zu verlöschen begann.

Nach dem Tode des Wilden Kindes konnte sie nicht länger auf dem Campus leben, auch wenn sie weiterhin die Kurse besuchte, und wohnte stattdessen im benachbarten Ghetto. Es war eine ärmliche Community, aber freundlich und sehr sauber. Um die Miete aufzubringen und gewisse andere Artikel zu kaufen, die man auf einer Schule wie Saxon brauchte – Tennisschläger, Badeanzug, Ballettschuhe und Trikot etc. –, arbeitete sie als Tippse für einen Professor, der kürzlich emeritiert war und dessen Büro nur ein paar Straßen weit von ihrem Haus entfernt war. Er war ein sehr alter Mann, der vor langen Jahren mit der Familie ihrer Mutter bekannt gewesen war. Ihre Mutter hatte sie ermuntert, den Job anzunehmen, und sie daran erinnert, daß ihr Vater sich nicht leisten konnte, Meridian die zwei bis drei Dollar pro Woche zu schicken, um die sie ihn gebeten hatte. Seine Gesundheit war schwach, und mit dem Verlust der Farm war er in jeder Hinsicht verfallen. Er hatte seine Qualifikation als Lehrer verloren, jetzt, da den Schulen die Integration drohte, und verrichtete Gelegenheits-Jobs, wann und wo er sie finden konnte.

Ihre Mutter bemerkte auch als erste, daß Meridians dichtes, schulterlanges Haar auszufallen begann. Sie schwang sich sogar zu einem Scherz darüber auf, daß Meridian aufpassen solle, nicht eines Tages glatzköpfig herumzulaufen, wie Neldas Mutter. Es überraschte Meridian gar nicht, daß ihr Haar ausfiel, wenn sie es kämmte, wie es sie auch nicht überraschte, daß sich das Bild vor ihren Augen manchmal trübte. Sie war zu gehetzt, um es zu beachten. Und es erschien ihr wesentlich, daß sie alles, was ihr widerfahren mochte, bereitwillig akzeptierte. Außerdem war sie verliebt – in Truman.

Der siegreiche Prinz

Truman stand vor der Fliegengittertür, in einem wehenden äthiopischen Gewand von extravagant besticktem Weiß, und seine braunen Augen glühten vor Erregung. Jeder fand ihn schön, weil seine Nase so scharf und seine Haut braun und nicht schwarz war; und auch Meridian, wenn sie sich auch dafür verachtete, fand ihn aus genau diesen Gründen schön. Oder hatte ihn schön gefunden, bis sie – nachdem sie ihn ungefähr ein Jahr kannte – schärfer zu sehen begann. Bei genauerer Prüfung verschwand viel von seiner Schönheit hinter der eitlen, anmaßenden Persönlichkeit, die Truman war. Und seine Zähne waren alles andere als makellos.

Aber hinterhältige, schwerwiegende Treulosigkeiten lagen noch in der Zukunft. Darum riß sie für ihn die Tür mit so leidenschaftlichem Schwung auf, daß sie wie mit einem Kanonenschlag gegen die Wand krachte. Truman trat ein wie ein siegreicher Prinz, der in sein Reich zurückkehrt.

»Du siehst fantastisch aus!« hauchte Meridian, als sie sich in seine Arme kuschelte.

»Et toi aussi«, erwiderte er französisch. *»Tu es très magnifique!«*

Truman liebte alle fremden Kulturen der Welt, aber seine Vorliebe galt der französischen. Er hatte ein Jahr in Avignon und in Paris gelebt. Er glaubte ernstlich, daß alles, was man auf Französisch sagte, besser klinge, und er glaubte auch, daß

Menschen, die französisch sprachen, etwas Besseres wären als andere Leute (*les pauvres, les misérables!*), die es nicht verstanden.

»Bon«, sagte Meridian daher – der einzige französische Ausdruck, der ihr vertraut klang. Zum Glück verstand sie die Sprache besser, als sie sie sprechen konnte, denn Truman parlierte in ihr den ganzen Abend weiter. Wenn er so zu ihr sprach, mußte sie sich jede Silbe ins Englische übersetzen, bevor sie antworten konnte. Ihr Gespräch verlief stockend. Aber das machte nichts. Sie war glücklich, mit Truman zusammen zu sein. Sie fühlte sich beschützt, wenn sie bei ihm war. Für sie war er mutig und »neu«. Jedenfalls war er anders als jeder andere schwarze Mann, den sie gekannt hatte. Er war ein Mann, der gegen die Hindernisse kämpfte, ein Mann, aus dem alles werden konnte, ein Mann, dessen Worte sogar unverständlich blieben, wenn man nicht gründlich über sie nachdachte. Auch wollte sie schnell und heiß und gedankenlos Liebe mit ihm machen, wann immer er in der Nähe war. Als er sie jetzt anfaßte, an den Armen, wo sie in die Schultern übergingen, drängte sie sich ihm bebend entgegen, ohnmächtig vor Verlangen, wie es in alten Romanen heißt. Nie zuvor hatte sie sich ohnmächtig vor Verlangen gefühlt, und sie glaubte, einen bislang fehlenden Sinn entdeckt zu haben.

»Ich bin so froh, daß du nach Saxon gekommen bist«, flüsterte er, natürlich *en francais.* »Du wärst verkommen, da draußen im Busch. *A propos«*, sagte er unvermittelt, sie fest in die Arme schließend, »hast du nicht abgenommen?«

Sie vergrub ihre Nase in seiner Halsbeuge, saugte an seinem Schlüsselbein. Sie wollten zu einer Party gehen, aber wenn er nicht aufhörte, ihre Schultern zu liebkosen und auf Französisch zu flüstern (was wirklich aufregend sexy klang) und sie mit seinen wilden braunen Augen anzufunkeln, würden sie es, das wußte sie, niemals schaffen.

»Laß' uns gehen«, sagte sie darum abrupt, schob ihn widerstrebend, aber energisch zurück und ging vor ihm durch die Tür.

Während sie durch die Stadt fuhren, erzählte Meridian ihm

von den drei weißen Austausch-Studentinnen, die sich ihnen am Nachmittag, bei einem Freedom-Marsch, angeschlossen hatten.

»Woher?« fragte Truman. »Swarthmore-College?«

»Nein, Smith and Carleton.«

»Wie sehen sie aus?«

»Die eine gleicht genau dem kleinen Holländerknaben auf holländischen Knabenporträts. Eine blasse Blonde mit Bubikopf. Sie ist die hübscheste. Die anderen sind eher hausbacken. Susan ist klein und mäuschenhaft, mit dicken Beinen. Lynne ist mager und brünett, mit funkelnden schwarzen Augen, die dich irgendwie durchbohren. Sie sind seit einer Woche hier, und mit Lynne bin ich schon losgezogen, Wähler zu mobilisieren. Ich hab' sie gern. Sie kann nicht richtig ›ich sage‹ sagen, sie sagt immer ›ich sahre‹. Und sie fängt ihre Sätze immer mit ›also‹ an. Hör' mal, laß dir erzählen vom Haus dieser Lady, zu der wir hinausgefahren sind, weit draußen im Busch, an der Grenze von Nirgendwo. Diese Lady saß auf ihrer Veranda, heiter und sorglos, daß man sich fragte, warum. Ein Blick in ihr Gesicht hätte uns sagen sollen, daß für sie das Himmelreich schon gekommen war. Aber wir müssen es ja bei allen versuchen, nicht wahr? Sie war eine von diesen dicken, mütterlichen Typen, mit solchen Titten, weißt du? Die liebe Großmutter, wie sie im Buch steht. Irgendwo brutzelte ihr Dinner auf dem Ofen. Butterbohnen. Lynne wollte schwören, es am Geruch zu erkennen. Jedenfalls gingen wir hinein, und Lynne stellte einen Fuß auf die Treppe vor dem Haus der Lady. Ihr Magen knurrte, und sie hielt ihre Unterschriftenliste in der ausgestreckten Hand. Die Lady betrachtete eine volle Minute lang ihren Fuß. ›Wie geht's 'n dann so?‹ fragte sie und fing an, sich gemächlich Luft zu fächeln, mit einem von diesen Fächern, auf denen man Jesus über den Wogen wandeln sieht.

Lynne sagte: ›Ich heiße Lynne Rabinowitz...‹

›Lynn Witz‹, wiederholte die Lady.

›Ja, Ma'am‹, sagte Lynne.

›Na, und wer bist du, wo meine Kohlköpfe mit'n Augen ausbuddelt?‹

›Meridian Hill‹, sagte ich und fing an zu lachen, weil sie mir gefiel, und weil ich tatsächlich mit den Augen an ihrem Gemüse klebte. Es war so gesund, daß es blitzte, wie eingefettet.

›Wir sind gekommen, um Sie zu bitten, Ihre Wählerstimme zu registrieren.‹

›Zu was?‹ fragte die Frau.

Lynnes Magen knurrte gewaltig. ›Sie haben sich noch nicht registrieren lassen, nicht wahr?‹ fragte sie und klammerte sich an ihre Unterschriftenliste.

›Nööööh‹, sagte die Frau.

›Sie sind Mrs. Mabel Turner, nicht wahr?‹, fragte Lynne. Sie wußte, wen sie vor sich hatte, aber sie mußte das ›Mrs.‹ irgendwie anbringen.

Das gemächliche Fächeln setzte aus. Ein Strahl der Erkenntnis leuchtete in Mrs. Turners Augen auf. ›Habt wohl lange keine 'Toffeln nich' auf'n Tisch gesehen? Mager wie streunige Katz'n, ihr beide. Hungrig?‹ Sie wuchtete sich aus ihrem Sessel und schlurfte in die Küche.

Wir setzten uns an den Tisch und bekamen eine riesige Portion vorgesetzt. Butterbohnen, Kohl, Maisbrot, alles drum und dran. Mrs. Turner zwang uns, noch einmal hinzulangen.

›Also, ist das nicht wunderbar? Ich platze gleich‹, sagte Lynne.

›Und wenn schon, das gibt kein' groß'n Fettfleck, mager wie du bist‹, sagte Mrs. Turner. ›Ihr sollt euch mal richtig satt essen, weil ans Wählen, da glaub' ich nich'. Der liebe Herr Allmächtig kümmert sich um alle meine Sorgen. Er heilt die Kranken und weckt die Toten, wißt ihr. Tröstet die Mühseligen und segnet die Beladenen.‹

Und da sagte ich: ›Vielen Dank für das gute Essen, Mrs. Turner‹, und ich stand auf, aber Lynne wollte diskutieren.

›Na, und Gott repariert auch die Straße vor Ihrem Haus, nicht wahr?‹ fragte sie mit ihrer scharfen Nordstaaten-Logik.

›Gehen wir‹, sagte ich. Aber nein, sie legte erst richtig los.

›Jesus Christus wird seine Freude daran haben, wie Sie in so einer Bretterbude hausen. Der Herr Allmächtige wird lachen, wenn sie jeden Tag im Regen aufs Klo hinaus humpeln müssen. Der Heilige Geist wird frohlocken, wenn Ihre Kinder jeden Winter die Schwindsucht kriegen...‹

›Du bist ja 'ne Gotteslästerliche, wie mir scheint‹, sagte Mrs. Turner. ›Du redest ja wie eine rote Judas Ischariot.‹ Sie runzelte die Stirn und schüttelte traurig den Kopf.

Na, und sie diskutierten und diskutierten, bis Mrs. Turner Angst bekam, sie hätte gegen ihre Religion verstoßen, indem sie uns zu essen gab. Und Lynne war einfach nicht bereit, den Gnadenstand anzuerkennen, in dem Mrs. Turner sich wähnte.

›Hätten wir doch nur nichts gegessen‹, sagte sie immer wieder. ›Wenn wir die Einladung abgelehnt hätten – meinst du, Mrs. Turner hätte sich dann registrieren lassen?‹

Ich sagte natürlich nein. Ein Blinder konnte sehen, daß Mrs. Turner jenseits aller Politik lebte...«

»*La fanatique*«, sagte Truman.

Meridian holte aus, als wolle sie ihn ohrfeigen. »Hör auf, so respektlos über deine Tanten und Cousinen zu sprechen!«

Truman lachte. »Und Großmütter und so weiter... Wie heißt übrigens der Holländerknabe?«

»Jill.«

»*C'est vrai?*«

»*Oui.*«

Meridian zündete eine Zigarette an und gab sie Truman weiter. »Ich glaube, sie werden heute alle auf der Party sein. Sie sind scharf darauf, zu sehen, was die Eingeborenen nach Einbruch der Dunkelheit machen. Oka-mo-ga! Weißt du, was Charlene mir erzählt hat? Sie sagte, daß Jill die Girls fotografiert hat, wie sie sich die Haare glätteten und wie sie aus der Dusche kamen.«

»*Et puis?*«

»Na ja, und dann haben Charlene und das andere Mädchen, das fotografiert wurde, ihr angedroht, sie zu verprügeln, falls sie nicht den Film vernichte. ›Hier ist nicht Neu-Guinea‹, hat Charlene gesagt, sagt sie.«

»Sie sind eben neugierig auf *les noirs*«, sagte Truman. »Als ich in Paris war, da war ich neugierig auf die Franzosen. Ich bin mir sicher, auch ich habe komische Sachen gemacht.«

»Fotografiert, zum Beispiel, wie sie ihre Frisur machten und wie sie aus der Dusche kamen? Oder ist es wahr, daß die Franzosen niemals baden?«

Truman lachte. »Mein Kätzchen hat scharfe Krallen. Trotzdem«, sagte er, »es lohnt sich, ein bißchen tolerant mit der Neugier anderer Leute zu sein. Mich regt es nicht mehr auf, wenn Ausländer mein Haar sehen und rufen: ›Was 'ne Teerbürste, eh?‹«

»Jeder ist stolz darauf, eine kleine ›schlimme‹ Besonderheit an sich zu entdecken«, sagte Meridian. »Die Leute wissen, wie interessant es sie macht.«

Sie sah aus dem Fenster und erkannte, daß sie kurz vor dem Haus parkten, wo die Party stattfand. Truman streckte die Arme aus und zog sie fest an sich. Sie spürte seine Zunge, die das Eau de Cologne von ihren Ohrläppchen leckte. Seine Hände drückten ihre Brustwarzen. Als sie den Kopf abwandte, vergrub er sein Gesicht in ihrem Schoß – was sie für einen Moment schockierte. Sie spürte ein heißes Kitzeln aus ihrem Bauch aufsteigen. »Laß uns nicht auf die Party gehen«, flehte er. »Laß uns in die Wohnung zurückfahren. Die anderen sind alle auf der Party. Wir werden allein sein. Ich will dich.«

»Ich liebe dich«, sagte sie.

»Und wir gehen auf die Party, wolltest du sagen, nicht wahr?« sagte Truman und fuhr sich mit den Fingern durchs Haar.

»Aber, du verstehst mich doch?« fragte Meridian. »Ich bin nicht prüde. Ängstlich – ja, aber nicht prüde. Eines Tages werden wir zusammensein.«

»Du bist noch so jung«, sagte Truman, der ausgestiegen war und seine Kleidung in Ordnung brachte. »Ich wollte, du würdest spüren, wie schön es mit mir sein könnte.«

»Ich spür es, ich spür es!« rief Meridian und nahm seine Hand und hüpfte die Straße hinunter.

Auf der Party tanzte Meridian, wie es ihr Schicksal auf allen Parties zu sein schien, mit einem schwerfälligen jungen Mann aus Arkansas. Sein Vorname war Terence; seinen Nachnamen ersparte sie sich absichtlich. So schlurften die beiden über die

Tanzfläche, bis ein weißer Junge sie abklatschte. Terence bewies seine Vorurteilslosigkeit, indem er Meridian praktisch dem anderen in die Arme schob.

»Bist du auch vom College hier?« fragte der weiße Junge.

»Ja«, sagte Meridian, »mehr oder minder.« Er war einen Kopf größer als sie, und wenn sie zu ihm aufsah, stieß ihr Kinn gegen seine Brust. Er war nicht häßlich, nur sah er irgendwie gerupft aus, mit kurzem schwarzem Haar, im Nacken ausrasiert, und seine Zähne hatten winzige weiße Flecken im Schmelz, als ob Muschelscherben dort eingebettet wären.

»Woher bist du?« fragte sie. Sie verabscheute es, in einem solchen Fall Klischees auszutauschen, wo sie doch merkte, wie bewundernd er sie anschaute, aber seine Tanzerei war *wirklich* steif.

»Connecticut«, sagte er. »Wir sind von der University of Connecticut. Con-U«, fügte er grinsend hinzu. Meridian verstand den Witz nicht. Beinah hätte sie gefragt: »Weshalb willst du mich con-sultieren?«

Irgendwer hatte eine schnelle Platte aufgelegt, und sie hüpften wie wild durchs Zimmer. In einer Atempause schaute sich Meridian nach Truman um.

»Ich such' den Typ, mit dem ich gekommen bin«, erklärte sie Con-U, der ihren schweifenden Blick durch den Raum bemerkte, unfähig, seine Angst zu verbergen, daß sie weggehen könnte.

»Ist er das nicht, da drüben?« fragte Con-U, ein Frohlocken in der Stimme.

Truman saß auf der Treppe, die aus dem Keller nach oben führte. Der Holländerknabe hockte mit untergeschlagenen Beinen neben ihm auf dem Boden und blickte zu ihm auf, voll – Bewunderung? Neugier? Hunger? Meridian war sich nicht sicher. Daß dem Mädchen der Rock über die Knie hochgerutscht war, sah sie wohl.

Con-U lachte. »Er scheint sich nicht schlecht zu amüsieren«, sagte er und beugte sich lauernd über sie, den Ellbogen gegen die Wand gestützt. Er kam ihr vor wie ein uriger Country-Boy, und obwohl sie jetzt, da sie auf dem College war, die

Männer mit weltläufiger Toleranz betrachtete, waren weiße Farmerjungen noch nicht inbegriffen.

»Ich heiße Scott«, sagte er, »nach Scott Fitzgerald. Meine Mutter liebt seine Bücher.«

»Hm...«, sagte Meridian und gab widerstrebend ihren Namen preis.

Er erwies sich dann auch noch als Schwätzer.

Ob sie oft tanzen ging? Ob sie gern tanzte? Wie weit entfernt ihre Heimatstadt war? Ob ihre Mutter gern tanzte? Was ihr Vater beruflich machte? Ob *er* gern tanzte? Und was die Schule betraf – ob es ihr gefiel? Ob es dort Tanzkurse gab? Und was die Demonstrationen betraf – wie viele sie mitgemacht hatte? Und ob sie wirklich glaubte, daß ein solcher Protest sich lohnte? Ob es nicht andere Methoden gäbe, die funktionierten und weniger verhängnisvoll wären als das Marschieren auf der Straße. Ob denn nicht unsere Verfassung ausreiche, um Zwischenfälle wie die gegenwärtige Rassenkrise zu meistern? Was sie von der Verfassung hielt? Von den Gründer-Vätern? Ob es denen gefallen würde, was heute in diesem Land passierte. Ob *sie* denn an illegale Protestformen geglaubt hätten? Eine interessante Frage, fand er übrigens. Fragt sich nur, wie sie sich die Zeit vertrieben, wenn sie nicht gerade Verfassungen entwarfen. Ob *sie* wohl getanzt hatten?

»Terence!« rief sie und packte diesen an der Schulter, als er vorbeischlurfte. »Was bin ich froh, daß du wieder da bist. Du weißt doch, ich hab dir den letzten Tanz versprochen!«

Sie schaute sich hilfesuchend nach Truman um, aber er war nirgends zu entdecken.

Terence strahlte vor Stolz und Freude. Und sie tanzten los in eine trostlose letzte Runde.

»Ich war kurz draußen, Zigaretten holen«, sagte Truman und brachte seine Kleider in Ordnung. Meridian stand auf der Veranda. Alle anderen waren gegangen. Nachdem sie erschrocken den aufglimmenden Funken in Terences Augen gesehen und sich nicht fit für einen Kampf gefühlt hatte, hatte sie lieber auf Truman gewartet.

»Mein Gott, du ahnst ja nicht, wie langweilig dieser Abend

war«, sagte Meridian, die zu erledigt war, um nicht zu jammern.

Als sie vor ihrem Haus standen, lud sie ihn ein, nach oben, aber auch er war erledigt und schläfrig.

»Vielleicht morgen«, sagte er und unterdrückte ein Gähnen.

Aber die nächsten Monate sollte sie nicht mehr allein mit Truman zusammenkommen (bis auf ein einziges, herzzerreißendes Mal), so lange nicht, bis er *The Souls of Black Folks* gelesen hatte. Die Austausch-Studentinnen, alle drei, waren wieder nach Norden entschwunden, und er brauchte jemand, mit dem er über Du Bois und die Seele der Schwarzen diskutieren konnte. »Der Mann war ein Genie!« rief er und las Abschnitte aus dem Buch vor, die, wie er sagte, seine und Meridians Seele widerspiegelten. Aber Meridian las damals F.Scott Fitzgerald, auch wenn sie darüber ihren Du Bois, soweit sie ihn kannte, nicht vergaß. Nur, es schien ihr ein zu ernstes Thema, um mit Truman Konversation zu machen. Er erschrak über die Kühle, mit der sie seine Erklärung aufnahm, daß er, nachdem er *le maître* gelesen hatte, zu der Einsicht gelangt sei, daß es ihm, wenn er sich mit weißen Mädchen traf, im wesentlichen um Sex ging. Sie lachte, als sie sah, daß er von ihr erwartete, darüber erfreut und beruhigt zu sein – ein bitteres Lachen, das ihn wegschickte, die Nase hoch erhoben über ihre Verständnislosigkeit.

Das eine Mal, als sie mit Truman zusammen war, nachdem er angefangen hatte, sich mit den Austausch-Studentinnen zu treffen, ward bitter bereut. Und für ihren Teil an dem, was geschah, mußte Meridian teuer bezahlen.

Sie war, von ihrem Job bei dem alten Professor kommend, die Straße entlanggegangen und hatte, den Kopf gesenkt, Truman nicht entgegenkommen sehen. Beinah wären sie aneinander vorbeigelaufen, als er stehenblieb und sich umdrehte, seine braunen Augen düster und flammend über dem grünen Polohemd, das er trug.

»Meridian?«

»Hi«, sagte sie und war verlegen, ihm zu begegnen, jetzt da er sich regelmäßig mit den Austausch-Studentinnen traf. Es war seltsam und ungerecht, aber die Tatsache, daß er sie traf – und so offenkundig aus dem einzigen Grund, weil ihre Hautfarbe sie ihm interessant machte –, beschämte *sie,* als ob sie weniger wert wäre.

Er trat neben sie und legte ihr lässig den Arm um die Schulter. »Du läßt ja den Kopf hängen. Du solltest ihn hoch erhoben tragen. Stolz und frei.« Und er griff ihr spielerisch unters Kinn.

Sie schaute ihn an und fragte sich, ob er – wie sie – an diesem Tag demonstriert habe. In der Regel, so sagte er, ginge er nicht mehr demonstrieren, »weil das, woran ich glaube, nicht auf Spruchbändern herumgetragen werden kann«. Und sie hatte ihn deswegen gehänselt und gesagt: »Wie steht's mit den Worten ›Freiheit, Gleichheit, Gerechtigkeit‹? Darin ist doch wohl alles ausgedrückt, woran du glaubst, nicht wahr?« Und an weiße Austausch-Studentinnen, war sie beinah versucht anzumerken. Ach, wie höflich sie war! Und erschüttert über sein neues Faible. Es widersprach allem, was zu erwarten ihr beigebracht worden war.

Denn ihr *war* beigebracht worden, und das wurde ihr jetzt bewußt, daß kein Mensch weiße Mädchen begehren konnte – abgesehen von diesen weibischen weißen Kerlen, die in ihrer Hohlköpfigkeit zu ihnen passen mochten und, wie ihre Mutter versichert hatte, aus dem Mund nach gekochtem Mais und (am Körper) nach Dreißig-Cent-Kleister rochen. Solange sie sich erinnern konnte, schien es als ausgemacht zu gelten: daß weiße Männer zwar schwarze Frauen bestiegen, die ihre Mütter hätten sein können – nur um »Erfahrungen« zu sammeln – während weiße Frauen allgemein als geschlechtslos, verachtenswert und lächerlich angesehen wurden. Sie rochen nicht mal nach Kleister oder gekochtem Mais: sie rochen überhaupt nicht, weil sie nicht schwitzten. Sie waren klares, totes Wasser.

Ihre Mutter hatte, wenn auch nicht gerade als Dienstmagd, manchmal um die Weihnachtszeit bei weißen Familien ausgeholfen, um sich ein paar Extra-Dollars zu verdienen, und sie erzählte den Ihren – mit gedämpfter, vorsichtig beherrschter Stimme, den Kopf über das Bügelbrett gebeugt – von den geilen jungen Söhnen, die über die Ferien aus den Colleges nach Hause kamen und, sie natürlich beim Vornamen anredend, bettelten und flehten und sogar – höhnte die Mutter – ganz weinerlich wurden, wie es die Art weißer Männer ist. »B'iiitte, Gertruuude«, äffte ihre Mutter die schleppend-kultivierte Redeweise der Südstaaten-Gentlemen nach. »Aber wie reden Sie denn zu mir, Mr. So-und-So?« (Und dies zu einem einundzwanzigjährigen Knaben, mit vor Empörung und Frömmigkeit erstickter Stimme.) »Ich bin alt genug, um ihre Großmutter zu sein. Ich kann mich noch an Ihre Mama erinnern, wie sie ein kleines Mädchen war. Sie würden doch nicht einer Freundin Ihrer Frau Mama nachlaufen? Warum plagen Sie mich?«

Und dann pflegte Mrs. Hill sich bei ihren Ermahnungen direkt auf ihre religiöse Würde zu berufen – im Gegensatz zu ihrer Menschenwürde (denn für letztere, so vermutete sie ganz richtig, würde sich der junge »Mr. So-und-So« nicht interessieren). Sie war schwarz. Und weiblich. (Nicht Dame und auch nicht Frau, denn diese beiden Worte meinten etwas höheres als das Sexuelle; sie bezeichneten jemand und nicht etwas.) Ja, man wußte Bescheid, was die weißen Männer betraf: Manche von ihnen hatten gern Sex mit schwarzen Frauen und sagten es auch. Für andere war es eine Sache des Erfahrungensammelns, der Initiation in die Welt der Erwachsenen. Das Dienstmädchen, die Köchin, eine streunende Halbwüchsige, alles, was nicht zu alt oder zu häßlich war, wäre gut genug. In Mrs. Hills Stimme wogte ein Sturzbach, ein See, ein Meer von Abscheu. Und wenn sie über die weißen Männer sprach, geschah es mit müdem, durch Frömmigkeit gezügeltem Haß. Sie konnte frei von der Leber sprechen, denn die – bei den Schwarzen gängige – Meinung über die weißen Männer gab ihr recht. Sie sprach über ihre Gesichter, als wären es die Gesichter von Rentieren, von Ochsen, von nassen, glitschigen Walrossen. Außerdem, so sagte sie, würden sie von ihren Frauen manipuliert, was ihnen auch nicht gerade Respekt verschaffte.

Doch was hatte ihre Mutter über die weißen Frauen gesagt? Tatsächlich konnte sie sich nur an weniges erinnern, aber sie hatte den Eindruck gewonnen, daß es frivole, hilflose Geschöpfe waren, faul und ohne Ideen. Mitunter schwang sich eine zu hexenhafter Unabhängigkeit auf, und diese eine wurde dann vorsichtig ausgespart, wenn von der Gesamtheit der »anderen« die Rede war. Ihre Großmutter, eine aufrechte, ehemalige Dienstmagd, die jetzt als Hebamme arbeitete, vertrat eindeutige Ansichten, die sie folgendermaßen zusammenfaßte: 1. Sie hatte nie eine weiße Frau über zwölf Jahren kennengelernt, die sie hätte gernhaben können. 2. Weiße Frauen waren nutzlos, außer als Baby-Maschinen, die dauernd kleine Weiße produzierten, die heranwachsen würden, um sie, die selbstbewußte Schwarze, zu unterdrücken. 3. Ohne Dienstboten würden sie alle in Schweineställen hausen.

Wer von den Jungen aus ihrer Stadt hätte sich im Traum einfallen lassen, ein weißes Mädchen zu küssen? Wer hätte Lust zu sowas gehabt? Wozu waren sie gut? Was machten sie überhaupt? Sie schienen lediglich nach der Schule kichernd herumzuhängen, bis sie, wenn sie sechzehn oder siebzehn waren, geheiratet wurden. Ihre Fotos tauchten in der Society-Spalte der Zeitung auf, man sah sie ein paarmal schwanger werden. Dann war es nicht mehr möglich, in ihnen die Mädchen wiederzuerkennen, die man einst »gekannt« hatte. Sie versanken in ewige Vergessenheit. Niemand hatte je gehört, daß sie etwas Interessantes *taten.* O ja, vielleicht brach eine aus und trat ins Women's Army Corps ein. Einige – drei oder vier pro Jahr, die reizloseren unter ihnen – besuchten ein College in ihrem Heimatstaat, das Nachwuchs für die Stadtbüchereien und Englisch-Fakultäten lieferte, aber es gab unter ihnen entschieden keine Abenteurerinnen – solange man nicht die Alkoholikerinnen mitrechnete. Falls doch einmal eine das Experiment mit dem Leben wagte, in einem Maß, daß es ihre Eltern (oder die Eltern ihrer Freunde, die guten Leute daheim, die Sonntags die Kirche füllten) empörte, erfuhr dies nie jemand aus der Schwarzen Community.

Die schwarzen Frauen dagegen kopierten immer nur Harriet Tubman - um auszubrechen und etwas ganz Tolles zu werden. Unerhört. Eine Freundin ihrer Schwester hatte es geschafft, Sergeant bei der Army zu werden, und sie wußte alles, was man nur wissen konnte, über feindliche Stützpunkte und Funkgeräte. Zwei Mädchen, die ihre Brüder kannten, waren ohne einen Penny von zu Hause fortgegangen und Jahre später als Ärztin und Lehrerin wiedergekommen. Zwei andere Mädchen zogen fort, mit Männern verheiratet, und kehrten wieder - miteinander verheiratet. So etwas rüttelte die Community auf. Die Zungen wurden gewetzt. Aber schließlich besuchte das Pärchen doch immer wieder gern die Eltern, die alten Freunde und war seinerseits gern gesehen. »Wie, glaubst du, machen sie es?« das war eine Frage, die - wenn auch natürlich nicht in der Zeitung gedruckt - überall die Runde machte. Aber sogar in konventionelleren Dingen brachen schwarze Frauen auf ins Unbekannte. Sie gingen als verängstigte, arme schwarze Mädchen von zu Hause fort und kamen (einige wenigstens) als erfolgreiche Sekretärinnen und Stenotypistinnen zurück (das überraschte wohl viele, daß es in Atlanta und anderen Städten tatsächlich Firmen gab, die schwarze Sekretärinnen beschäftigten). Sie kamen wieder, mit goldbraun gebleichtem Haar oder silbrig getönten Strähnen, oder trugen gar eine Perücke. Diese mochte tollkühn, totlangweilig glatt oder leicht gelockt sein und jedermann an Italienerinnen - wie Pier Angeli - erinnern, die man im Kino sah. Ihre Handtaschen, ihre Schuhe *glänzten*, und ihre Gesichter (altbekannte Gesichter, jetzt durch Max Factor und Maybelline völlig umgemodelt) waren perfektionierte Masken, aus denen die Stimme des Menschen hervortönte, den man einst gekannt hatte.

Und da waren die lebenslustigen Dinger, die heimkehrten, voll von prickelnden Geschichten über ihre Heldentaten in der großen Stadt; man sah sie mit betörender Leichtfertigkeit die Männer aus der Community verführen, Männer die einst und vielleicht immer noch »Lover« waren. Mit ihren billigen grellen Kleidchen, ihren frisch reparierten Zähnen, ihren funkelnden Autos, ihren allzu goldschimmernden Uhren und Ohrringen - waren sie doch ein Erfolg. Sie zogen die Aufmerksamkeit auf sich. Sie verdienten Bewunderung. Nur die Entsagenden – die nicht nur auf Männer, sondern auf Abenteuer, auf Erfahrung Verzichtenden – versanken in ihrem häuslichen Morast, der das Schicksal selbst der intelligentesten weißen Girls zu sein schien. An den weißen Frauen gab es nichts zu beneiden. Vielleicht war eine lange Mähne begehrenswert, wenn sie besonders glatt und schön herabhing. Aber das war auch alles. Und Haar war tote Materie – die nur pomadisiert glänzte.

Natürlich schrieb Meridian sich selbst all die guten Eigenschaften schwarzer Frauen zu, jetzt, da sie wach genug war, um sie zu erkennen. In ihrem Leben mit Eddie, das wußte sie, hatte es ihr an Mut gefehlt, an Initiative und eigenem Denken. Und doch war von irgendwoher der *Wille* gekommen, der sie aufs Saxon College geführt hatte. Manchmal sah sie sich selbst als Abenteurerin. Sie konnte sich daran begeistern, sich vorzustellen, daß sie einem Volk angehörte, das Harriet Tubman hervorgebracht hatte, die einzige Amerikanerin, die Truppen im Kampf angeführt hatte.

Aber ach, Truman wollte keine Generalin neben sich. Er wollte keine Frau, die – wenn auch noch so niedergedrückt von Schuldgefühlen und Gewissensbissen – den Anspruch auf ein eigenes Leben erhob. Sie wußte, daß Truman sie lieber so gehabt hätte, wie sie als Eddies Frau gewesen war, so sehr er ihr aus der Streikpostenkette aufleuchtendes Gesicht bewundern mochte – eine attraktive Frau, aber schlummernd.

Jetzt aber, wie sie auf den Spazierwegen des Campus unter Bäumen wandelten und aus dem Läutwerk der Turmuhr diese unpassenden Akkorde des 18. Jahrhunderts schallten, brauchte sie seinen Arm um ihre Schulter. In Wahrheit hatte sie ihn vermißt und hatte jedes einzelne Mal bereut, da sie ihn abgewiesen.

Als sie zu ihrem Apartment hinaufstiegen, war sie dankbar dafür, daß er bei ihr war.

»Was hat er dir diesmal gegeben?« fragte Truman.

»Rosinen, ein paar Feigen, einen Kasten Cola«, sagte sie und schwang das Ganze auf den Tisch, »und Geld genug, um einen *guten* Tennisschläger zu kaufen.«

»Der wünscht sich wohl eine Tochter«, sagte Truman, der eine Coke aufmachte und mit großen Schlucken trank. »Es sei denn«, sagte er und grinste sie an, »es sei denn, er ist ein Sugar-Daddy.« Bei dieser Vorstellung platzte er lachend heraus. »Hat er dich schon mal«, fragte er, und seine Augen blitzten, »um den Schreibtisch gehetzt?«

Meridian schob die restlichen Colas in den Kühlschrank. Sie lächelte nicht, bis das Schweigen sie zwang, Trumans Bemerkung zur Kenntnis zu nehmen, und ihre Lippen zuckten leicht.

»Nöööh«, sagte sie rasch. »Schon der Gedanke an so 'ne Live-Action würde sein altes Herz stocken lassen.«

Das stimmte natürlich nicht. Die Wahrheit war, sie *wurde* tatsächlich von Mr. Raymonds um den Schreibtisch gehetzt. Die Wahrheit war, ihr Stipendium reichte nicht für alle Ausgaben im College und ihre anderen Bedürfnisse. Die Wahrheit war, sie war auf die Extras angewiesen, die Mr. Raymonds ihr zukommen ließ. Jede Coke, jedes Candy, jede Büchse Hammelbraten, jeder Tennisschläger, den er ihr schenkte, bedeutete eine Ausgabe weniger, die sie für diese Dinge aufbringen mußte.

Ja, Mr. Raymonds *humpelte* rund um seinen Schreibtisch. Und was noch schlimmer war, er erwischte sie auch. Aber sie wußte, Truman würde es nie verstehen. Sie hatte es selbst am Anfang kaum verstanden oder glauben können. Das erstemal, als Mr. Raymond sie wie zufällig streifte, glaubte sie, es sich eingebildet zu haben. Immerhin war er ein bedeutender Mann, Universitätsprofessor, mit Auszeichnungen geschmückt – seine Wände waren es jedenfalls. Sie brachen förmlich unter den aufgehängten Medaillen und Urkunden zusammen (und sie war noch nicht aufgeklärt genug, um sie kleinbürgerlich zu finden), die besagten, daß er 1. von 1919 bis 1925 Vorsitzender des farbigen CVJM gewesen war, 2. Presbyter der Episkopalischen Kirche, 3. Sprecher der Freimaurerloge im Jahr 1935/36, 4. Bester Lehrer der Agrarwissenschaft im Semester 1938/39 gewesen war. Er hatte Bücher über verschiedene Aspekte der Landwirtschaft verfaßt und war ein Experte. Als er ihr seine Bücher - mit Autogramm - schenkte, war sie begeistert wie nur was und schickte sie gleich ihrem Vater nach Hause. Er hatte ihr die Bücher an ihrem ersten Arbeitstag geschenkt.

Von seiner Frau erzählte er nichts, aber sie hatte einmal ein Bild von ihr gesehen, eine säuerlich dreinblickende Frau, sehr dunkelhäutig, wie es die von hellhäutigen Männern erwählten Frauen oft waren. So geht es oft bei hellhäutigen Männern, wie sie bemerkt hatte - oder eben umgekehrt. Anscheinend gab es keinen Mittelweg. In Mr. Raymonds Fall hatte dieser wahrscheinlich eine besonders dunkelhäutige Frau genommen, weil er einer jener altmodischen Rasse-Typen war, die Radikal-Nationalisten seiner Zeit, der 20er Jahre. Auch jetzt noch redete er gern über »die Rasse«, als wäre sie eine homogene Masse, die man hin und her schieben könne, um eine Veränderung herbeizuführen.

Mr. Raymonds trat für die Rasse als Ganzes ein, obgleich Meridian bei ihm - in Gegenwart jüngerer, eher dunkelhäutiger Männer - eine leicht defensive Haltung zu entdecken meinte. Es war, als müsse er sich selbst etwas beweisen. Er war auch ganz rührend bemüht, die Tugend der Schwarzen Frau vor weißen Männern zu retten. Einmal hatte er sie an der Straßenecke mit einem weißen Theologiestudenten reden sehen, bevor sie zur Arbeit in seine Wohnung heraufkam, und er war vor Wut rot im Gesicht gewesen. Bevor sie wieder nach Hause ging, mußte sie sich erzählen lassen, wie viele schwarze Frauen - exakt - in der Zeit zwischen 1896 und 1963 Anzeige wegen Vergewaltigung durch weiße Männer erstattet hatten. Sie nahm an, daß er die Zahl erfunden hatte, aber sie hielt trotzdem den Atem an. Der Theologiestudent stammte witzigerweise aus Südamerika, und sie hatte sich aus einer Art perverser Neugier mit ihm unterhalten. Weil sie eine Schwarze war, so meinte sie, würde sie irgendeine Beklommenheit in seinem Gesicht sich abzeichnen sehen, aber da war nichts dergleichen. Es war, als sei sie genauso weiß und dem Gnadenstand nahe wie er.

Diese Neugier war etwas, das sie manchmal gegenüber Weißen empfand. Meistens erschienen sie ihr nicht ganz wirklich. Sie schienen sehr dumm zu sein, wie sie jedermann auf ihrem Weg niederzuboxen versuchten und hinterher nichts davon wissen wollten. Sie erschienen ihr manchmal wie eine Elefantenherde, alles niedertrampelnd, dickhäutig und schwer und doch – anders als die Elefanten – vergeßlich.

Mr. Raymonds war von hoher, knochiger Statur und von der Farbe gezogener Karamelle, mit kurzem weißem Haar und einem hängenden linken Augenlid. Sie verabscheute seine Zähne; sie waren allesamt falsch, oder die meisten waren falsch und nur mit Drähten zusammengehalten, die gefunkelt hätten, wenn er sich jemals die Zähne geputzt hätte. Er tat es nicht. Folglich schienen seine Zähne wie mit gelbem Flanell überzogen, und sein Atem roch ekelerregend, als ob sein Mund eine einzige Kloake wäre. Er war nicht immer so mager gewesen. Und auch jetzt noch war er eher hager als mager. Als junger Mann war er sehr muskulös gewesen. Mit zunehmendem Alter war er ausgemergelt. Als er sie, wie sie da mißtrauisch in sein Büro eintrat, packte und versuchte, seinen alten Penis an ihr zu reiben, spürte sie nichts als seine harten Hüftknochen, die ihr in den Bauch stachen.

Er wollte, daß sie sich auf seinen Schoß setze, was sie auch manchmal tat. Dann zog er eine Schublade auf und holte die Leckereien hervor, die er für sie gekauft hatte; Thunfischkonserven, Tüten voll Pfefferminzdrops und Baby Ruths, Zehn-Cent-Kämme und manchmal sogar Schreibpapier. Er vergrub seine lange Nase in ihrem Haar oder doch so tief unter ihrem Kinn, wie sie es ihm gestattete, und die ganze Zeit ruckte und zuckte er unter ihr, damit ein wenig von der verzweifelten Lust, die er erlebte, den Weg bis in seinen schlaffen Penis finde. Es glückte ihm nie, soviel sie sagen konnte.

Jeden Tag, wenn sie aufstand und gehen wollte – nachdem sie in einem wahren Sumpfnebel üblen Mundgeruchs seine Briefe getippt hatte – umschlang er sie mit seinen Armen, zog sie von der Tür zurück, stemmte mit seinen langen Oberschenkeln ihre Beine auseinander und versuchte sie auf den

Boden zu zwingen. Sie aber lächelte und wehrte sich und wehrte sich und lächelte – und tat so, als ahne sie nichts von seinen Absichten: eine Vorstellung, die ihn zweifellos umsomehr erregte. Während sie sich wand und krümmte und ihr Gesicht so weit wie möglich von seinen Lippen und seinem Atem abwandte, wurde sein Gesicht grau vor Entschlossenheit und schwitzender Anstrengung, und sein Keuchen wurde heiser und mühselig, und wenn er sie ansah, war das Funkeln in seinen Augen mitleiderregend.

»Was ist los?« fragte Truman.

»Nichts«, sagte sie rasch. »Erzähl mal, was war eigentlich los?«

»Ich habe wieder draußen im Country Club gejobt«, sagte er seufzend und lehnte sich auf dem Sofa zurück. »Gott, wie ich dieses Pack hasse. Du hast einfach keine Ahnung, wie schwer ich mir die paar Kröten verdienen muß.« Er beugte sich vor, erwischte sie am Handgelenk und zog sie zu sich auf die Couch. »Diese Crackers werfen Zigarettenstummel in den Swimming-Pool, mit dem ausdrücklichen Zweck, sie mich wieder 'rausfischen zu lassen. Und ich darf nicht bis morgen warten damit. Oh, nein. ›Trooomän‹, schreit so ein alter Kacker, ›maaach'n Se mal und hoool'n Se diese Kippen aus'm Bassin, bevor unsere Gäste kommen.‹ Und während ich nach Zigarettenkippen fische, kommen ein paar von ihren ollen dürren Wachteln angewatschelt, um mich zu beobachten und natürlich gute Ratschläge zu geben. ›Trooomän‹, gurren sie, ›ich glaube, Sie müssen sich ein bißchen mehr da 'rüberbeugen, nicht wahr? Sie sind aber ein sehr gelenkiger Boy, für'n Boy von ihrer Größe.‹ Und ich steh' da und darf grinsen und es über mich ergehen lassen. Ich verachte sie!« sagte er unbeherrscht und drosch auf ein Kissen, während seine andere Hand ihren Arm umklammert hielt. »Was habt ihr Frauen ein Glück, daß ihr nicht dauernd mit denen zu tun habt.«

Das knappe, gemurmelte Lächeln, das ihm antwortete, war schwarz vor Hohn, und Truman sah Meridian scharf an.

»Hast ja recht«, sagte er, »wir brauchen heute abend nicht

über so'n Scheiß zu reden. Komm her – Frau! Du hast mir gefehlt.«

Sie kam nicht umhin zu bemerken, wie sehr seine eigene Maskulinität ihn befriedigte. Der Druck um ihr Handgelenk, wie auch sein grober Befehl, waren gewiß nicht notwendig, denn sie lag bereits wie ein gestrandeter Fisch auf seinem Schoß.

Mit seinen warmen Fingern streichelte er die Innenseite ihrer Arme, dann küßte er sie auf die Lippen. Ihr Kopf funktionierte noch immer perfekt. Sie hatte – wegen der Austausch-Studentinnen – vorgehabt, ungerührt zu bleiben, aber irgend etwas Lebendiges rührte sich doch in ihr, entfaltete sich, breitete sich aus und sprang auf ihren Unterleib über. Ja, es war ihr – und sie registrierte es aufmerksam –, als ob ihre ganze Körpermitte zu schmelzen anfinge. Sie beschloß, ihren Kopf abzuschalten, und ihr Körper schien sich ganz von selbst in den seinen zu verströmen. Doch als er anfing, durch die Bluse hindurch ihre Nippel zu lutschen, richtete sie sich gelassen auf und zog sie aus. Er drückte seinen Mund auf ihre Brust, und seine Finger kniffen und streichelten die andere.

Die Austausch-Studentinnen waren in einen fernen Winkel der Welt verbannt, wohin ihre Gedanken ihnen nicht zu folgen brauchten. Dorthin scheuchte Meridian sie mit einem imaginären Besen, speziell für diesen Zweck erfunden. Es war ein langer schwarzer Besen mit einem gelben Band um den Stiel. In ihren Händen fegte er Himmel und Erde leer, bis nur noch sie beide übrig blieben. Truman zögerte, als seine Hand ihr Höschen berührte. Sie stand schweigend auf und ließ ihren Rock, den BH und das Höschen fallen. Ihr Blick streifte seinen Penis. Er kam ihr extrem groß vor und merkwürdig geschwungen, wie durch sein eigenes arrogantes Gewicht verbogen. Als sie ihn in die Hand nahm, zitterte Truman, sein Gesicht verzerrt. Und sein Gesicht rührte sie. Sie führte ihn hinein, und sie fickten (ganz bewußt nannte sie es so bei sich), sie fickten, so schien es ihr, stundenlang, und immer wieder und wieder erreichte sie beinah die Klimax, nur um sie wieder zu verlieren. Schließlich, als sie vor Erschöpfung einen Schrei ausstieß, kam Truman und schlief dann rasch ein. Er brummte, daß sie sehr sexy sei, und drehte sich um. Erst jetzt fiel ihr ein, daß er keinen Präser angezogen hatte – das einzige Verhütungsmittel, das sie kannte.

Sie schüttelte sein Bein ab (er war eingeschlafen, den Fuß um ihren Knöchel geschlungen) und eilte ins Bad und preßte über der Toilette. Sie wünschte, sie hätte eine Intimdusche gehabt. Stattdessen nahm sie ein Glas warmes Wasser und quälte, in der Badewanne liegend, ein paar Tropfen in sich hinein. Bevor sie nach Atlanta kam, hatte sie beschlossen, keinen Sex zu haben. Als sie wieder ins Wohnzimmer kam, war Truman gegangen.

Er war zu der letzten der Austausch-Studentinnen zurückgekehrt, der einen, die sie gern gehabt hatte, Lynne Rabinowitz. Dies war unter anderem der Grund, warum er nie erfuhr, daß sie schwanger war. Unterwegs zur Abtreibung sah sie die beiden in seines Vaters neuem rotem Cabrio über den Campus fahren. Aus der Ferne kamen sie ihr an diesem Tag beide weiß vor. Später, als der Arzt in ihren Körper stach, ohne ihr eine Narkose zu geben (und ihr dabei einen Vortrag über ihre Moral hielt), und sie vor Schmerzen Sternchen sah, sah sie die beiden noch immer sorglos miteinander lachen. Es war nicht, als hätte sie ihn noch gewollt. Sie wollte nicht mehr. Es machte sie rasend, daß man sie solche Schmerzen erdulden lassen konnte, und daß er nichts davon ahnte. Sie war auch angewidert von ihrem Körper, der schwanger wurde von weniger Vögelei, als sie es von irgendeiner gehört hatte. Und doppelt ungerecht kam es ihr vor, daß sie nach all ihrer sexuellen »Erfahrung«, nach einem Baby und einer Abtreibung, noch kein einziges Mal die volle Erfüllung im Sex gefunden hatte.

Ihr Arzt war einer vom Saxon-College, nur daß er jetzt auch privat praktizierte. »Ich könnte Ihnen die Tuben abbinden«, knurrte er wütend, »und zur Belohnung könnten Sie mich gelegentlich an Ihren außerakademischen Aktivitäten beteiligen.« Sein Ellbogen drückte schwer auf ihren Nabel, und ein wirbelnder heißer Schmerz schoß aus ihrem Uterus bis in die Zehenspitzen. Sie war überzeugt, nie wieder gehen zu können.

Sie starrte ihn an, bis sein hartes Gesicht sich vor ihr aufzulösen begann. »Ausbrennen sollte man die Brut«, sagte er, »an der Wurzel ausbrennen.« Mit gespreizten Beinen hatte sie die Praxis verlassen, mit bluttriefenden Super-Camelia und Krämpfen, unter denen sie sich krümmte, aber sie weinte aus anderen Gründen.

Truman erfuhr es nie. Sie dachte daran, es ihm zu sagen, aber als sie sich überlegte, daß er die Stirn haben könnte, sie zu bemitleiden, wußte sie, daß sie sich lieber die Zunge abgebissen hätte. Nachdem die Austausch-Studentinnen abgereist waren, kam er eines Tages dahergeschlendert, als sie gerade den Hörsaal verließ.

»Weißt du«, sagte er und kniff die Augen zusammen, als sähe er irgend etwas deutlich, aber nur mit größter Mühe, »ich versteh' gar nicht, was mit mir los war. Du bist, ganz klar, eine stone-foxy Lady. Ich verstehe nicht, warum wir auseinandergehen mußten.«

»Machst du Witze?« Sie sagte es mehr zu sich selbst als zu ihm. Sie fühlte nichts und war erleichtert. Sie fragte, sich warum oder vielmehr wieso dieser Ausdruck so populär geworden war. Natürlich machte sich niemand die Mühe, darüber nachzudenken, wenn er das Wort aussprach. Auf ihrer Seele lastete ein steinerner Fuchs. Er war schwer, grau und unbeweglich.

»Ach, stell' dich nicht an«, sagte er, trat ihr in den Weg und sah ihr in die Augen. »Ich glaube, ich liebe dich, African-Woman. Habe ich immer schon. Seit dem ersten Mal.«

Sie lachte. Es schien nur fair, und ihr Kopf funktionierte immerhin perfekt. »Machst du schon wieder Witze?«

»Wir könnten glücklich miteinander sein. Ich *weiß,* wir könnten es. Ich kann dich kommen lassen. Das eine Mal hab ich's doch beinah geschafft, nicht wahr?« Er sah sie an, als erwarte er, daß sie zu stottern anfing oder errötete. »Und dabei dachte ich immer, daß du nicht gern ... vögelst. Tust du aber, nicht wahr? Dein Körper jedenfalls ist schön. So warm, so braun ...«

Sie wandte sich ab, speiübel, wegen dem, was er sagte.

»Es ist vorbei. Lassen wir's.«

Er aber sah sie an mit Augen voll frischer Eroberungslust.

»Du bist *schön*«, flüsterte er andächtig. Dann sagte er, drängend: »Du *sollst* meine schönen black babies haben.«

Und sie hob ihre grüne Büchertasche und fing an, ihn zu schlagen. Sie schlug ihn dreimal, bevor sie auch nur begriff, was passierte. Dann schlug sie ihn noch einmal übers Ohr, und eine Ringbuchspirale ritzte seine Wange, Blut tröpfelte auf sein Hemd. Als sie das Blut sah, drehte sie sich um und überließ ihn der Neugier der anderen Studentinnen, die sich ansammelten.

Der immer wiederkehrende Traum

Sie träumte, sie sei eine Figur in einem Roman, und ihre Existenz stelle ein unlösbares Problem dar, das erst am Schluß durch ihren Tod gelöst würde.

Sie träumte, sie sei eine Figur in einem Roman, und ihre Existenz stelle ein unlösbares Problem dar, das erst am Schluß durch ihren Tod gelöst würde.

Sie träumte, sie sei eine Figur in einem Roman, und ihre Existenz stelle ein unlösbares Problem dar, das erst am Schluß durch ihren Tod gelöst würde.

Auch wenn sie es aufgab, Romane zu lesen, die solch eine Lösung nahelegten – fast alle taten es –, hörte der Traum nicht auf.

Sie hatte das Gefühl, als sei ein kleiner Erdrutsch hinter ihrer Stirn abgegangen, als wäre dort alles ins Rutschen gekommen. Es war ein körperliches Gefühl, und sie schenkte ihm keine Beachtung. Sie fing nur an, ihr Leben aufs Spiel zu setzen. Sie fuhr allein in kleine Städtchen, wo Schwarze nach Einbruch der Dunkelheit auf den Bürgersteigen nicht gern gesehen waren, und sie stellte sich hin und wartete und beobachtete den Sonnenuntergang. Sie lief meilenweit durch die Straßen Atlantas, bis sie erschöpft war – ohne auf die Autos zu achten. Und sie vergaß zu essen.

Am Tage vor ihrer Graduation am Saxon College bemerkte sie plötzlich, als sie im Speisesaal ein Tablett voll gespülter Gläser ansah, daß diese in ein bläuliches Licht getaucht waren. Als sie die Hand vors Gesicht hob, schien diese auch bläulich, wie mit Tinte übergossen. Obwohl Anne-Marion bei ihr eingezogen war, erzählte sie ihr nichts von dem blauen Bann, und sie saßen beisammen, aßen Leckereien, die sie von Mr. Raymonds mitbrachte und lasen sozialistische Texte.

Beide Mädchen hatten lange genug gelebt und studiert, um zu wissen, daß sie den Kapitalismus verachteten. Sie begriffen, daß er in Amerika geblüht hatte, weil er unmittelbar auf den gebeugten Schultern ihrer Väter und Mütter aufgebaut war. Der Unterschied zwischen ihnen war: Anne-Marion wußte nicht, ob sie nicht doch als Kapitalistin erfolgreich sein würde, während Meridian fand, es könne ihr keine Freude machen, Dinge zu besitzen, die andere nicht haben durften. Anne-Marion verlangte, daß die Schwarzen die gleiche Chance bekämen, genauso viel Geld zu machen wie die reichsten Weißen. Aber Meridian wollte die Vernichtung der Reichen als Klasse und die Abschaffung aller individuellen ökonomischen Privilegien. Ihre Diplomarbeit basierte auf der These, daß niemand mehr Land besitzen solle, als er an einem Tag mit seinen Händen bearbeiten könne. Anne-Marion fand dies kleinkariert. Wenn die Schwarzen den ganzen Strand für sich alleine hätten, so pflegte sie zu sagen, würde ich Meilen und Abermeilen davon haben wollen. Und ich würde keine Seele sehen wollen, die ich nicht eingeladen hätte, über meinen Sand zu spazieren. Meridian pflegte sie an ihre erklärte Bewunderung für sozialistische und kommunistische Theorien zu erinnern. »Ja«, erwiderte Anne-Marion. »Ich hege die tiefste Bewunderung für sie. Aber weil ich bisher nicht die Chance hatte, den Kapitalismus auszukosten, muß die Praxis dieser Theorien noch ein Weilchen warten.«

»Aber Anne-Marion«, pflegte Meridian einzuwenden, »genau das sagte wahrscheinlich auch Henry Ford.« »Na, du kannst Henry sagen, ich bin ganz einer Meinung mit ihm«, sagte Anne-Marion.

Solche Debatten verliefen unter Gelächter und mit dem Versuch, sich vorzumachen, sie wären nicht ernst gemeint.

Scheiß auf die Demokratie, pflegte Anne-Marion zu sagen und biß in ein Plätzchen. Scheiß auf die Freie Welt. Sollen die Republikaner und Demokraten, wie wir sie kennen, gegenseitig ihre Großmütter ficken. Meridian lachte und lachte und klatschte an die Bettkante, bis ihr Arm erschlaffte.

Doch eines Tages wurde das Blau schwarz, und sie verlor zeitweilig - für zwei Tage - ihr Augenlicht. Bis dahin hatte sie nicht ernstlich daran gedacht, zum Arzt zu gehen. Einerseits hatte sie kein Geld. Andererseits würde der Campus-Arzt, falls sie ihn aufsuchte, seine Bezahlung dafür verlangen, daß er ihr die Tuben abgebunden hatte. Und doch war sie nicht überrascht, als sie - ein paar Tage, nachdem ihr Augenlicht wiedergekehrt war - aus einer langen Ohnmacht erwachte und ihn über sich gebeugt stehen sah. Seine Anwesenheit schien auch begründet. Ohne sich ihre Symptome anzuhören, hatte er sie - vor den Krankenschwestern die besten Sprechstundenmanieren hervorkehrend - auf den Untersuchungstisch gelegt und eine gründliche und schmerzhafte Beckenuntersuchung an ihr vorgenommen. Ihre Brüste wurden routinemäßig und ausgiebig betastet. Sie wurde gefragt, ob sie mit Jungen schlafe. Sie wurde gefragt, warum sie mit Jungen schlafe. Ob sie nicht wisse, daß die Jungen heutzutage nichts taugen und sie nur in Schwierigkeiten bringen könnten?

Er meinte, sie solle lieber zu einer Nachuntersuchung in seine Privatpraxis kommen. Dort, sagte er, habe er kompliziertere Geräte, mit denen er sie untersuchen wolle.

Sie kehrte nach Hause zurück, kränker als sie gewesen war. Zum Glück hatten sich - zwei Tage später - weder die Ohnmacht noch der blau-schwarze Bann wieder eingestellt. Dann aber, als sie vom Bett aufzustehen versuchte, stellte sie fest, daß ihre Beine ihr nicht mehr gehorchten. Nachdem sie schon vorher Lähmungserscheinungen gehabt hatte, beunruhigte es sie weniger als der Verlust des Augenlichts. Während die Tage verstrichen - und sie von den Mahlzeiten zu kosten versuchte, die Anne-Marion ihr brachte - entdeckte sie, daß sie immer satter wurde, ohne jeden Appetit. Und zu ihrer völligen Überraschung und staunenden Freude fing sie an, in Ekstase zu geraten.

Manchmal, wenn sie im Bett lag, nicht hungrig, nicht frierend, nicht besorgt (weil sie erkannt hatte, daß die Sorgen-Abteilung in ihrem Hirn mit dem Erdrutsch hinter ihrer Stirn abgegangen war und deshalb nicht mehr funktionierte), war ihr, als ob ein warmes starkes Licht sie emporzöge und sie ein geliebtes Teil des Universums sei. Als ob sie unschuldig sei wie die Steine und rein und klar wie das erste Wasser. Und wenn Anne-Marion an ihrem Bett saß und sie schalt, weil sie nichts aß, war sie erstaunt, daß Anne-Marion nicht sah, wie glücklich und zufrieden sie war.

Anne-Marion war beunruhigt. Vor ihren Augen schien Meridian ihr zu entgleiten. Und doch erschien ihr die Idee, Meridian könnte – glücklich zur Zimmerdecke hinauflächelnd – tatsächlich sterben, allzu absurd, und sie unternahm nichts. Aber eines Tages, während sie Meridian gegenüber auf ihrem eigenen Bett saß und ein Buch über marxistische Ideologie las, in dem auch das Kommunistische Manifest enthalten war, das ihr als ein wirklich gedankenaufrüttelnder Text erschien, fiel ihr Blick auf Meridians Kopf, und sie war schockiert. Denn all um ihn her strahlte ein weiches helles Licht, als ob ihr Kopf, als ob die Spitzen ihres Natural-Krauskopfs zu leuchten angefangen hätten. Der Anblick erregte einen gewissen Punkt in Anne-Marions post-baptistischer Erinnerung.

»Ach, Scheiße!« sagte sie und stampfte mit dem Fuß auf, verärgert, weil sie Meridian mit der Religion in Zusammenhang gebracht hatte.

»Was fehlt dir?« fragte Meridian träumerisch. Sie drehte leicht den Kopf zur Seite, und das weiche helle Licht verschwand. Anne-Marion drückte ihr Buch an sich wie einen Geliebten, der zu einer langen Reise aufbricht. »Wir sind ganz falsch erzogen worden!« sagte sie. »Das ist's, was mir fehlt.« Was sie meinte, war dies: daß sie nicht mehr an Gott glaubte und nicht gerne an Jesus dachte (für den sie noch immer eine bittere, widerwillige Bewunderung hegte).

»Wie lange liegt sie schon?« fragte Miss Winter.

»Ungefähr einen Monat«, sagte Anne-Marion.

»Sie hätten früher zu mir kommen sollen«, sagte Miss Winter. Miss Winter war ebenfalls eine Fehlangepaßte am Saxon-College. Von gelblichem Teint, mit vorspringenden Augen und einer kunstvollen blauen Perücke, war sie die Organistin des Instituts – eine der drei schwarzen Lehrerinnen der Fakultät. Die beiden anderen unterrichteten Grundstufe Englisch und Französisch. Sie war es, die allmorgendlich die alten englischen und deutschen Choräle spielte, die der Ritus verlangte, und die Musik stieg wie eine Kette marschierender Seelen zum gewölbten Kirchendach empor. Und doch verstieß sie in ihren Musik-Kursen vorsätzlich gegen die Traditionen des Saxon-College, um Jazz (was sie irgendwo in Europa als »Jahs« auszusprechen gelernt hatte) und Spirituals und Blues (was sie wie »Bluhs« aussprach) zu lehren. Jedes Jahr schien es, als würde sie das folgende Jahr nicht mehr als Lehrerin am Saxon College erleben. Aber sie hielt durch. So arrogant und ladylike sie wirkte (und sie trat nie anders als in perfekt abgestimmter Kleidung auf), waren ihre Auseinandersetzungen mit dem Präsidenten und mit der Vorsteherin der Studenten auf dem ganzen Campus zu hören.

Miss Winter stammte aus Meridians Heimatstädtchen und hatte Meridians Familie ihr Leben lang gekannt. Sie war selbst eine Saxon-Absolventin, und als sie erfuhr, daß Meridian als Studentin aufgenommen worden war, rang sie ihre erste Gefühlsreaktion nieder, die häßlich gewesen war. Sie hatte sich darin gefallen, die einzige aus ihrer Stadt zu sein, die solch ein College besuchen durfte; sie wollte diese Auszeichnung mit niemand teilen. Aber bis Meridian dann eintraf, hatte sie dieses Gefühl erfolgreich verbannt. Trotzdem wollte sie am ersten Tag, als sie sich begegneten, den schüchternen Gruß des Mädchens nicht erwidern.

Sie hatte einmal einem Rednerwettbewerb an ihrer alten High School beigewohnt, wo Meridian gerade dabei war, sich rühmlich hervorzutun. Meridian trug eine Rede vor, die die Tugenden der amerikanischen Verfassung erläuterte und die

Überlegenheit des American Way of Life pries. Die Zuhörer kümmerten sich wenig um das, was sie sagte, und glaubten natürlich kein Wort, aber sie waren hingerissen, sie so leidenschaftlich und mit so traurigem Heldenmut in den Augen sprechen zu hören.

Dann, mitten in ihrer Rede, hatte Meridian anscheinend den Faden verloren. Sie stockte und stand stumm auf der Bühne. Die Zuhörer feuerten sie an, aber sie konnte nicht fortfahren. Vielmehr schlug sie die Hände vors Gesicht und mußte hinausgeführt werden.

Meridians Mutter ging ins Foyer hinaus, wo Meridian stand, und Miss Winter hörte ihr Gespräch mit an. Meridian versuchte ihrer Mutter zu erklären, daß sie zum erstenmal wirklich gehört habe, was sie selber sagte, und gewußt habe, daß sie es nicht glaubte, und durch diese Offenbarung so abgelenkt gewesen sei, daß sie den Schluß ihrer Rede nicht mehr vortragen konnte. Die Mutter, die sich diese Erklärung gar nicht anhören wollte, eigentlich gar nicht versuchen wollte, sie zu verstehen, sagte etwas anderes: Sie erinnerte Meridian daran, daß sie selbst, immer wenn *ihr* etwas mißglückte, einfach auf Gott vertrauen, den Kopf noch ein wenig höher tragen, alle Hindernisse auf ihrem Weg niederstarren, niemals zurückschauen würde – und so weiter.

Meridian, die sich gesetzt hatte und deren Augen rot-verweint waren, blickte hoffnungslos zu ihrer Mutter auf. Ihre Mutter erschien neben ihr als eine mächtige Frau, eine Riesin, die wohl auf Gott vertrauen, ihren Kopf hoch tragen, nie zurückblicken und alles überwinden konnte, ob sie daran glaubte oder nicht. Meridian dagegen wirkte kleiner, als sie tatsächlich war, und sah aus, als wolle sie sich in ihren Sessel verkriechen. Sie hatte sich zusammengekauert, als könne sie zu einer Kugel schrumpfen und verschwinden.

Miss Winter hatte die Stulpe ihres grauen Nerzmantels zurückgeschoben und einen parfümierten Arm um Meridians Schulter gelegt. Hatte ihr gesagt, sie solle sich wegen der Rede keine Sorgen machen. »Es ist dieselbe, die ich auswendig lernen mußte, als ich hier zur Schule ging«, erzählte sie ihr, »und sie ist heute nicht wahrer als damals.« Noch nie hatte sie so etwas zu irgend jemand geäußert, und sie war selbst überrascht, wie gut es tat. Ein grüner Grashalm flog rasch durch ihr Gesichtsfeld, gefolgt von einer frischen Brise. Sie merkte, daß das Wetter zu warm war für Nerz, und zog ihren Mantel aus.

Meridian aber blieb hingekauert sitzen, und ihre Mutter, aufrecht wie ein Schiffsbug, schritt ans andere Ende des Foyers, wo sie stehenblieb, mit Kopf und Schultern all die anderen Mädchen – Meridians Klassenkameradinnen – überragend, die dort versammelt waren, eine bedeutungslose Masse gebauschter Petticoats und flatternder Kleidchen.

Für Meridian *war* ihre Mutter eine Riesin. Sie hatte sie nie anders gesehen. Oder, falls sie doch einmal Gedanken hegte, die diese Vorstellung bedrohten, wischte sie sie als kleinlich und albern beiseite. Sogar an jenem Tag, an den Miss Winter sich erinnerte, war Meridian nur deshalb traurig gewesen, weil sie ihre Mutter enttäuscht hatte. Daß ihre Mutter mit Absicht gleichgültig blieb gegen das, was passiert war, hatte nichts zu bedeuten neben ihrem eigenen Gefühl der Unzulänglichkeit und Schuld. Ihrer Mutter hatte sie bereits alles verziehen, was sie ihr je angetan hatte oder antun mochte, denn in ihren Augen hatte Mrs. Hill sie alle (die Kinder, den Mann, die Familie, die Rasse) beharrlich bis weit über einen Punkt hinausgeführt, wo sie selbst an ihrer Mutter Stelle, an der Stelle ihrer Großmutter, an der Stelle ihrer Urgroßmutter stehengeblieben wäre.

Dies war die Geschichte ihrer Mutter, soweit Meridian sie kannte. Die Urgroßmutter ihrer Mutter war eine Sklavin gewesen, der beide Kinder weggenommen und verkauft wurden, kaum daß sie die ersten Schritte machten. Tagelang war sie dem Manne gefolgt, der sie gekauft hatte, bis es ihr gelang, sie zurückzustehlen. Beim drittenmal – nachdem ihr Herr einen seiner Feldarbeiter aufgebraucht hatte, um sie auspeitschen zu lassen, und als schon die Knochen durch ihre Rückenmuskulatur zu schimmern begannen – erlaubte man ihr die Kinder zu behalten: unter der Bedingung, daß sie nichts essen dürften, was sie nicht selbst herbeischaffte.

Den Sommer über war ihr Leben nicht so schwer. Am Abend, wenn die Arbeit auf den Baumwollfeldern getan war, pflückten sie Beeren und Wilden Salat, und im Herbst lebten sie von den Nüssen, die sie im Wald fanden. Sie räucherten Fische, die sie in den Bächen fingen, und das Kleinwild, das sie in Fallen zu fangen lernten. So überlebten sie, bis die Kinder halb erwachsen waren. Dann starb ihre Mutter infolge jahrelangen langsamen Verhungerns. Die Kinder wurden am Begräbnistag ihrer Mutter verkauft.

Mrs. Hills Urgroßmutter war berühmt für ihre dekorativen Malereien an Scheunenwänden. Sie verdiente damit Geld für ihren Herrn und durfte auch einiges für sich behalten. Damit erkaufte sie nicht nur sich selbst die Freiheit, sondern auch ihrem Mann und ihren Kindern. Als Meridians Großmutter ein Kind war, gab es noch überall im Staat Scheunenwände, verziert mit den Bildern, die ihre Mutter gemalt hatte. In die Mitte eines jeden von ihr gemalten Baumes oder Tiers oder Vogels war irgendwie, als Bestandteil der Darstellung eingefügt, ein kleines verzerrtes Gesicht zu sehen – ob Mann oder Frau oder Kind, vermochte niemand zu sagen –, das ihre Signatur wurde.

Mrs. Hills Mutter heiratete einen Mann von mancherlei bewundernswerten Vorzügen. Er war ein Mensch, der sein Wort hielt, er führte eine blühende Farm und hatte ein hübsches Gesicht. Allerdings hatte er keine Lust, Kinder großzuziehen – obwohl ihm Sex mit jeder bereitwilligen und gutaussehenden Frau, die ihm über den Weg lief, Spaß machte –, und er prügelte seine Frau und seine Kinder mit mehr Vergnügen als seine Maultiere.

Mrs. Hill hatte die erste Zeit ihres Lebens damit verbracht, ihrem Vater aus dem Weg zu huschen. Später, als sie ein Teenager war, lernte sie auch, weißen Männern aus dem Weg zu huschen, denn sie war hübsch, wehrlos und schwarz. Ihr Leben – so erzählte sie Meridian, war ein einziges Huschen, und nur eines hielt sie aufrecht: ihre Entschlossenheit, Lehrerin zu werden.

Die Geschichte ihres Strebens nach Bildung war traurig.

Erstens mußte sie sich gegen ihren Vater durchsetzen, der sagte, sie brauche nicht zur Schule gehen, denn wenn sie nur lernte, grünen Kohl, Maisbrot und frittierten Gumbo zu kochen, würde schon irgendeine arme Seele von Mann sie zu sich nehmen, und zweitens mußte sie sich bereitfinden, die Aufopferung ihrer Mutter anzunehmen, die sie anbetete. Ihre Mutter war damals mit ihrem zwölften Kind schwanger, und ihr Haar wurde schon weiß. Doch ihre Mutter war es, die mit dem Vater ein Abkommen traf, das es ihr ermöglichte, die Schule zu besuchen. Das Abkommen war niederträchtig: Die Schule kostete zwölf Dollar im Jahr, und ihre Mutter mußte jeden Cent davon selbst verdienen. Nicht bereit, sich zu beklagen, ja nicht mal bereit, über die Mühsal, die es bedeutete, auch nur ein Wort zu verlieren, war ihre Mutter außer Hauses gegangen, um die Wäsche anderer Leute zu waschen, und Meridians Mutter erinnerte sich, wie sie sich – nachdem sie die eigene Wäsche und die Arbeit auf dem Feld besorgt hatte – mit ihrem Waschbrett unter dem Arm davonschleppte.

Mrs. Hill hatte nur zwei Paar Kattunhosen besessen. Sie trug die eine und wusch die andere und wusch die eine und trug die andere. Sie hatte nur ein Kleid. Sie und ihre Schwestern tauschten jeden Tag die Kleider, um wenigstens dies bißchen Abwechslung in ihre Kleidung zu bringen. Die meiste Zeit gingen sie barfuß. Und doch konnte Meridians Mutter wie durch ein Wunder die Schule beenden und, was noch mehr zählte, vier von ihren Schwestern und Brüdern helfen, dasselbe zu tun. Und sie war Lehrerin geworden und hatte vierzig Dollar im Monat verdient – vier Monate im Jahr. (Die übrige Zeit waren ihre Schüler auf den Baumwollfeldern.) Von ihrem ersten Lohn hatte sie ihrer Mutter einen Mantel und ein neues Paar Schuhe gekauft. Ihr fiel auch kurze Zeit später die Ehre zu, den pinkfarbenen Sarg ihrer Mutter zu bezahlen.

Wenn ihre Mutter aus ihrer Kindheit erzählte, weinte Meridian und umklammerte ihre Hände und wünschte aus ganzem Herzen, sie wäre dieser ohnehin schon überlasteten Frau nicht auch noch geboren worden. Und wenn sich je Selbstgefälligkeit in ihrer Mutter Stimme einschlich – etwa, wenn sie sagte: »Ich habe nie gestohlen, ich war immer sauber, ich habe nie jemandem Unrecht getan, ich war nie unartig, ich habe nur immer auf Gott den Herrn vertraut« – so blieb es unbemerkt. Dieses Vermächtnis ihrer Mutter, ihr unbeirrbares Wissen um die Rechtschaffenheit und ihr Trachten nach ihr, trotz aller Widrigkeiten, war etwas, dem sie sich niemals gewachsen fühlen würde. Es kam ihr nie in den Sinn, daß die extreme Reinheit des Lebens bei ihrer Mutter und ihrer Großmutter durch die Notwendigkeit erzwungen war. Sie hatten nicht in einer Zeit der freien Entscheidung gelebt.

Keinen dieser Gedanken konnte sie Miss Winter mitteilen. Sie lächelte ihr nur zu, von der friedlichen Höhe ihrer Krankheit herab, die sie glücklich erklommen hatte. Dann und wann sah sie Wolken über Miss Winters Kopf hinwegziehen und vergnügte sich damit, bekannte Gesichter in ihnen wiederzuerkennen. Wenn sie schlief, träumte sie, mit ihrer Mutter auf einem Schiff zu sein, und ihre Mutter hielt sie über die Reling, wie um sie ins Meer zu werfen. Gefahr drohte überall, und ihre Mutter war nicht bereit, sie loszulassen.

»Mama, ich *liebe* dich. Laß mich los«, flüsterte sie und leckte das Salz von den schwarzen Armen ihrer Mutter.

Instinktiv, ganz als wäre Meridian ihr eigenes Kind, antwortete Miss Winter ganz nah an ihrem Ohr über dem Kopfkissen: »Ich verzeihe dir.«

Am nächsten Morgen aß Meridian ihr Frühstück ganz auf, auch wenn es nicht drunten bleiben wollte. Zum erstenmal bat sie um einen Spiegel und versuchte, sich im Bett aufzurichten. Bald war ihre Kraft erschöpft, und sie schlief ein. Und wieder sah Anne-Marion die Sonne aufsteigen und Meridians Haarspitzen beleuchten, und sie wußte, daß sie eine Freundschaft, die so viel liebende Aufmerksamkeit verlangte, nicht ertragen konnte. Meridian würde, trotz all ihrer guten Absichten, vielleicht nie bereit für die Zukunft sein, und das wäre zu schmerzhaft gewesen. Anne-Marion konnte sich nicht länger um einen Menschen kümmern, den sie nicht retten konnte. Aber sie konnte auch nicht eine enge Freundschaft beenden, ohne sich gegen die Freundin zu stellen.

Eines Morgens, als Meridian, ihr Gesicht nachdenklich, beinah schön und erbärmlich mager, am Fenster stand, tat Anne-Marion etwas, das sie immer hatte tun wollen: es war etwas, das einem Fußtritt gleichkam. Zuerst erzählte sie Witze, um Meridian zum Lachen zu bringen – denn sie konnte sie nicht verlassen, solange sie so guckte –, und als sie es geschafft hatte, gerade an dem Punkt, als Meridian ihre magisch-faszinierende Traurigkeit verlor – sagte sie, ihr Gesicht ganz sachlich: »Meridian, ich kann es mir nicht leisten, dich zu lieben. Du bist, wie die Idee des Leidens selbst, überholt.«

Auch später, und obwohl sie sich in New York wiedertrafen und kurze Zeit gemeinsam ein Zimmer bewohnten und Meridian sich an diesen Abend nicht zu erinnern schien, dachte Anne-Marion weiter daran als ihr letztes Wort.

Nachdem Meridian in den Süden zurückgekehrt war und Anne-Marion sie mit Briefen verfolgte, allmonatlich Erkundigungen einziehend, um herauszufinden, in welcher Stadt sie gerade lebte und wohin sie ihre Briefe adressieren solle, hätte niemand darüber erstaunter und bestürzter sein können als sie selbst, die sich zum Schreiben jedes dieser Briefe hinsetzte, als fessele ein schweres Gewicht ihre Knie und drücke sie unter die Schreibtischplatte, während sie in gallenbitterster Raserei drauflos schrieb – aus Schuldgefühl, Verleugnung und Zorn.

TRUMAN HELD

Der letzte Trinkspruch

Ich trinke auf unser zerstörtes Haus
in der Marter meines Lebens,
auf unsere Einsamkeit gemeinsam;
auf dich hebe ich mein Glas
auf lügende Lippen, die uns verrieten,
auf totkalte gnadenlose Augen,
und auf die harte Realität;
daß die Welt brutal ist und rauh,
daß Gott wahrlich uns nicht erlöst hat.

Anna Achmatova

Truman und Lynne: Die Zeit im Süden

Lynne: Sitzt auf der Treppe zur Veranda eines baufälligen Holzhauses, um sie her viele schwarze Kinder. Aus der Ferne sehen sie aus wie eine riesige Blume mit kreisenden menschlichen Blütenblättern. Lynne ist der Mittelpunkt. Im Näherkommen bemerkt Truman, daß die Kinder ihr abwechselnd das Haar kämmen. Ihr Haar – für sie wunderschön, weil leicht zu kämmen – glänzt, hinten von schwarzen und braunen Händen hochgehalten, als wäre es eine Schleppe. Die Kinder könnten die Brautjungfern sein, die Lynne zur Hochzeit bereiten. Sie sehen ihn nicht. Er visiert ein Bild mit der Camera, aber irgend etwas hält ihn zurück, bevor er den Auslöser drückt. Was ihn zurückhält, wird er sich im Augenblick nicht eingestehen müssen: es ist ein sinkendes, hoffnungsloses Gefühl der Gegensätze, und was sie einander antun. Plötzlich dreht er sich um und schießt, halb kniend, ein Bild von dem gesplitterten Balkenwerk und dem auf die Bretter genagelten Blech, das die Wand eines schäbigen Hauses in der Nähe bildet.

Truman und Lynne: Sie hatten sich ein Motorrad geborgt. Und rasten an dämmerigen Abenden über die Landstraßen, staubgepudert und feucht im Gesicht. Sie trug einen Helm, ihr langes Haar hinten hochgesteckt, und Strähnen flatterten um ihre Augen, legten sich über ihren Mund. Sie hielt ihn um die Taille gefaßt und spürte seine Rippen, die sich gegen den Wind spannten. Durch die bauschige Jacke fühlte sein Körper sich dick und mager zugleich an. Das Motorradfahren war gefährlich, wegen ihrem weißen Gesicht, aber in der Dämmerung huschten sie wie ein nebelhafter Schatten vorbei. Nachts waren sie deutlicher sichtbar.

Für Lynne waren die Schwarzen des Südens Kunst. Sie bat um Verzeihung dafür und versuchte es zu verheimlichen, aber zwecklos. Für ihre Augen, an die Vorstädte des Nordens gewöhnt, wo jedes Haus steril und identisch aussah, noch bevor es fertig gebaut war, sogar die Blumen einheitlich waren und ihre volkstümlichen Namen in den Lexika standen, wo die Sträucher starker Düfte oder überraschender Formen nicht mehr fähig und die Menschen meist vom Stempel ihres Berufs geprägt waren, für sie, in einen Sessel aus weißen Eichenspanten gekauert und in eine Decke – genannt Turkey Walk – aus Attapulsa, Georgia, gehüllt, in einer kleinen hölzernen Landarbeiterhütte in Mississippi, die noch nie mit Tünche Bekanntschaft gemacht hatte, war der Süden – und die Schwarzen, die in ihm lebten – Kunst. Die Songs, die Tänze, das Essen, die Sprache. Oh! Sie war ja so romantisch, so verliebt in die Luft, die sie atmete, in die Heckenkirsche, die gleich vor der Tür wuchs.

»Ich werde dafür bezahlen müssen«, ermahnte sie sich oft selbst. »Wahrscheinlich ist es eine Sünde, Menschen als Kunst zu sehen.« Und doch blieb sie reglos stehen, und der Anblick einer vor sich hinsingenden fetten Schwarzen, die Stimme voll Klang und Sehnsucht, war immer – Gott möge ihr verzeihen, die Schwarzen mögen ihr verzeihen – jenes rührende Wunder, das Kunst stets für sie gewesen war.

Truman hatte genug vom Movement und dem Süden. Lynne aber nicht. Mississippi – nach dem Verschwinden der drei Civil Rights Workers im Jahre 1964 – fing an, sie zu faszinieren. Zwei Jahre lang dachte sie an nichts anderes: Falls Mississippi der schlimmste Ort für die Schwarzen in Amerika war, dann stand zu vermuten, so dachte sie, daß die Kunst, die ihr Leben war, dort am besten blühen würde. Truman, der seinen früheren Ehrgeiz, für immer in Frankreich zu leben, inzwischen aufgegeben hatte, erwog Mississippi schweren Herzens als leidliche Alternative. Etwas über zwei Jahre, nachdem die Leichen von Cheney, Goodman und Schwerner – bis zur Unkenntlichkeit zerschlagen, abgesehen von der Hautfarbe: zwei Weiße, ein Schwarzer – im Ufergehölz eines Staudamms in Neshoba County, Mississippi, aufgefunden wurden, trafen Lynne und Truman ein.

Von Hurenweibern und Ehefrauen

Seine Gefühle für Lynne hatten in letzter Zeit eine schleichende Wandlung durchgemacht. Und doch hatte er, bis Tommy Odds in Mississippi angeschossen wurde, nichts von dieser Wandlung gemerkt. Die Schüsse auf Tommy Odds fielen eines Abends, kurz nachdem er, Truman, zusammen mit Tommy Odds und Trilling (einem Worker aus Oklahoma, seither flüchtig und nie wieder gesehen) aus dem Portal der Liberal Trinity Baptist Church getreten war. Dort hatte das übliche Meeting mit Liedern, Gebeten und Strategiedebatte für die am nächsten Tag geplante Bestreikung der City-Kaufhäuser stattgefunden. Sie hatten überdies angenommen, daß Wachposten aufgestellt worden wären; daß sie sich nicht überzeugten, war ihr Fehler. Als sie aus der Kirche kamen, ins Licht einer vom Portiko herabhängenden Lampe, knatterten Maschinengewehrgarben aus dem Gebüsch jenseits der Straße. Er und Trilling hechteten seitwärts von der Treppe. Tommy Odds, in der Mitte, wurde am Ellbogen getroffen.

Wie er Tommy Odds im Krankenhaus besuchen ging, dachte er, während der Aufzug ihn zum vierten Stock hinaufbrachte, wie lustig es sein würde, wenn die beiden über den irren Satz quatschten, mit dem er und Trilling sich gerettet hatten. »Weißt du was«, wollte er lachend zu Tommy Odds sagen, »du bist einfach ein lahmer Nigger.« Dann würden sie sich vor Lachen die Tränen aus den Augen wischen und die Flasche

Ripple aufmachen, die er mitgebracht hatte. Aber es war ganz anders gekommen. Vor allem lag Tommy Odds nicht mit einer Fleischwunde zu Bett, wie frühere Berichte gesagt hatten: er hatte den Unterarm verloren. Er lag starr auf dem Bett, und eine klare Flüssigkeit tropfte aus einer Flasche in seinen anderen Arm. Doch seine schrecklich graue Hautfarbe, seine blutleeren, aufgesprungenen Lippen, sein glasiger Blick waren nichts, verglichen mit dem totalen Mangel an Humor, den sein Gesicht verriet. Unmöglich, zu scherzen, zu lachen, ohne sein Herz in Stücke zu reißen.

Und doch hatte Truman es versucht. »He, Mann!« sagte er und schritt mit der Flasche Ripple unterm Arm durch das Zimmer. »Sieh' her, was ich dir mitgebracht habe.« Aber weder Tommys Kopf noch seine Augen folgten ihm auf seinem Gang durchs Krankenzimmer. Er lag da und starrte auf einen Punkt über dem Fernseher, der hoch in einer Ecke angebracht war.

»Lynne sagt, du sollst dich beeilen und deinen Arsch von hier wegbringen«, fuhr er fort, »wenn du erst draußen bist, feiern wir vier Tage lang 'ne Party.«

»Red' mir nicht von diesem Hurenweib, Mann«, hatte Tommy Odds gesagt.

»Was sagst du da?«

»Ich hab gesagt« – Tommy Odds wandte den Kopf und sah ihn an und bewegte deutlich sichtbar die Lippen, damit kein Irrtum möglich wäre – »rede mir nicht von diesem Hurenweib. Rede nicht von diesem weißen Hurenweib.«

»He, warte mal, Mann«, stotterte Truman überrascht. »Lynne hat nichts damit zu tun.« Aber noch während er es aussprach, wurde seine Zunge gelähmt durch Gedanken, die sich wie Schlangen durch sein Gehirn wanden. Wie konnte er sagen, daß Lynne nichts mit den Schüssen auf Tommy Odds zu tun hätte? Wo man ihr doch in so vieler Hinsicht Schuld geben konnte?

»Alle Weißen sind *motherfuckers*«, sagte Tommy Odds genauso teilnahmslos, aber deutlich wie zuvor. »Ich will erleben, wie sie vernichtet werden. Ich könnte zuschauen, wie ihren

Kindern die Glieder ausgerissen werden, und ich würde keinen Finger rühren. Die Bibel sagt, du sollst den Kindern deiner Feinde das Hirn an den Felsen zerschellen. Jetzt verstehe ich diesen Scheiß.«

Ist Lynne – dachte Truman und ließ sich neben seinem Freund auf einen Stuhl fallen – in dieser Hinsicht schuldig? Daß sie weiß ist, das stimmt. Daß sie deshalb eine Mörderin, schlecht, eine *motherfucker* sei – stimmt das? Nein, das kann nicht stimmen! Und doch –

»Mann, ich frage mich dauernd, was haben diese Crackers hier mit meinem Scheiß-Arm bloß gemacht?« sagte Tommy Odds.

»Ich könnte es 'rausfinden. Soll ich?«

»Nein, lieber nicht.«

Da Lynne weiß war, war sie ihrer weißen Haut schuldig. In dieser Richtung konnte er die Logik nicht weitertreiben. Denn die Frage war: Ist es möglich, einer Hautfarbe schuldig zu sein? Ganz klar, die Schwarzen waren jahrelang »schuldig« gewesen, weil sie schwarz waren. Die Sklaverei war die Strafe für ihr »Verbrechen«. Aber wenn er diese Suche nach Lynnes Schuld aufgab, weil sie logischerweise in Rassismus mündete, mußte er doch in anderer Hinsicht weitersuchen. Ob es ihm gefiel oder nicht, und unabhängig davon, was es über ihn selbst als Mensch aussagte, konnte er – nach den Worten seines Freundes – nicht umhin, zu glauben, daß Lynne tatsächlich schuldig sei. Es kam nur noch darauf an, herauszufinden wie.

»Tut mir leid, Mann«, sagte Tommy Odds. »Ich hätte mich nicht so über deine old Lady auslassen sollen.«

»Is' ja okay, Mann, keine Aufregung«, murmelte Truman, während seine Gedanken heiß und verzweifelt weiter kreisten. Es war, als hätte Tommy Odds Wörter ausgesprochen, die zu den Gedanken paßten, die zu denken er zu feige gewesen war. In welch anderer Hinsicht konnte Lynne, seine Frau, schuldig sein?

»Es ist nur, weißt du, die Weißen sind Hurenpack. Wenn ich sie nicht schon vorher gehaßt hätte, aus Prinzip, weißt du, so hasse ich sie jetzt aus persönlichen und konkreten Gründen.

Ich liege hier und denke und denke. Und was ich denke, ist dies: Soll nur ja niemand kommen und mir Demonstrieren und Predigen als Ersatz dafür anbieten, diesen Pfeifen an die *Eier* zu gehen.«

War es dies, daß Lynne, weil sie eine weiße Frau war, schuldig war? O ja. Das war es. Natürlich. Und Truman erinnerte sich an einen Abend, als er und Tommy Odds, Trilling und Lynne auf ein Sandwich ins Moonflower-Café gegangen waren. Sie hätten es natürlich nicht tun sollen. Sie waren gewarnt worden. Sie wußten es besser. Aber es gibt Zeiten im Leben eines jeden, wo es die einzige Bejahung des Lebens ist, alles zu riskieren. Jener Abend war eine solche Zeit. Was hatten sie damals gefeiert? O ja. Tommy Odds' *niggers-on-the-corner:*

Vier Monate lang hatte Tommy Odds jeden Samstagabend im Billardsalon an der Carver Street rumgehangen und gequatscht und Pool geschossen. Fast einen Monat lang hatte er mit den *niggers-on-the-corner* gespielt, bevor er zum erstenmal ein Wort über den emanzipierenden Effekt des Wahlrechts fallen ließ. Am Anfang hatten sie ihn niedergebrüllt mit Rufen wie: »Mann, ich will nichts hören von so'm Scheiß«, und »Mann, laß uns ein sauberes Spiel machen hier!« Aber das Gute an Tommy Odds war seine Geduld. Zuerst hielt er einfach den Mund und arbeitete mit seinem Queue. Nach ein paar Tagen brachte er die Sache wieder zur Sprache. Und nach Ablauf des ersten Monats konnten seine *niggers-on-the-corner* ihn zu gut leiden, um ihn nicht anzuhören. Nach Ablauf von drei Monaten hatten sie eine Brigade gebildet, »The-Niggers-on-the-Corner-Voter-Machine« genannt – ja, die Wählerstimmentrommelnden-Nigger-an-der-Straßenecke, so nannten sie sich! Ihnen war es zu verdanken, daß all die Gestrandeten von der Straße, die alten Grandmas und Grandpas, die harten Jungen und Puscher und Luden, die Prostituierten und sogar der versoffene alte Bock, dem der Billardsalon gehörte, sich für die nächste Wahl registrieren ließen. Und gerade an diesem Samstagabend beschlossen sie, die Sache im Moonflower zu feiern, einem schmierigen Loch, wo noch immer das Schild »Zutritt nur für Weiße« an der Tür klebte.

Das Essen war so schlecht, daß sie es nicht hinunterwürgen konnten. In bester Laune waren sie aufgebrochen, Lynne kichernd über die Frisur der Kellnerin, die wie ein Helm aus blondem Blattgold ausgesehen hatte. Aber als sie die Straße hinuntergingen, war ihnen langsam ein Wagen gefolgt, bis sie in die Carver Street einbogen, wo sie ein paar von Tommy Odds NOTC trafen, die sie bis in den Schutz des Billardsalons begleiteten. Nach diesem Abend hatten er und Lynne aufgepaßt, sich nicht mehr zusammen zu zeigen. Doch nachdem Lynne die einzige weiße Frau in der Stadt war, die regelmäßig nur in Begleitung von Schwarzen gesehen wurde, war sie leicht zu identifizieren. Er hatte nicht gedacht, daß sie es auch wären.

Für diesen einen Abend also war Lynne vielleicht schuldig. Aber warum war sie mit ihnen zusammen gewesen? Hatte sie sich vielleicht selbst eingeladen? Nein. Tommy Odds hatte sie zu seiner kleinen Party eingeladen. Trotzdem war Lynnes Anwesenheit die Ursache dafür gewesen, daß der Wagen ihnen folgte. Also *war* sie schuldig. Schuldig ihrer weißen Haut, wie auch der Dummheit, mitgegangen zu sein.

Ja, aber Lynne liebte Tommy Odds, sie bewunderte seine NOTC. Lynne war es, die diese albernen Abzeichen entworfen und zusammengenäht hatte, die sie alle trugen und auf die sie so stolz waren.

»Was bedeutet NOTC?« fragten die alten Grandmamas, die wie Königinnen durch die Straße zum Rathaus eskortiert wurden.

»Ach, es bedeutet ›Nicht Ohne Treue und Cultur‹«, erwiderten die Drogenpuscher höflich. Oder: »Nur Ordnung und Tapferkeit hat eine Chance«, sagten die Prostituierten zu den Grandpapas und ließen die alten Männer an ihren Ausschnitten fummeln. Oder: »Negroes für Offenbarung, Testament und Christus«, sagten die Billard-Haie zu den religiösen Fanatikern, die sonst für die Billard-Haie nur Geringschätzung kannten.

Also war Lynne zumindest in zwei Punkten schuldig: mit ihnen zusammen zu sein – und zu sein. So jedenfalls sah Tommy Odds die Sache. Und wer war er, Truman, ihm zu widersprechen? Da er doch schuldig war, ein weißes Hurenweib zu lieben, die die Ursache dafür war, daß sein Freund den Arm verloren hatte?

Bei diesem Gedanken sprang er von seinem Stuhl neben dem Bett hoch, als hätte er einen elektrischen Schlag bekommen. Die Ripple-Flasche glitt ihm aus den Fingern und zerschellte am Boden.

»Sag nur nicht, Mann, daß du den Wein verschüttet hast«, stöhnte Tommy Odds. »Gerade jetzt, wo ich mich langsam auf einen Schluck geschärft habe.«

»Ich hol' dir eine neue Flasche«, sagte Truman, der Handtücher aus dem Bad herbeischleppte, um die Pfütze aufzuwischen. Er schnitt sich mit einer Scherbe in den Finger und merkte, wie er zitterte. Als er den Abfalleimer vor die Tür stellte, wo ihn der Pförtner holen mochte, sah er sich um nach Tommy Odds. Der Mann auf dem Bett hatte kaum noch Ähnlichkeit mit seinem Freund. Und er spürte schon die Distanz, die sie voneinander trennte. Wenn er durch diese Tür ging, würden sie geschiedene Leute sein. Er konnte die Message lesen, die Tommy Odds als ehemaliger Freund nicht in Worte fassen würde: »Werd' dein Hurenweib los, Mann.« Das war alles.

Ein Hurenweib loszuwerden ist einfach. Hurenweiber sind entbehrlich. Aber eine Ehefrau loswerden?

Gerade am Tag zuvor hatte er gelesen, daß Lamumba Katurim die seine losgeworden war. Sie war seine Frau, gewiß, aber auch in dieser Maske galt sie als böse, als Ausgestoßene. Und man bewunderte Lamumba für seinen Scharfsinn. Das bewies seine Liebe zu seinem Volk, dachte man. Er aber war sich nicht so sicher. Vielleicht bewies es nur, daß Lamumba ein wankelmütiger Kerl war. Daß er sein Hurenweib überhaupt nur aus oberflächlichen Gründen geheiratet hatte. Wenn er beabsichtigte, eine schwarze Frau zu heiraten (wie der Artikel sagte), geschah es vielleicht aus ebenso oberflächlichen Gründen. Denn wie konnte er so überzeugt antworten, er werde demnächst eine schwarze Frau heiraten, wenn er gar keine *bestimmte* schwarze Frau im Sinn hatte?

Falls seine Schwester ihm erzählt hätte, sie wolle Lamumba heiraten, würde er vor der Hochzeit ein paar Antworten verlangt haben. Zum Beispiel, wie oft Lamumba von ihr erwarte, mit ihm im Fernsehen aufzutreten, oder wie oft er beabsichtige, mit ihr vor seinen Freunden zu paradieren – als Beweis seiner Schwarzheit.

Er dachte an Randolph Kay, den Filmstar, der ebenfalls seinem weißen Ehe-Hurenweib den Laufpaß gegeben hatte – unter dem Beifall der Schwarzen Community. Jetzt aber waren Randolph Kay *und* seine funkelnagelneue schwarze Ehefrau gänzlich in die Welt der Weißen eingetaucht, in dem Maß sogar, daß sie amerikanische Bomben auf zivile Ziele in Vietnam billigten. Randolph Kay sang neuerdings sogar Love-Songs vor dem Präsidenten! Aber vielleicht war es verkehrt von ihm, so mißtrauisch zu sein. Immerhin, vielleicht wollte er nur verbergen, daß er selbst unfähig war, ebenso entschlossen und auf Befehl der Öffentlichkeit zu handeln, wie diese Männer es getan hatten. Zweifellos *waren* sie große Männer, die – was er nicht konnte – verstanden, daß es ein Fehler ist, den falschen Menschen zu lieben. Hätte er es nur für *möglich* gehalten, den falschen Menschen zu lieben, dann wäre er wieder frei gewesen. So aber – wie schwierig würde es sein, seine Frau zu hassen. Er wollte es nicht mal versuchen.

Aber natürlich hatte er es versucht.

Es gab einen Mann, den er verachtete, und der hieß Tom Johnson. Tom hatte jahrelang mit einer weißen Frau zusammengelebt, nur daß die meisten davon nichts wußten. Er schleppte sie immer hin und her, zwischen seinem Haus und dem Haus eines Freundes ein paar Blöcke weiter. Immer wenn wichtiger Besuch kam, war Margaret nirgends zu sehen. Sie wartete im Haus des Freundes. Sie war eine saftige Blondine mit großen Titten und einer herzhaften Lache. Einmal fragte er Tom – der mit dem Gedanken spielte, für ein politisches Amt zu kandidieren – warum er sie nicht heirate. Tom lachte und sagte: »Junge, du hast noch immer nichts kapiert. Margaret ist ein liebes gutes Ding. Wir leben seit fünf Jahren in Harmonie zusammen. Aber sie ist weiß. Oder hast du es noch nicht bemerkt?« Tom hatte seine molligen Hände ausgestreckt, um Trumans Kopf näher heranzuziehen, und seine Äuglein tanzten. »Ist nur ein Fickverhältnis. Mehr nicht. Eine Frage meines *persönlichen* Geschmacks, was das Ficken betrifft.« Und dann hatte er Trumans Kopf noch näher zu sich herangezogen und mit verschwörerischem Frohsinn gefragt: »Ist guter Stoff. Willste mal probieren?«

»Ich hatte gedacht, daß –« fing Truman an, aber Tom fiel ihm ins Wort. »Es ist Krieg, Mann. *Krieg!* Und alles, was die *motherfuckers* kaputt macht, ist gerechtfertigt!«

Dann hatte er sie öfter zusammen gesehen. Nicht in der Öffentlichkeit, sondern in kleinen Gruppen von Männern, in Hinterzimmern von Bars. Margaret konnte pokern, und er schaute gern zu, wenn sie gewann. Sie sprang auf, quietschend mit ihrer Kleinmädchen-Stimme, und ihre großen Titten sprangen aus ihrer tief ausgeschnittenen Bluse und alle die Männer glotzten sie gleichmütig an, belustigt, denn ihre Neugier auf ihren wuchtigen Körper war bereits befriedigt. Nach allem, was Tom ihm erzählt hatte, überraschte es ihn nicht: die Zurschaustellung ihrer Lust am Gewinnen, die amüsierte Solidarität der Männer, ihre Bereitschaft, sich in solcher Heimlichkeit den Genuß der Frau zu teilen. Und Margaret? Diese frohlockenden Quiekser – was empfand sie dabei? Oder war es jetzt schon unmännlich, un-schwarz, auch nur menschliches Interesse aufzubringen, zu fragen?

Als das Community Center gebaut wurde, fing er ein großes Wandgemälde an, das den Befreiungskampf versinnbildlichte. Die jungen Männer, die in dem Center tanzen und Ping-Pong spielen und Karten klopfen wollten, bastelten Tische und Stühle. Sie waren eine liebe schüchterne Bande, Country-Boys und so naiv, und fürchteten sich buchstäblich vor weißen Frauen. Ihre erste Begegnung mit Lynne war komisch. Niemand wollte sich allein im Gespräch mit ihr sehen lassen, und sogar als Gruppe sprachen sie mit ihr nur auf einige Distanz. Sie brauchte sie nur anzusprechen und dabei näherzukommen, und die Jungen wichen zwanzig Yards zurück. Das beschämte ihn jetzt, wo er an Tommy Odds dachte.

Warum sollten die Jungen sie fürchten? Sie war doch nur eine Frau. Aber, die Jungen sahen sie nicht so. Für sie war sie ein Weg in den Tod. Schlicht und einfach. Sie spürten ihre Macht über sie in den Knochen; ihre Mütter hatten sie schon gefürchtet, bevor sie selbst geboren waren. Als er die Furcht der Jungen vor ihr beobachtete, sah er jedoch etwas Seltsames. Sie schienen sie nicht als Mensch zu sehen, sondern als eine große, geheimnisvolle Puppe. Ein Ding aus Film und Fernsehen, von Plakatwänden und Auto- und Seifenreklame. Ihr Haar gefiel ihnen, nicht weil es besonders hübsch gewesen wäre, sondern weil es lang war. Für sie bedeutete *Länge* Schönheit. Sie liebten sogar die Schweife der Pferde.

Gegen diese Furcht setzte Lynne ihren beträchtlichen Charme ein. Sie buk Plätzchen für sie, gab ihnen in ihrem Haus Wein zu trinken und spielte im Center mit ihnen Basketball. Sie hüpfte in ihren Bermudas herum, schüttelte ihr langes Haar, lachte und schwitzte und schrie und fluchte. Sie zwang sie, sie gernzuhaben.

Doch während dieses Gebäude aus Vertrauen und gegenseitiger Sympathie errichtet wurde, veränderte sich das Movement selbst. Lynne war bei den Meetings nicht mehr willkommen. Sie wurde von den Freedom-Märschen ausgeschlossen. Sie durfte keine Artikel mehr für die Infos schreiben. Sie verbrachte die meiste Zeit im Center oder zu Hause. Die Jungen, unsicher jetzt was ihre Position als schwarze junge Männer von ihnen forderte, blieben unerklärlicherweise loyal. Sie kamen sie besuchen, brachten Nachrichten mit, die sie sonst nicht erfahren hätte. Denn Truman stand zu sehr unter dem ächtenden Druck der Gruppe, und obwohl er an allen Diskussionen des Movement teilnahm, galt es als ausgemacht, daß er seine Frau nicht informierte.

Die New York Times

Er war zu Meridian gekommen, drei Jahre nachdem er Lynne geheiratet hatte, war quer durch Mississippi gefahren, in eine Kleinstadt in Alabama, wo Meridian lebte. Sie besaß damals noch ein paar Habseligkeiten und lehrte an einer Freedom-School und bewahrte ihre Gedichte auf, statt sie zu verbrennen. Er hatte sie gebeten, oder versucht sie zu bitten (denn sie schien nicht zu begreifen, was bitten bedeutete), ihm noch eine Chance zu geben. Sie liebte ihn, so nahm er unbesonnen an, weil sie ihn anlächelte, und er sah nicht ein, wieso sie sich verweigern sollte.

»Schon wegen Lynne könnte ich es nicht tun«, hatte sie tonlos gesagt, sich langsam in ihrem gelben Schaukelstuhl wiegend. »Was hat sie denn jetzt noch, außer dir?«

»Alles«, sagte er sarkastisch. »Sie ist immer noch eine weiße Amerikanerin.«

»Ist das so leicht?« fragte Meridian und hörte auf zu schaukeln und wandte sich von ihm ab, zum Fenster. Das Licht offenbarte kleine, blütenblattförmige Flecken im Schwarz ihrer braunen Augen. »Das war sie, als sie sich für dich entschied, statt für alles andere. Nicht wahr? Oder etwa nicht?«

»Wie kannst du ihre Partei ergreifen?«

»Ihre Partei? Sie hat Partei ergriffen, da bin ich mir sicher. Ich versuche nur, meine Partei bei alledem herauszufinden. Was ist meine Partei?« Sie war nicht befangen. Zitterte nicht.

Sie dachte nach. Schaukelte. »Meinst du nicht, daß du Camara etwas schuldig bist?« Sie schaute ihm direkt in die Augen.

»Mehr bin ich all den schwarzen kleinen Kindern schuldig, die durch den weißen Rassismus zerstört werden.«

»Zu denen natürlich deine Tochter gehört, wie?« Sie hielt den Schaukelstuhl an, lauschte.

»Außerdem«, fuhr er fort, »liebe ich Lynne nicht so wie dich. Du siehst, ich lüge nicht und sage nicht, ich würde sie *überhaupt* nicht lieben. Sie hat mir sehr viel bedeutet. Aber du bist anders. Dich zu *lieben* ist anders –«

»Weil ich schwarz bin?«

»Bei dir fühle ich mich gesund, entschlossen –«

»Weil ich schwarz bin?«

»Weil du *du* bist, verdammt! Die Frau, die ich hätte heiraten sollen, und es nicht getan habe!«

»Hättest *lieben* sollen, und es nicht getan hast«, murmelte sie.

Und Truman sank zurück und starrte vor sich hin – wie ein Ertrinkender nach einem in der Ferne verschwindenden Rettungsboot.

Truman hatte sich eingeschränkt und unterdrückt gefühlt durch Lynnes Intelligenz. Durch ihre Unfähigkeit, sich zu beherrschen, ihre Fantasie, ihre Wünsche und Träume. Dies war ihr eigen, dieser Mangel an Zurückhaltung, den er anfangs so bewundert und so erfrischend gefunden hatte, weil ihr niemals verwehrt worden war, sich auszuleben. Sie nahm an, daß nichts, was sie entdeckte, sie zu zerstören vermochte. Er war bezaubert von ihrer Vermessenheit; und doch war er nicht bereit, sie für eine längere Zeit zu lieben, sondern nur für eine kurze.

Wie herrlich war es am Anfang gewesen, festzustellen, daß sie alles gelesen hatte. Daß sie nachdachte, tief. Daß sie sich danach sehnte, ihren Körper für *seine* Freiheit in die Bresche zu schlagen. Wie hatte ihn ihr Idealismus begeistert, ihm seinen Platz in der Welt gezeigt, ihm den Wunsch eingeflößt, sie unter seine Fittiche zu nehmen, sich vor sie zu stellen, sie vor ihren eigenen Illusionen zu beschützen. Ihre Sensibilität für das Unrecht, ihre politische Auflehnung gegen alles, was ihn leiden machte, war eindeutig Bestandteil ihres Charmes, und doch sah er lieber darin einen Teil von ihr, den er kaum jemals wahrnahm und *en passant* darüber sprach, wie man etwa eine Bemerkung darüber machen könnte, daß Lenin einen Bart trug. Und als sie ihn mit ihren unabweisbaren Fragen belästigte, die immer wieder in ihr Leben einbrachen und aufsprudelten wie Quellwasser, das neben einem Damm hervorbricht und die Betonmauer untergräbt, da hatte er an Meridian gedacht, die er sich ruhiger und berechenbarer vorstellte. Ihre schüchterne, magere Anmut, ihre relative Sprachlosigkeit (Lynne dagegen konnte nie aufhören zu reden, und ihr Akzent war unangenehm), ihre braune Stärke, die – wie er sich vorstellte – auch für den anderen eine Quelle der Kraft sein wollte... In Meridian sah er all das, was er bei Lynne vermißte. Sie war eine Frau, bei der man ausruhen konnte, wie ein Schiff, das einen Hafen braucht. Wie eine Lokomotive, die einen Schuppen braucht.

Betäubt nahm er zur Kenntnis, daß sie schon lange auf ihn verzichtet hatte. Ja, als er ihr in die Augen sah, wußte er, daß er sich an eine andere erinnerte, die er erfunden hatte. Ach, er hatte diese Frau überhaupt nicht gekannt! Zum erstenmal entdeckte er an Meridian eine Eigenschaft, von der Lynne – die sie nur kurz gekannt hatte – behauptete, jeder könne sie sehen. Meridian schien, was immer sie zu einem sagte, was immer man zu ihr sagte, an etwas anderes zu denken, an ein anderes Gespräch vielleicht, ein früheres, das auf einer Parallelspur fortgesetzt wurde. Oder an ein zukünftiges, das in gleicher Richtung verlaufen mochte. Dies traf jedenfalls zu.

Und da war auch etwas Dunkles, fand Truman, ein Schatten, der wie das Pendel einer Uhr – oder wie eine Schwertklinge – hinter ihren offenen, freimütigen Augen hin und her zu schwingen schien und das einem das Gefühl gab, verurteilt zu sein. Das einen an die Guillotine denken ließ. Das einen argwöhnen ließ, sie sei aus dem Gleichgewicht. Als er es bemerkte, fühlte er seine Eier schrumpfen, in den Leib zurücktreten:

Er begehrte sie immer noch, aber er hätte nicht mit ihr schlafen wollen (oder können).

Und vor diese Rastlosigkeit hinter ihren Augen, vor diese offenkundige geistige Regsamkeit schob sie eine täuschende äußere Ruhe. Er wußte, für diese Frau, die nie in Eile zu sein schien und der zu folgen ihm bestimmt war, mochte die Zukunft kurz sein, aber die Erinnerung war sehr lang.

Er stöhnte. Tief und lange.

»O nein«, sagte Meridian belustigt. »Du wolltest eine Jungfrau. Erinnerst du dich nicht?« (Er konnte sich an nichts dergleichen erinnern.) »Du wolltest eine Frau, die nicht ›sexuell promiskuitiv‹ wäre.« (Wann hatte er gesagt, daß er so etwas wollte?) »Aber andererseits wolltest du eine Frau, die Erfahrung hätte ... um dir ebenbürtig zu sein. Tja, und nachdem ich bereits einen Sohn hatte, dessen Existenz ich aus Angst vor dir verleugnete, und nachdem du auch mit mir schlafen wolltest, und nachdem ich keinerlei nennenswerte Erfahrung hatte, kam eine Ehe zwischen uns niemals auch nur zur Sprache. In Lynne hattest du dein Ideal erobert: eine Jungfrau, die scharf auf Sex war und reich genug, um auch ›Erfahrung‹ zu haben.« Dies erklärte sie mit der Stimme der Lehrerin.

Was sie sagte, war völlig richtig. Obwohl er es genau gewußt hatte, hatte er ihr nie etwas von diesen Dingen gesagt. Er *hatte* eine Jungfrau haben wollen, war dazu erzogen, eine Jungfrau zu erwarten und zu *verlangen;* und nie hatte er dies in Frage gestellt. Er war auf Eroberung ausgegangen wie die anderen jungen Männer, mit denen er zusammen war, genau wie sie scharf darauf, zu verführen und zu deflorieren. Woher, meinte er, sollte seine Jungfrau kommen? Vom Himmel fallen? Als er mit Meridian schlief, war es beinah unmöglich gewesen, in sie einzudringen; es war, als sei ihre Vagina durch einen verkrampften Muskel verschlossen, der ihn abwehrte. Hinterher war kein Blut dagewesen, und obwohl sie nichts dergleichen gesagt hatte, hatte er angenommen, daß sie Jungfrau sei. Später verstand er allmählich, warum ihre Vagina so fest vor ihm verschlossen gewesen war. Sie hatte Krämpfe gehabt vor Angst. Angst, weil Sex immer für sie mit häßlichen Konsequenzen belastet gewesen war. Und Angst, weil sie, wenn sie nicht mit ihm schlief, ihn verlieren konnte, und weil er, falls sie mit ihm schlief, das Interesse verlieren konnte. Wie er es auch getan hatte, so mußte es ihr scheinen.

Aber die Wahrheit sah anders aus. Nachdem sie miteinander geschlafen hatten, erfuhr er, daß sie verheiratet gewesen war und ein Kind hatte. Wie konnte er eine Frau heiraten, die bereits ein Kind hatte? Und – daß sie das Kind weggegeben hatte. Welch eine Abneigung gegen sie stieg da in ihm auf. Gegen ihre Augen, die, wie er fand, unnatürlich brennend leuchteten. Gegen ihren mageren Körper, an dem die Brüste (die er so bewunderte) viel zu schwer hingen: Wenn er an das Kind dachte, stellte er sie sich als benützte Tassen vor. Sie hatten einem anderen Mann gehört.

Er hatte sich eine Frau gewünscht, vollkommen vor den Augen der Welt, keine Wilde, die ihre Jungen gebar und versteckte. Und doch, wäre sie ihm, ihr Kind an der Hand zerrend, auf der Straße begegnet, er hätte sie keines Blickes gewürdigt. Für ihn hätte sie nicht existiert als Frau, die er lieben könnte.
Ironischerweise war es gerade diese – Jahr für Jahr schärfer werdende – Erkenntnis seiner eigenen Beschränktheit, die Meridian als ständigen Vorwurf in seinen Gedanken lebendig hielt. Wo immer er war, dachte er an ihr Gesicht, ihren Körper, an die Art, wie ihre Hände über seinen Rücken geflattert waren, wenn sie ihn küßte. Er dachte an Gelegenheiten, da sie seinetwegen verlegen geworden war und er nicht wußte, warum. Er dachte daran, wie oft er sich ihr überlegen gefühlt hatte. Besonders eine Erinnerung peinigte ihn: vor Jahren, als er sich mit den weißen Austausch-Studentinnen traf, hatte sie ihn gefragt – und die Worte sprudelten aus so tiefer Scham hervor, daß er wußte, sie hatte die Absicht, zu vergessen, daß sie je gefragt hatte: »Aber, was *siehst* du in ihnen?«

Und grausam, gedankenlos und auf eine Art dazu bestimmt, sie die Grenzen ihres eigenen provinziellen Denkens verachten zu lehren, hatte er erwidert:

»Sie lesen die *New York Times.*«

Truman hatte das Gefühl, daß auch dieses Gespräch irgendwo hinter Meridians Augen aufbewahrt war. Mit Freuden hätte er sie vergessen, wie er auch mit Freuden eingewilligt hätte, nie mehr sein früheres Selbst zu sein. Aber wegzulaufen von Lynne, bei jeder Gelegenheit, und ein paar Tage in Meridians Nähe zu leben, war das Beste, was er tun konnte.

Besuche

Im Sommer, bevor Meridian nach Chicokema kam, das nicht weit von der Küste Georgias liegt, kam Lynne sie besuchen. Seit dem Tode von Lynnes und Trumans Tochter Camara, vor einem Jahr, hatten sie sich nicht mehr gesehen. Meridian wohnte in einem einigermaßen möblierten Haus, das die Schwarze Community - nachdem man eine ihrer Aktionen und die darauf folgende Lähmung miterlebt hatte - ihr zur Verfügung stellte. Das Haus stand in einem entlegenen Farmerdorf an der Eisenbahnstrecke Georgia-Alabama, und wie Lynne sie dort aufgestöbert hatte, konnte Meridian sich anfangs nicht vorstellen. Die simple Antwort war, daß Truman, der damals ebenfalls zu Besuch war und dessen Besuche so alltäglich geworden waren, daß sie kaum noch davon Notiz nahm, offenbar mit Lynne telefoniert hatte.

Es gab Zeiten in Meridians Leben, wo man nichts von ihrer Krankheit merkte. Gewiß, sie hatte so viel von ihrem Haar verloren, daß sie schließlich ihren Kopf rasierte und sich angewöhnte, eine schwarz-weiß gestreifte Eisenbahnermütze zu tragen: der Kattunstoff war haltbar, und der Schirm schützte ihre Augen vor der Sonne. Gewiß, sie sah zerbrechlich und krank aus. Doch unter den armen, unterernährten schwarzen Dorfbewohnern - die im Winter von einer Diät aus Pökelfleisch und Kartoffeln, im Sommer aus frischem Gemüse, ohne Fleisch, zu gedeihen versuchten - fiel sie nicht auf. Ja, sie sah aus, als gehörte sie zu ihnen.

Wie ihnen gelang es ihr, immer die Kraft aufzubringen für eine Aufgabe, die getan werden mußte, und wie bei ihnen schien diese Fähigkeit etwas zu sein, das ihre Vorfahren aus der Sklaverei ihr vererbt hatten damals, als es so etwas wie kranke Sklaven nicht gab, sondern höchstens Simulanten. Wie die glücklosen Kleinpächter um sie herum, die »mit dem Wetter« ihre Felder bestellten – untätig wartend an Regentagen, emsig pflanzend oder hackend oder erntend, wenn die Sonne schien – lebte sie »mit ihrer Krankheit«. Wie ihnen, erschien es ihr sinnlos, sich zu beklagen.

Meridian wunderte sich, wer die stämmige weiße Frau sein mochte, die wie mit eiserner Faust an die Tür pochte. Dann sah sie, daß es Lynne war, die sich sehr verändert hatte.

»Ich mache uns Tee«, sagte sie und bat sie herein.

»Danke, Meridian«, sagte Lynne, die ihren Schultersack abstellte und sich schwer auf die Couch plumpsen ließ. »Ich bin erschöpft!«

Sie trug einen langen Rock aus Indianer-Tuch – gelb mit braunen und blauen Elefanten – und eine lockere schwarze Bluse, mit Blümchen und kleinen Spiegelchen um den Ausschnitt bestickt. An ihrem Hals baumelten fein gearbeitete Ohrringe. Ihr sonst olivefarbenes Gesicht, das sich nach einem Tag an der Sonne golden tönte, war jetzt kreidebleich, ihre Augen waren rot geädert und ihre Lider hingen schwer herab. Ihr Haar war verfilzt und stumpf.

»Scheiße, ich hab' seit *drei Tagen* nicht geschlafen«, sagte Lynne.

»Wärst du doch in eines dieser neuen Scottish Inns gegangen. Die sind billig.«

»Nicht, wenn du pleite bist«, sagte Lynne lakonisch und schaute sich im Zimmer um; ihre Augen blieben kurz an einem von Meridians Pamphletgedichten hängen, die sie an die Wand gepinnt hatte. Es waren die letzten persönlichen Werte, die sie besaß, und auch sie wollte sie zurücklassen, wenn sie das Haus aufgäbe.

»Truman ist hier, weißt du?« sagte Meridian, die den Tee

hereinbrachte. Sie stellte auch Bologneserwurst und Weißbrot auf den Tisch, die beiden Lebensmittel, die die Leute, wohin sie auch kam, zu ihrem Unterhalt beisteuerten. Lynne begann die Bologneser Wurst zu essen – ohne Brot, das weiß und schwammig war, gekrümmt wie Wienerwürstchen. Dann schleckte sie die Marmelade von der Erdnußbutter, mit zierlicher Zunge und ihr Ziel nie verfehlend, wie ein Kätzchen.

»Das dachte ich mir«, sagte sie und widmete ihre ganze Aufmerksamkeit dem Essen.

»Wirklich, Lynne, es gibt nicht das geringste zwischen uns. Wir sind unschuldig wie Bruder und Schwester.« Meridian hielt inne. Vielleicht war das gar nicht so unschuldig, wie es klang. »Es ist nichts zwischen uns.«

»Ich weiß, daß nichts zwischen euch ist.« Lynne lachte, ein kurzes bellendes Lachen, das in einem Hustenanfall endete. Ihre Stimme war heiser vom Rauchen, und ihre Oberlippe rollte sich auf eine Weise zurück, an die Meridian sich nicht erinnerte. »Das ist ja der Grund, warum er zu dir geflogen kommt wie eine Brieftaube. Scheiße. Nichts zwischen euch, bei meinem Arsch.« Beinah hätte sie gesagt: »als mein Arsch.«

»Lynne...«

»Es war immer etwas zwischen euch.« Wieder lachte Lynne, und zog eine Zigarette heraus. »Vielleicht weißt du nur nicht, was es ist«, sagte sie mit einiger Überraschung, aber mit noch mehr unmaskiertem Zynismus. »Was zwischen euch ist, ist all das, was geschehen hätte können und nicht geschehen ist, weil ihr beide eine Todesangst voreinander hattet. Schwarze Männer und schwarze Frauen *haben* eine Todesangst voreinander, weißt du. Natürlich nicht eure durchschnittlichen schwarzen Männer und Frauen, die einander ganz natürlich akzeptieren, sondern Leute, wie du und Truman, die dauernd ihre Probleme analysieren. Leute wie du und Truman sollten sich irgendwo in ein Zimmer einschließen, sich vollkiffen, bis sie blöd sind, sich in die schwarzen Arme fallen und sich das Hirn aus dem Kopf vögeln.« Sie verzog das Gesicht. »Aber ihr habt natürlich diese superlange Leitung des Scheiterns in euren persönlichen Beziehungen. Es muß schwer sein, dagegen anzukämpfen. Oder, vielleicht gibt's einfach zu viele blonde weiße Frauen, die Fußpuder und Noxzema-Rasierschaum verkaufen. Hast du gewußt, daß Truman 'ne Vorliebe für Blond hat? Ich dachte, er ...« Sie inhalierte tief und stieß langsam den Rauch aus.

»Es muß tief sitzen bei ihm«, sagte sie nach einer Weile. »Er hat mich geheiratet und vögelt noch immer wie ein Besessener durch die Gegend, und du – na, weiß der Teufel, was du dir antust ... Ich kann es dir aber nicht verdenken, daß du nicht geheiratet hast. Das war wirklich gescheit. *Wirklich* gescheit. Ich wollte, ich könnte mein Wort zurücknehmen. Es war sowieso 'ne beschissene Beziehung, nachdem wir das Kind hatten.« Sie hob ihre Teetasse und setzte sie ab, ohne zu trinken.

»Ich habe zugenommen, was?« fragte sie.

»Wir alle haben zugenommen«, sagte Meridian, »oder abgenommen.«

»Na, du hast gewiß nicht zugenommen«, sagte Lynne und sah sie scharf an. »Tatsächlich, du –«

»Du siehst es nur nicht«, sagte Meridian und schnitt ihr absichtlich das Wort ab. Sie wußte, wie sie aussah. Es war ihr egal; aber sie hatte keine Lust, sich Lynnes Meinung darüber anzuhören.

»Und mein Haar wird grau«, sagte Lynne. »Ich habe schon oben lauter graue Strähnen. Ich hatte mal angefangen, es zu färben. Weißt du, es ist schwer, sich selbst zu ertragen, wenn man so rasch altert.« Sie hob die Hand und strich sich über die beinah unsichtbaren grauen Strähnen an ihren Schläfen.

»Du hast es schwer im Leben«, sagte Meridian.

»Die einzigen, die mich jemals geliebt haben«, fuhr Lynne geistesabwesend fort, während sie nach einem Spiegel suchte, »waren die armen Leute drunten im Süden – im Wald, in den Sümpfen. Sie haben nie auf mich herabgeschaut. Mich nie verachtet. Als Camara geboren war, nahm ich sie einmal mit dorthin, und sie haben uns beide geliebt. Haben uns nicht verachtet. Haben uns nicht das Gefühl gegeben, als hätten wir einen von euren wenigen kostbaren Männern gestohlen. Gaben uns das Gefühl, eine Familie zu sein. Klar, das waren die

Schwarzen von der alten Sorte, wie diese religiöse alte Lady, die uns damals zu essen gab. Erinnerst du dich an sie? Ich hab' sie jetzt wieder besucht. Die kam einfach auf die Veranda und sagte: ›Kommt herein, ihr da. Hier, Mädchen, laß mal sehen, dein schönes dickes liebes Baby. Wie hast du sie getauft? *Camara.* Na, das ist wirklich hübsch. Gott, was hat sie Haare auf dem Kopf. Und seht euch mal die großen Augen an. Ganz braun. Nööööh, ich glaube, sie sind grün. Nääääh, ich glaube, sie *sind* braun. Ja, kommt nur herein zu uns, wo ihr hingehört. Kommt herein zu euren Leuten. So ist's gut.‹«

Lynne begann zu weinen. Tränen flossen ihr vom Kinn.

»Sieht mir eher aus wie in der Sonne gebleicht«, sagte Meridian.

»Nie gaben sie uns das Gefühl, als wäre auf der ganzen Welt kein Mensch armselig genug, sich mit uns abzugeben. Mit mir und meinem süßen braunen Baby. Das Haar?« sagte sie, in die Wirklichkeit zurückkehrend, »wie in der Sonne gebleicht? Leck mich am Arsch. Freundlich, höflich, ritterlich – das ist der Charme der Leute hier im Süden. Ach, was ein Scheiß.«

»Truman ist weggegangen. Mit der Kamera. Er müßte jeden Moment zurück sein.«

»Mit der Kamera! Macht wahrscheinlich Fotos von all den armen kleinen Mädchen, die er gerne ficken würde. Das ist das einzige, was ihn an den Armen interessiert. Gar nicht zu reden von den Schwarzen.« Sie wischte sich die Augen und hob prostend die Tasse.

»Ich habe den Zucker vergessen«, sagte Meridian, die aufstand und in die Küche lief.

»Zucker darfste nie vergessen«, sagte Lynne. »Ai, wai, du bist 'ne echte Betty Crooker-Schickse. Wie macht ihr das nur, frag' ich mich. Immer graziös und beherrscht. Perfekte kleine Ladys. Ganz egal, ob ihr als Big Missy in 'ner großen Villa wohnt, oder als Sklavin. Das muß vom Maisbrot kommen. Ihr habt alle Mehl im Maul.«

»Ich habe Truman nicht eingeladen«, sagte Meridian, »habe ich nie.«

»Ich will nichts wissen von Truman«, sagte Lynne. Sie zündete einen Joint an und nahm einen tiefen Zug. »Ich will nichts mehr wissen von diesem Hurensohn.«

Meridian beobachtete, wie die beiden sich im Hinterhof begegneten. Sie lächelten nicht und berührten sich nicht. Truman runzelte die Stirn, Lynnes Gesicht war verzerrt.

Meridian stand in der Mitte des Wohnzimmers und fing an, ihre Übungen zu machen. Anfangs wie ein langsames Seilhüpfen, stieß sie sich leicht vom Boden ab und sprang hoch. Dann berührte sie mit den Händen ihre Zehenspitzen. Dann legte sie sich auf den Boden und hob erst das eine Bein, dann das andere, hielt sie in der Schwebe und zählte bis zehn.

»Scheiße, was willst du damit sagen, Nigger?« schrillte Lynnes Stimme unbeherrscht aus dem Hinterhof. Wie ein Stein fiel sie in die Stille, die das Haus umgab.

»Halt' deine dreckige Fresse, du *Vieh.*«

»Nicht bevor du mir verrätst, wieso ich dich nirgends finden kann, außer hinter Meridians Haus.«

»Ich lebe nicht mit dir zusammen. Ich bin dir keine Rechenschaft schuldig. Nein, nicht mehr.«

»Schau' mich nur an«, sagte sie törichterweise, denn er *schaute* sie an. »Du meinst wohl, du kannst auf mir 'rumtrampeln und dauernd ... mein Leben zerstören.«

»Fang' nicht wieder mit deiner beschissenen Tanz-Karriere an«, knurrte er. »Wenn ihr tanzen könntet, ihr Weißen, brauchtet ihr nicht dauernd uns nachäffen.«

»Arschloch!« sagte sie. »Ausgerechnet du mußt reden. Du bist der einzige Nigger in der Freien Welt, der keine Spur tanzen kann. Wenn du loswackelst, um deinen Arsch zu schwingen, siehst du aus wie 'ne Schwuchtel mit Unterleibskrämpfen.«

Plötzlich klang seine Stimme gefährlich. »Den Nigger kannst du dir sparen.«

»Ich hätte es schaffen können«, sagte sie. »Wenigstens wäre ich gesund geblieben.«

»Was du brauchst, seit jeher, ist ein Psycho-Schlosser«, sagte er. »Es ist typisch für deine Rasse.«

Lynne hatte angefangen zu weinen, sie wischte sich mit dem Hemdzipfel die Nase. Truman musterte sie angewidert.

»Meine Rasse? Meine *Rasse?*« Lynne hob das Gesicht, wie um die Bäume anzuflehen. Unwillkürlich mußte sie lachen.

Nie hatte er Lynnes weiße Hautfarbe – ästhetisch – so verabscheut. Sie schockierte ihn. Ihre Nase war gerötet und schälte sich, ihr Haar war strähnig und – er überzeugte sich mit einem raschen Blick – da waren graue Strähnen! Und wie fett sie war. Fetter noch als das letztemal, als er sie gesehen hatte, nach Camaras Tod. Er konnte sich nicht helfen, er fand, sie hatte viel Ähnlichkeit mit einem Schwein. Ihre Augen kamen ihm winziger vor denn je, und ihre weißen Ohren brauchten nur noch ein bißchen zu wachsen und vornüberzuhängen.

Aber was war mit ihm passiert (passierte mit ihm), daß er solche Gedanken hatte? Hinter ihm stand ein hoher Pekanbaum. Er lehnte sich an den Stamm.

»Lynne«, sagte er schließlich, »warum fährst du nicht nach Hause? Es ist nichts zwischen mir und Meridian. Nicht so, wie du denkst. Sie versteht gar nicht, wieso ich von ihr nicht mehr will.«

»Scheißdreck.«

»Meridian ist meine Geschichte, ist meine *Schwester* ...« fing Truman von neuem an, aber Lynne fiel ihm ins Wort.

»Diesen ganzen Quatsch hab' ich schon einmal gehört«, sagte sie. »Aber das entschuldigt nicht, was du mir und Camara angetan hast. Wegzulaufen, kaum daß Black ... beautiful wurde.«

Jetzt war es an ihm, zu lachen. »Das *glaubst* du doch nicht?« fragte er.

»Da kannste dein lausiges Leben drauf wetten. Halt' mich doch nicht für blöde. Du hast mich nur geheiratet, weil du zu feige warst, eine Bombe nach den Crackers zu werfen, die dich krank gemacht haben. Du bist genau wie die anderen Nigger-Zombies. Kein Funken Leben in dir, solange es nicht gegen die Weißen geht. Du hast nicht mal Spaß an 'nem guten Fick, ohne zu hoffen, daß irgend 'n Cracker vor Wut mit'n Zähnen knirscht.«

»Ich habe dich geheiratet, weil ich dich liebte.«

»Yeah, und du brauchtest was *Besonderes* im Haus, um bei deinen Freunden anzugeben.«

»Halt' deinen Mund, Lynne«, sagte er, als er Meridian aus dem Haus kommen sah.

»Ich werde einen Spaziergang machen«, sagte Meridian zu Lynne. »Aber wenn du schlafen oder dich ausruhen willst, kannst du dich auf die Couch im Wohnzimmer legen. Ich laß die Tür offen.«

»Sieht Truman nicht gut aus?« fragte Lynne, während Meridian stehenblieb und die beiden ansah. Sie hatte ihre lauten Stimmen nicht überhören können, und sie war verärgert.

»Er sieht göttlich aus«, sagte sie.

»So *reif*«, sagte Lynne, »und doch so jung ... find'ste nich? Du bist jetzt vierunddreißig, nicht wahr, Darling?« fragte sie und drehte sich nach Truman um, der sie finster anstarrte. »Wer würde glauben, daß du in die mittleren Jahre kommst? Ich nicht. Das kommt vom flotten Leben, und natürlich ist er ein Vampir. Säuft das Blut von kleinen weißen Jungfrauen. Das hält ihn bei Kräften. Hast du das gewußt?« Sie zeigte Truman ein strahlendes, beherrschtes Gesicht. »Erzähl' es ihr doch, Darling, von deinem Faible (und da bist du gewiß nicht der einzige) für kleine weiße Jungfrauen. Und wage es nicht, zu lügen, ich sei keine gewesen.«

»Halt's Maul!«

»Ihr Girls aus dem Süden führt ja ein so behütetes Leben«, sagte Lynne, die den *belle accent* des Südens nachäffte und eine ungewaschene fettige Haarsträhne um ihren Finger wickelte, »ich schwööörs dir, ich wüüürd mich zu Tooode langweilen... Das ist der Grund, Baby, warum eure Männer in den Norden kommen, scharf auf dies junge weiße Fleisch, das ihnen beweist, daß sie arriviert sind. Hast du das gewußt? Sage mir, was ist das für ein Gefühl, eine totale *Niete* zu sein (sie unterstrich es mit einer Bette-Davis-Handbewegung), wenn's darum geht, eure Männer festzuhalten?

Weißt du, ich könnte – ja, mit meinem fetten Arsch! – durch

die Straßen hier laufen, und ich hätte – *hey, presto* – alle eure Männer auf den Fersen, mit ihren hechelnden schwarzen Zungen!«

Truman hatte das Gefühl, als sei seine Seele, die schon ein Leben lang in gefährdetem Gleichgewicht schwebte, aus einer Felswand abgestürzt.

»Man müßte schon krank im Kopf sein, um sich mit diesem rassistischen alten Trottel zu amüsieren, du blöde Stute.« Am liebsten hätte er die Macht gehabt, sie mit einem Blick buchstäblich zu verbrennen.

Lynne zog ihre Sonnenbrille hervor und setzte sie auf, lächelnd und kopfnickend, als hätte sie ein großes Publikum.

»Bravo!« sagte sie. »Unter dieser altmodischen, kultivierten Fassade schlägt das Herz eines Mörders. Ich hab's gewußt.«

»Entschuldigt, ihr beiden«, sagte Meridian, »aber ich werde das Haus abschließen.«

»Verschloss'nes Haus, verschloss'ne Möse«, sagte Lynne kichernd.

»Ich hatte es doch nicht so gemeint, Meridian«, sagte Lynne später und weinte in die Kissen auf dem Sofa. »Es ist nur, weil du einfach alles hast. Du bist so stark. Deine Leute lieben dich. Und du wirst mit dem Leben fertig. Ich habe nichts. Ich habe alles für Truman aufgegeben, und er scheißt einfach auf mich.«

Sie war auf dem Hof geblieben und hatte mit Truman gestritten, bis er wegging. Dann war sie durch ein offenes Fenster in Meridians Haus eingestiegen. Typisch für diese Country-Kürbisköppe, dachte sie, die Tür abzuschließen und das Fenster sperrangelweit offenzulassen.

Meridian war gelaufen, bis sie nicht mehr konnte, und dauernd war ihr ein Gedanke durch den Kopf gekreist: »Die einzig interessante Neuigkeit«, so sprach sie zu sich selbst, laut murmelnd, daß die Leute stehenblieben und ihr nachstarrten, »wäre, wenn Christus sich geweigert hätte, die Kreuzigung anzunehmen. Martin Luther King«, sagte sie, in einen matschigen Feldweg einbiegend, »hätte sich weigern sollen. Auch Malcolm X hätte sich weigern sollen. All die Figuren in diesen Romanen, die sterben müssen, damit das Buch einen Schluß findet, sollten sich weigern. Ihre eig'ne Sache machen, und dann einfach weggehen. Besuchen Sie Europa, sehen Sie Hawaii, treibt Ackerbau und Viehzucht oder züchtet Dalmatinerhunde.« Ihr war's egal, was sie machten, solange sie es nur machten.

Sie musterte Lynne, die bestimmt noch keine Heilige war. Sie wußte nicht, was Lynne machen sollte. Auch war sie im Augenblick zu erschöpft, um sich darüber Gedanken zu machen.

»Hör' zu«, sagte Lynne, »als ich mit Camara im East Village wohnte - ach, Scheiß, an der Lower East Side, 12th Street - da konnte ich nicht über die Straße gehen, um die Kleine zum Kindergarten zu bringen, ohne daß die Niggers sich auf mich stürzten. Was sollte ich machen? Ich bin eine Frau, nich' wahr? Sie ließen nicht locker, bis sie bei mir im Bett lagen. Und dann die Flennerei und die Bettelei, wenn ich mal keine Lust hatte, sie 'ranzulassen. Also, sagte ich mir meistens, scheiß drauf. Ich muß irgendwann Schlaf finden. Steig also rauf, Nigger. Nur, belaber mich nich die ganze Nacht. Manchmal schlief ich ein, während sie noch zu Gange waren.«

»Mußt du dauernd *Nigger* sagen?« fragte Meridian tonlos. Sie wußte, daß dieses Wort bei vielen Leuten, die sich für »hip« hielten, nicht abwertend gemeint war, sondern eine Mode. Daß sie es hassen würde, bis man ihr Erde aufs Gesicht schaufelte, darum kümmerten sich diese Leute nicht, wie sie wußte, die schließlich alles an sich rafften, worüber sie lachen, worüber sie quatschen oder was sie anziehen konnten. »Warum hast du die Männer 'reingelassen, wenn du nicht belästigt werden wolltest?«

»Ach, was weiß ich. Ich hatte es so satt. Betteln, wenn man die Leute betteln hört, das ist ermüdend. Außerdem hast du ja keine Ahnung, was in den Städten los ist. Da sind alle die weißen Mädchen, die so kaputt sind vor lauter Schuldgefühl, daß sie sich mit Freuden an einen schwarzen Macker ranschmeißen, auch wenn er ganz offensichtlich auf Drogen ist. Anders als ich. Ich halte mich wenigstens an die Klasse-Macker, die alten Dichter und Jazz-Stars von gestern. Wie –«

»Nenne mir keine Namen«, sagte Meridian. »Glaube mir, ich will es nicht wissen.«

»Ich mach mich nicht wahnsinnig und analysiere alles, was ich tu'. Überhaupt, was ist schon ein Fick zwischen Freunden?«

»Zwischen Freunden wäre es anders.«

»Du verstehst nicht. Dein Leben ist so ... irgendwas stimmt nicht mit deinem Leben, weißt du. Es ist so, so ... abge*grenzt.* Als hättest du einen Kreis um dich gezogen und würdest nur bis an den Rand gehen. Warum bist du wieder hierher gekommen? Was suchst du hier? Diese Leute werden immer dieselben bleiben. Du kannst sie nicht ändern. Nichts wird sie ändern.«

»Aber ich kann mich ändern«, sagte Meridian. »Ich hoffe, ich werde es.«

»Ich lebe für den Augenblick. Ich bereue nichts. Nimm, was das Leben dir bietet ... ach, Scheiß! Nur, daß mein Leben so abgefuckt ist. Truman war der einzige feste Punkt. Ich hab' nicht mal ein Foto von meinen Verwandten.« Lynne kniff die Augen zusammen. »Nicht daß ich eines bräuchte, um mich an sie zu erinnern. Ich brauch' nur die Augen zu schließen, und sehe sie alle – viel zu deutlich.

Mein Vater war, ja wirklich, mein Vater war wunderbar – wenigstens dachte ich, er sei wunderbar. Er war nicht der Prinz aus dem Märchen, aber auf seine dumpfe vorsichtige jüdische Art war er einfach toll. Solange ich klein war, hat er kein böses Wort zu mir gesagt. Immer so freundlich, so fair. Ich konnte es gar nicht fassen, als ich dann anrief, um ihnen zu sagen, daß Camara überfallen worden und gestorben sei. Weißt du, was er sagte? Meine Mutter wollte gar nicht mit mir reden, obwohl sie wußte, daß ich weinte. Mein Vater nahm den Hörer ab und bat mich, den Satz zu wiederholen. Ich sagte ihm, meine Tochter sei tot, und er sagte: ›Unsere Tochter auch‹ – und meinte mich damit! Und wie ich die Luft anhielt, weil ich glaubte, nicht richtig gehört zu haben, sagte er – ruhig wie nur was – ›Nu? Noch was?‹« Lynne aß Weintrauben. Sie spuckte ein Kernchen aus. »Dieser herzlose Dreckskerl, wenigstens hätte er mich darauf vorbereiten können, was er letztlich für ein Waschlappen ist. Väter saugen dich aus«, fügte sie stirnrunzelnd an. »Wenn mein alter Tata tot sein wird, werde ich mich an seine Güte erinnern. Vorher weigere ich mich.

Auch Mütter sind Bestien«, fuhr Lynne fort. »Meine Mutter hat keinen anderen Gedanken im Kopf, als was die Nachbarn von ihr denken werden.«

Meridian saß tief in ihren Sessel versunken, ihre Beine waren eingeschlafen. »Das liegt doch alles hinter dir«, sagte sie.

»Du ahnst nicht die Hälfte«, sagte Lynne und schoß einen Blick auf sie ab. »Wirklich, du ahnst es nicht.«

Schläfrig, verwirrt und abwesend starrte Meridian sie an.

»Truman hat einmal zu mir gesagt, ich sehnte mich in meiner Fantasie danach, von einem Schwarzen vergewaltigt zu werden. Auf diesen Punkt führte er alles zurück. Aber *das war es nicht.«* Ihre flehenden Augen standen voll Tränen. Sie reckte sich auf der Couch hoch und fuhr sich übers Gesicht. »Du bist die einzige, mit der ich darüber reden kann. Die einzige, die mir glauben wird, daß es nicht meine Schuld war, daß es passierte. Truman ließ einen seiner Freunde...«

»Ich kann das nicht anhören«, sagte Meridian, die plötzlich aufsprang und die Hände vor das Gesicht schlug. »Tut mir leid, ich kann einfach nicht.«

»Warte doch«, kreischte Lynne. »Ich weiß, du denkst an die Lynchjustiz und daran, wie weiße Frauen seit jeher gelogen haben, daß schwarze Männer sie vergewaltigt hätten. Vielleicht war es keine Vergewaltigung. Ich weiß es nicht. Ich glaube, es war eine. Ich *empfand* es als Vergewaltigung.«

Meridian setzte sich wieder und schaute Lynne durch die Finger an, die sie wie Krallen vor ihr Gesicht spreizte.

»Verstehst du denn nicht, daß ich dir nicht zuhören kann? Verstehst du nicht, daß es Dinge gibt, die ich nicht wissen will?«

»Auch du willst mir nicht glauben?« fragte Lynne.

»Nein«, sagte Meridian kalt.

»Na, fick dich.«

»Geh doch schlafen, Lynne. Warum willst du nicht schlafen gehen?«

Aber Lynne hatte nicht die Absicht, das Zimmer zu verlassen. Vielleicht wollte Meridian ihr nicht zuhören, aber sie konnte immerhin sitzenbleiben und versuchen, sich zu erinnern, was aus ihrem und Trumans Leben geworden war.

Lynne

Sie erinnerte sich, es war Frühling, und sie hatte ihr Elternhaus, wie sie hoffte, für immer verlassen. Und falls diese Hoffnung nicht wahr werden sollte, hatte sie nicht die Absicht, sich deswegen Sorgen zu machen oder sich aufzuregen. Sie rollten auf der Interstate nach Süden, ihr altes Auto eine ehrwürdige schwarze Ruine, vollbepackt mit ihren Büchern, seinen Bildern, Leinwandrollen, zwei Kameras, und dröhnend vom Rock'n'Roll der Free Black Radiostation in Newark, deren Frequenz sie zum Glück nicht verloren, bis sie in die Nähe der Grenze von Maryland kamen.

Sechs Monate lang hatten sie sich heimlich im Haus seiner Mutter getroffen. Sein Zimmer auf dem obersten Treppenabsatz, die Bilder – von Romare Bearden, Charles White, Jacob Lawrence – an den Wänden, war ihr so vertraut wie ihr eigenes Zimmer am anderen Ende der Stadt. Vertrauter noch, denn ihr Zimmer war immer noch die Zuflucht eines sechzehnjährigen Teenagers – mit Ballettschuhen, Trikots, Papierblumen von irgendeiner vergessenen High-School-Dekoration und den Gesichtern der Filmstars, die anzubeten ihre Mutter sie ermunterte. Keine schwarzen Gesichter natürlich (obwohl sie mal ein Bild von Sammy Davis, Jr. und Mai besessen hatte), was gar nicht ungewöhnlich war. Nicht einmal echt jüdische Gesichter. Keine so dunklen, frühreifenden, schmalen und von einer kühnen Nase beherrschten Gesichter wie ihr eigenes. Ein *junges* Zimmer, frisch und kleinbürgerlich, Unschuld wie eine unechte Puderschicht aufgetragen, Jugendlichkeit unter dem pinkfarbenen Bettbaldachin, konserviert wie eine leuchtende Rose unter Glas. Und sie – wenn sie ihr Zimmer betrat – empfand jetzt eine Überlegenheit, als wüßte sie nun (seit ihrer Beziehung mit Truman) mehr, als das Zimmer aufzunehmen vermochte. Denn obwohl es ihr Zimmer war, befand es sich doch im Haus ihrer Mutter. Anfällig für Durchsuchung und Beschlagnahme und die grübelnde Wachsamkeit der stets unruhigen Gedanken ihrer Mutter.

Als ihre Mutter sie bis in Trumans Wohnung verfolgte, hörten sie sie bereits zwei Straßenblocks weit entfernt zetern, denn da hatte ihre Mutter gemerkt, daß die Spur ihrer einzigen Tochter – die sich verstohlen aus dem Haus geschlichen hatte, wie ein Rabbi vor einem Pogrom – in ein Schwarzes Viertel führte. Und sie hatte ununterbrochen gekreischt, nicht einmal aussetzend, um Atem zu schöpfen, hatte den ganzen Weg bis vor Trumans Tür gekreischt. Wo sie nur so lange aussetzte, wie es dauerte, um den Klingelknopf zu drücken, und das Schellen der Glocke klang wie ein stumpfer Widerhall ihrer Seelenqual. Dieses mißtönende Schrillen, gefolgt von dem fortgesetzten – inzwischen – Geheul ihrer Mutter, war in Lynnes Hinterkopf gespeichert wie eine rotierende Schallplatte bei abgeschaltetem Ton. Es ließ sie nie wieder los, selbst wenn sie am glücklichsten war. Wie der Geburtsschrei im Ohr einer erleuchteten Mutter, lebte es weiter in ihr, simultan mit ihrer Entwicklung weg von ihrer Mutter, und unabhängig von ihr. Auch wenn sie stürbe, das wußte sie, würde es lautlos weiterrotieren.

Tommy Odds

»Altuna *Jones?«* Tommy Odds lachte. *»Hedge* Phillips, und wie hieß der andere Typ?« Er stand über sie gebeugt, während sie nähte, und seine meistens traurigen schwarzen Augen blitzten fröhlich.

»Ich wette, die Kerle haben noch niemand wie dich gesehen. Und wenn sie hätten, würden sie es niemals zugeben. Ich wette, du jagst diesen Niggers mit deinen Shorts eine Todesangst ein.«

Er meinte es nur halb im Scherz, denn er konnte nicht leiden, wie die Weißen aus dem Movement sich anzogen, wenn sie in der Schwarzen Community herumliefen. Ein Mädchen, das sich freiwillig gemeldet hatte, bei den Meetings in der Kirche Protokoll zu führen, fand nichts dabei, mit so hochgezogenem Kleid dazusitzen, daß man ihre Unterhose sehen konnte. Und das im Amen Corner! Die frommen alten Frauen und die niedergebeugten, Gebete murmelnden alten Männer hatten kaum vermocht, ihre Klagen vor Gott zu bringen. Und sie, eine Blonde mit nichtssagendem deutschen Gesicht, hatte gelassen Kaugummi gekaut und ihre Schenkel gekratzt, unempfindlich gegen das, was die Leute bedrückte. Und natürlich wagte niemand, ihr etwas zu sagen. Es war nicht Furcht. Sie waren einfach zu höflich, einem Gast in ihrer Community zu sagen, daß er sich benähme wie ein Landstreicher.

Tommy Odds betrachtete Lynne nachdenklich. Sie war

braun geworden, seit sie in den Süden gekommen war. Sie schien entspannt und glücklich. Er dachte an ihr Leben mit Truman – daß sie niemals im Auto nebeneinander sitzen konnten, sondern immer so, als sei einer der Chauffeur des anderen. Und abends gab es für sie keine Unterhaltung. Sie waren zu arm, um sich einen eigenen Fernseher zu leisten. Aber sie wirkten zufrieden. Truman, der bildhauerte und das Freizeit-Center aufbaute. Lynne, die manchmal Gedichte schrieb und sie ihren Freunden vorlas, um sie dann zu zerreißen. Ab und zu klebte sie ein besonders gutes – eines, das sie liebte – in Augenhöhe vor den Lokus. Dann blieb einem nichts anderes übrig, als es zu lesen. Es waren meist Liebesgedichte an Truman, oder Gedichte über die Notwendigkeit von Zärtlichkeit im Herzen der Revolution. Ihr Lieblingsbuch war Jane Stembridge: *I Play Flute,* ein Plädoyer für Liebe und Gemeinschaft. Auch zeigte sich in ihren Gedichten und in den Dingen, die sie sagte, daß für sie die Schwarzen eine einzigartige Schönheit besaßen, eine Art Aufblühen vor dem letzten Atemzug, das bei anderen Rassen bereits vergangen war.

Er hatte mit ihr schlafen wollen. Vor allem, weil sie weiß war, was soviel bedeutete, daß sie glauben würde, sie habe alles unter Kontrolle, und weil er sie – anfangs – auf eine Weise nehmen wollte, die sie anwidern und erregen würde. Er dachte daran, sie mit ihrem langen Haar an einem Baum aufzuhängen und zu beobachten, wie ihr Körpergewicht ihr allmählich die Haare aus der Kopfhaut riss. Er fragte sich, ob es dies war, was mit einem Menschen schließlich passierte, den man auf diese Weise aufhängte.

Aber Lynne wuchs in seinen Augen, wie in den Augen aller. Und sie war eine gute Arbeiterin. Besser – um ehrlich zu sein – als die schwarzen Frauen, die immer diskutieren wollten, statt zu tun, was man ihnen sagte. Und sie liebte es, für ihn Aufträge zu erledigen. Es war beinah, als wüßte sie, daß man ihn versöhnlich stimmen, ihm gehorchen müsse. Bereitwillig hatte sie die Armbinden genäht und fröhlich seine Hänseleien über sich ergehen lassen und dabei versucht, unbefangen zu sein, und nicht allzu nordstaaten-steif. Und sie hatte ihr Haar – aus einem seltsamen Grund, der beinah einer Vorahnung gleichkam – in festen Zöpfen geflochten und es sich ordentlich um den Kopf gesteckt.

Lynne

Natürlich war es Tommy Odds, der sie vergewaltigte. Es war, wie er sagte, keine richtige Vergewaltigung. Sie hatte nicht mal geschrien, sich kaum gewehrt. Für sie war es schlimmer als eine Vergewaltigung, weil sie meinte, die Umstände hätten ihr nicht erlaubt zu schreien. Wie Tommy Odds sagte, war er nur ein einsamer einarmiger Nigger, vom Pech verfolgt, für den niemand mehr Zeit hatte. Sie aber hatte Zeit – oder nicht? Weil sie anders war als diese barschen schwarzen Weiber, die es ablehnten, aus Mitleid mit ihm zu schlafen – aber würde sie? Sie würde freundlich sein, nicht wie diese anderen Frauen, oder Frauen überhaupt, die ihn abblitzen ließen, weil sie sich ekelten, und weil sie voller Vorurteile waren, und weil sein blaßbrauner Armstumpf ihnen Übelkeit bereitete. Sie war eine echte Frau und würde ihn retten – würde sie wirklich?

»Aber Tommy *Odds*«, flehte sie und stieß ihn gegen die Brust, »ich bin mit deinem Freund verheiratet. Das *kann* ich nicht.«

»Du brauchst es ihm nicht zu erzählen«, sagte er, während er ihre Zöpfe löste und ihr Haar zweimal um seine Hand wickelte. »Küß mich«, sagte er und riß sie an sich. Tränen schossen ihr in die Augen, und sie hatte ein Gefühl, als würden ihr die Haare mit den Wurzeln ausgerissen.

»Bitte, tu' es nicht«, wimmerte sie leise.

»Du *weißt,* ich kann nicht anders«, sagte er mit spöttisch verzogenem Mund und betrachtete ihre roten Wangen, die von winzigen roten Äderchen, angeschwollen und aufgeplatzt, durchzogen waren. Seine Augen blitzten hinterhältig, halb geschlossen, voll von einer eiskalten Geilheit. »Du bist so weiß und rot, wie ein nettes fettes Schweinchen.« Er riß sie an den Haaren hoch, zu sich heran.

»Oh, Tommy Odds –«

»Leg' deine Arme um mich«, sagte er, »und sag' mir, daß du mich liebst.«

»Tommy Odds, *bitte.«* Sie heulte laut auf, und als sie mit den Armen um sich schlug, stieß sie gegen seinen Stumpf. Sie schluckte.

»Da wird dir schlecht, was?« fragte Tommy Odds. »Du denkst, ich bin ein Krüppel. Oder ist es nur, weil du in Wirklichkeit die Nigger nicht leiden kannst? Solche, die schwärzer sind als dein Alter?«

»Du weißt, das ist nicht wahr«, stöhnte sie.

Er hatte sie auf das Bett gezwungen und riß mit den Zähnen ihren Rock hoch. Seine Hand ließ ihr Haar los und war sofort in ihrer Bluse. Er kniff ihre Nippel, daß es schmerzte.

»Bitte«, flehte sie.

»Ich hab's nicht so gemeint«, sagte er. »Ich weiß, du hast ein Herz, an der richtigen Stelle« (ihre linke Brustwarze saugend). »Du bist nicht wie die anderen.«

»O Gott –« sagte sie.

Es kam ein Moment, da wußte sie, daß sie ihn hätte wegstoßen können. Aber es war nur ein Aufblitzen des Gedankens. Stattdessen lag sie da und dachte an seine Gefühle, seine Not, an die Tatsache, daß er schwarz war und einer von denen, die ohne Hoffnung lebten; sie dachte an den Verlust seines Arms. Sie fühlte sich schuldig. Als er in sie eindrang, wehrte sie sich nicht mehr, sondern versuchte an Tommy Odds zu denken, wie er gewesen war, als er ihr Freund war – und am Ende schlangen sich ihre Arme verstohlen um seinen Hals, und bevor er ging, sagte sie ihm, daß sie ihm verzeihe, und küßte seinen glatten, abgerundeten Armstumpf, der von der Farbe gebratener Leber war, und er lächelte ihr aus weiter Ferne zu, und sie kannte ihn nicht. »Bis später«, sagte er.

Am nächsten Tag tauchte Tommy Odds mit Raymond und Altuna und Hegde auf.

»Lynne«, sagte er und schob die drei Jungen vor sich her. »Ich werd' dir zeigen, was du wirklich bist.«

Sie dachte – hilflos, als hätte dieser Moment gewartet, um gerade jetzt in ihrer Erinnerung aufzutauchen – an eine rassistische Zeichnung, die sie einmal in *Esquire* gesehen hatte: eine nackte weiße Frau, mit gespreizten Beinen auf dem Flachdach einer Mietskaserne, umringt von schwarzen Männern. *Gang rape,* dachte sie: Gruppenvergewaltigung! Ihre Analmuskeln kontraktierten, ihre Kehle zog sich mit einem hörbaren Würgelaut zusammen.

»Was wollt ihr von mir?« fragte sie und streifte – zum erstenmal – mit dem Blick die Genitalgegend von Hedge, Raymond und Altuna. Sie schielten seitwärts zu ihr hin, als wäre es ihnen peinlich. Alle hatten sie Gras geraucht, sie roch es.

Mit ausgestrecktem Zeigefinger deutete Tommy Odds auf ihren Körper, als sei er erobertes Territorium, und ermunterte die Jungen, es zu erforschen: »Titten«, sagte er und streifte sie mit einem Klaps, »Arsch«.

»Was wollt ihr von mir«, fragte Lynne wütend, denn als sie vor dem Fenster die Gesichter von Altuna, Hedge und Raymond gesehen hatte, war sie beruhigt gewesen und hatte die Tür nicht abgeschlossen.

»Was haben wir denn gestern abend gemacht?« fragte Tommy lüstern, gedehnt, und packte sie am Genick. »Na, was haben wir gemacht?«

Lynne nahm ihren Mut zusammen. »Du hast mich vergewaltigt.«

»Hm, mmm« machte er und grinste die Jungen an, die aufmerksam, neugierig und stumm waren, als ob sie den Atem anhielten. »Und was hast du gemacht, als ich fertig war und bereit, aus dir 'rauszugehen?«

Sie antwortete nicht. Er packte sie fester am Genick.

»Ich –« stotterte sie.

»Ein neunjähriges schwarzes Mädchen wurde vorige Woche von einem weißen Vieh in Tchula vergewaltigt«, sagte Tommy Odds. »Man hat sie aus dem Fluß gezogen, tot, mit einem Pflock in sie eingerammt. Na, *das* war Vergewaltigung. Nicht wie bei uns.« Sein Griff um ihren Hals spannte sich. »Erzähl' uns mal, Hurenstück, was du gemacht hast, als es anfing, dir gut zu tun?«

»Es hat keinen Moment gut getan«, sagte Lynne. Dann: »Ich küßte deinen Arm.«

»Meinen Stumpf.« korrigierte er. »Du hast mich umarmt, und du hast meinen Stumpf geküßt. Und was hast du dann gemacht?«

Er zwängte ihren Hals in seine Armbeuge, bog ihren Kopf nach oben. Er drückte zu.

»Ich hab' dir verziehen«, sagte Lynne.

Tommy Odds lachte. *»Mir* verziehen«, sagte er.

»Ja«, sagte Lynne.

Er lockerte den Griff. Sie standen nebeneinander, sein Arm um ihre Schulter gelegt, und seine Finger streichelten ihre Brust. Ihr Spiegelbild in der Fensterscheibe schien ein harmloses Paar zu zeigen. Lynne starrte in die entsetzten Gesichter von Altuna, Hedge und Raymond. Aber vielleicht, dachte sie, sind sie gar nicht entsetzt. Vielleicht ist das gar nicht die richtige Deutung dessen, was ich in ihren Gesichtern sehe (zum erstenmal kam es ihr vor, als wären schwarze Gesichter wesentlich anders – düsterer und grausamer – als weiße). Auch wenn keiner von ihnen lächelte, hätte sie schwören können, daß sie grinsten. Sie glaubte ihre schimmernden Zähne zu sehen, spitz, mit scharfen Kanten. Oh, Gott, dachte sie. Was für ein rassistisches Klischee.

»Wollt ihr's?« fragte Tommy Odds die Jungen.

Lynne schloß die Augen. Sie konnte sich nicht vorstellen, daß sie nein sagen würden. Blitzartig rollte die Szene vor ihr ab. Sie selbst im Mittelpunkt dieser rassistischen Zeichnung aus *Esquire,* ihr Körper der Schwarzen Verzweiflung als Opfer vorgeworfen. Sie dachte an die Kraft, die Demütigung, die Schwarze Gewalt. Diese Jungen waren nicht mehr ihre Freunde. Der Anblick ihrer Nacktheit würde sie in Wilde verwandeln.

»Los«, sagte Tommy Odds. »Nehmt es euch, das Stück.«

Altuna Jones – dessen Kopf genau die Form hatte, wie man es sich bei einem Mann mit solchem Namen vorstellen mochte: wie eine Melone, länglich, mit kurz geschorenem Haar – räusperte sich.

»Es? *Es?*« sagte er. »Von was für einem *es* redest du? Das ist kein *es*, das ist Lynne.«

Und dann sprach Hedge Phillips. In seinem Blick lag – wie sein Name sagte – etwas Ausweichendes. Er war klein und dick und so glänzend schwarz, daß seine Gesichtszüge kaum auszumachen waren, bis er lächelte. Beim Sprechen tastete er immer mit einem Fuß prüfend über den Boden, als sei er bereit, auf und davon zu rennen.

»Wir wollen dir nichts tun«, sagte er zu Lynne. »Wir dachten, das ist 'ne Party hier, heute abend.«

Raymond, noch schüchterner als die beiden anderen, aber doch irgendwie überzeugt, daß hier ein männlicher Standpunkt – wie schwach auch immer – einzunehmen sei, sagte (kläglich, wie es schien) zu Tommy Odds: »Du weißt doch, Tommy, ich hab' 'ne Freundin.«

»Seht euch das an«, sagte Tommy voll Verachtung. »Nichts dran an ihr. Ihr Kerle habt vor ihr Angst, das ist alles. Scheiße. Seit Generationen vergewaltigen die Crackers eure Mamas und Schwestern, und hier habt ihr eure Chance, euch etwas von *ihrer* Ware zurückzuholen.«

»Du bist verrückt, Mann«, sagte Altuna Jones und sah Lynne an, mitleidig, wie es schien, denn sie war seiner Meinung nach offensichtlich nicht vergewaltigt worden. Er hatte sein Leben lang gehört, daß es unmöglich sei, eine Frau zu vergewaltigen, ohne sie umzubringen. Ja, Vergewaltigung bedeutete für ihn, daß man eine Leiche vögelte. Daß Lynne sich tatsächlich herabließ, mit Tommy Odds zu schlafen, hieß nur, daß bei ihr etwas nicht stimmte, und sie tat ihm furchtbar leid.

Die drei Jungen gingen.

»Sie sind anders als du«, sagte Lynne, auch wenn sie eben

noch gedacht hatte, sie wären genau wie Tommy Odds. »Sie haben es nicht nötig, weiße Frauen zu vergewaltigen, um sich zu beweisen, daß sie jemand sind.«

»Vergewaltigen«, sagte Tommy Odds. »Ich hab' dich gefickt. *Wir* haben gefickt.«

Und wieder warf er sie aufs Bett und riß an ihren Kleidern herum. Noch bevor sie anfing, ihn abzuwehren, wußte sie, daß es nicht nötig war. Tommy Odds war impotent. Er spuckte ihr ins Gesicht, pißte auf den Fußboden und ließ sie dort liegen.

Als Truman nach Hause kam, konnte Lynne nicht darüber sprechen. Sie konnte überhaupt kaum sprechen. Sie hatte gepackt und war bereit zu gehen. Sie wünschte, sie könnte zur Polizei gehen, aber vor denen hatte sie mehr Angst als vor Tommy Odds, denn man würde unterschiedslos junge Schwarze aus der Community aufgreifen, und gerade diejenigen, die sie immer hatte schützen wollen, würden zu leiden haben. Außerdem, so dachte sie, solange sie nicht davon sprach, würde Truman es nie erfahren. Es würde ihn verletzen, so dachte sie, zu wissen, wie sehr sein Freund sie haßte. Zu wissen, wie gering sie geachtet war. Es war, als hätte Tommy Odds in ihr keinen Menschen gesehen, als hätte ihre weiße Haut und das damit verbundene Geheimnis, die Gefahr – die historische Warnung: *Verboten* – ihn ermutigt, sie zerstören zu wollen, ohne jedes Schuldgefühl. Der Gedanke war so beängstigend, daß sie zitterte.

Sie hatte immer darauf beharrt, sie alle als Menschen zu sehen, die duldeten, ohne zu hassen. Das war es, was sie an ihnen faszinierte, was ihr eine kindliche Ehrfurcht vor ihnen einflößte. Aber sie hatte sie nicht als Individuen gesehen, als junge Männer wie Tommy Odds, deren schwache Abwehrmechanismen gegen den Haß unter der Bedrohung zusammenbrachen. Rache war sein einziger Trost. Und an wem, so dachte sie, sollte ein solcher Mann sich rächen? Nicht an den Weißen insgesamt; sicherlich nicht. Auch nicht am Sheriff oder am Richter oder am Geschäftsmann, der sich in seinen vier Wänden einen Drink schmecken ließ, nicht an der Frau des Geschäftsmannes, denn diese *würde* schreien und ihn für immer hinter Schloß und Riegel bringen. Er - Tommy Odds - hatte tatsächlich (und sie verstand es allzu gut, als daß es sie getröstet hätte) eine *bessere* Wahl getroffen, wenn er sie auswählte, um die Strafe zu vollziehen. Denn seht: er hatte sich nicht, wie schwarze Männer es törichterweise seit jeher taten, am Wochenende besoffen und einen anderen Schwarzen niedergestochen. Auch hatte er nicht eine schwarze Frau geheiratet, um sich - abermals irrigerweise - einen eigenen Prügelbock zu leisten. Sicher, das war Beweis für eine wunderliche Persönlichkeitsentfaltung bei Tommy. Es gab auch keine weißen Boys mehr im Movement, die man hätte zusammenschlagen oder mit schuldbewußter Verachtung aus dem Haus jagen können. Blieb nur noch sie: eine weiße Frau ohne Freunde. Eine Frau, von der die weiße Gesellschaft ohnehin annahm, daß sie sich mit jedem Nigger ins Bett warf. Ja, Tommy Odds Logik - so verschlungen sie sein mochte - war perfekt.

Aber Truman wollte sie nicht fortlassen. Er wollte ihr kein Geld geben, damit sie gehen könnte, auch nicht nachdem sie ihm schließlich - hysterisch - erzählte, was passiert war. Er entschied sich dafür, ihr nicht zu glauben.

Frag' doch Tommy, hatte sie geschrien. Frage ihn doch! Aber ob er es getan hatte, erfuhr sie nie.

»Warum hast du das gemacht?« wollte Truman von Tommy Odds wissen.

»Weil deine Frau ein Dreck ist. Hat sich nicht mal gewehrt. Sie hat sich einfach hingelegt und mich machen lassen.«

Lynne weinte jede Nacht im Schlaf. Truman konnte es nicht ertragen, darum kam er meistens gar nicht nach Hause. Er schlief auf einer Couch im Center. Seine Hand schoß vor und traf Tommy Odds unter dem Kehlkopf, der schwarz und schuppig war wie ein Hühnerhals.

»Sie ist besser als du«, sagte er, während Tommy Odds in gespielter Angst die Augen aufriß. »Du feiger Hund«, sagte Truman verächtlich, »du Drecksau. Du hast ihr leid getan, weil du deinen beschissenen Arm los bist.«

Er drückte Tommy die Faust unters Kinn, packte ihn am Kragen und schüttelte ihn, riß ihn hoch, so daß seine Füße fast in der Luft zappelten. Es war, als wuchtete er einen Sack voll schmutziger Wäsche. »Du hast ihr leid getan. Und was hast du gemacht?«

Odds rührte keine Hand, um sich zu verteidigen. Er sah Truman direkt ins Gesicht, ein freches Lachen in seinen Augen. Dieses Lachen sah aus wie zwei funkelnde schmelzende Eiswürfel auf einem Teller.

»So hättest du's gern, daß es mein beschiß'ner Arm war, der ihr leid tat.«

»Was willst du damit sagen, du Hurensohn?«

Aber Tommy, der es leid war, sich von Truman in so unbequemer Stellung festhalten zu lassen, riß sich los. Er strich seinen Kragen glatt, schob sich das Hemd in die Hose, hob den Armstumpf – wie ein Truthahn, der seinen Flügel spreizt – und fuhr sich mit den Fingern durchs Haar.

»Bist du blöde?« sagte er. »Auch mit dir hat sie sich nicht deshalb eingelassen, weil dir etwas fehlte.«

»Sag' endlich, was du damit meinst!«

»Ich meine«, sagte Tommy Odds spöttisch, »es ist wahr, daß du Französisch redest, wenn du den Leuten imponieren willst, und es ist wahr, daß du aufs College gegangen bist, und es ist wahr, daß du malen kannst, und was noch, und du hast sogar sechs Monate im Ausland gelebt, ohne Schweinshaxe mit Grünkohl. Aber mit all diesen Dingen hast du nicht Miss Lady-Blond herumgekriegt. Oooo nein... Du warst für sie ein Buch, das sie noch nicht kannte: wie eine fremde Stadt, die sie erforschen wollte; wie eine Mangofrucht, die sie naschen wollte, weil in ihrem eigenen Garten keine Mangos wachsen. Junge, wenn dir ein Arm gefehlt hätte, dann hätte sie dich wahrscheinlich viel früher gecatcht.«

Truman hatte den Wunsch, Tommy Odds umzubringen. Es war ein überwältigend starker Impuls.

»Schwarze Männer kriegen 'ne Vorzugsbehandlung, Mann, als Wiedergutmachung für alles, was uns verweigert worden ist. Sie hat auch mit dir nicht gevögelt – sie hat für ihre Sünden gebüßt.«

»Das ist nicht wahr!« sagte Truman. Es klang schwächlich, sogar für seine eigenen Ohren.

»Ich hab' ihr leid getan, weil ich ein Schwarzer bin«, sagte Tommy Odds, und in seiner Stimme lag eine Trostlosigkeit. »Das einzige, was mir einen Halt gibt in dieser beschissenen Welt, und sie glaubt, sie muß mich dafür entschädigen, aus dem Überfluß ihrer Fotze.« Seine Stimme wurde hart. »Ich hätte sie totschlagen sollen.«

»Nein«, sagte Truman, »nein –«

Tommy Odds stand direkt vor ihm. Er sah grauenhaft aus. Schwach und verlebt und dreckig. Tot. »Hör' mal zu, Mann. Du willst sie verteidigen. Ist in Ordnung. Ist mir egal, Mann. Du willst mich zusammenschlagen«, sagte er. »Ich bin bereit, Mann. Du willst mich umbringen. Schau' her, ich habe nichts dagegen. Soll ich dir 'ne Kanone holen? Oder willst du's mit der Faust machen? Komm' schon, Mann. Schlag' mich. Wir werden uns hinterher besser fühlen.«

Aber Truman hatte sich abgewandt.

Und so blieb Lynne allein, immer zu Hause hockend, weil sie sich fürchtete, ins Center zu gehen, das aufzubauen sie mitgeholfen hatte. Weil sie sich fürchtete und sich schämte und nicht einmal soviel Selbstbewußtsein hatte, um wütend darüber zu werden, daß sie sich schämte. Sie zählte die Tage, bis sie sicher war, nicht schwanger zu sein. Als sie ein paar von ihren Gedichten verkaufen konnte – an den Herausgeber einer Anthologie, der die Geschichte der Bewegung literarisch dokumentieren und auch den Standpunkt der weißen Frau berücksichtigen wollte – kaufte sie sich Anti-Baby-Pillen. Genug für zwei Monate.

In der Erinnerung an das, was Tommy Odds getan hatte, verriegelte Lynne ihre Tür, sogar vor ihren Freunden Hedge und Altuna und Raymond.

Sie kamen immer wieder. Anfangs spähte sie durch die Gardine nach ihnen hinaus, beschämt und wütend über ihre Angst. Schließlich – und nur aus Einsamkeit – machte sie die Tür auf, und bald schien alles wieder normal. Die Jungen waren so höflich und schüchtern wie immer. Truman kam nicht oft nach Hause, und wenn er da war, sprach er nicht mit ihr.

An manchen Abenden, wenn sie so einsam war, daß sie zum Selbstmord bereit gewesen wäre, spielte sie Schach mit Alonzo, Altunas Bruder, der auf dem Schrottplatz arbeitete. Ein Mann, der vom Movement nichts zu wissen schien, der sich niemals für Wahlkampagnen, Freedom-Märsche oder dergleichen interessiert hatte und sie mit der steifen, zurückhaltenden Höflichkeit altmodischer Neger behandelte. Für seine Freundlichkeit lud sie ihn ein, mit ihr zu schlafen. In seiner Dankbarkeit leckte er sie ab, von den Ohrläppchen bis zu den Zehenspitzen.

An Samstagabenden war ihr Haus jetzt ein Platz voll Musik. Sie war beschützt, weil sie in Alonzo einen Freund hatte. (Alle schienen zu wissen, daß Truman sich nicht mehr um sie kümmerte.) Männer und Frauen kamen ins Haus, weil sie gehört hatten, daß man dort Schallplatten hören und tanzen und »Pot« rauchen konnte. Wenn sie aber gemeint hatte, die Freundschaft mit Alonzo werde sie vor der Zudringlichkeit anderer Männer bewahren, so hatte sie sich getäuscht. Sie flehten sie an, schmeichelten ihr, bettelten. Und immer wenn sie sie abwies, sah sie ihre sanften Gesichter vor Haß erstarren, und sie zitterte vor Angst und kapitulierte mit der Zeit. Sie versuchte, vergeblich, sie als Freunde zu gewinnen, wie Alonzo einer war. Sie aber kamen vorgefahren, nahmen sie im Bett (oder auf dem Fußboden oder stehend, an der Wand), als wäre sie eine Prostituierte, und dann standen sie auf und gingen.

In der Öffentlichkeit sprachen sie nicht mit ihr. Trotzdem merkten die Frauen etwas. Sie fingen an, sie zu beschimpfen und zu bedrohen, einige griffen sie sogar tätlich an. Und wie pervers, sie genoß diesen irregeleiteten Zorn der Weiber, sah darin eine Anerkennung ihrer Unwiderstehlichkeit. Wann immer sie damals mit schwarzen Frauen zusammenkam, fand sie einen Grund, ihr Haar zu lösen und durchzukämmen. Wenn sie es über die Schulter warf und es dann bis auf die Taille fallen spürte, bildete sie sich ein, Schätze zu besitzen, die diese niemals haben würden.

Sie fing an zu glauben, die Männer fickten mit ihr aus Liebe, und nicht aus Haß. Denn nur solange sie sie nicht haßten, glaubte sie leben zu können. Den Haß ihrer eigenen Eltern konnte sie wohl ertragen, nicht aber den Haß der Schwarzen. Als sie nicht mehr zu ihr kamen – und sie wußte nicht, warum sie nicht mehr kamen – da erkannte sie, wie sehr sie sie brauchte. Und so blieben nur noch Lynne und Truman zurück, und als ihre Pillen zu Ende waren, wurde sie schwanger, mit Camara, und schließlich stieg sie in den Bus nach New York, wo die Wohlfahrt sie in einem Ein-Zimmer-Apartment unterbrachte, nicht weit von der Avenue C.

Truman hatte sie großzügig an Meridian abgetreten, auf sein Verlangen.

Sich selbst und den Seinen wiedergegeben

Die Subway raste kreischend durch den Tunnel und sprühte Funken wie ein Meteor. Und Lynne setzte sich nicht, solange der Zug dahinraste. Sechsundneunzigste Straße blitzte auf, dann hundertfünfundzwanzigste, dann ein quietschendes Anhalten, ein Ruck, als der Wagen sich gegen das plötzliche Abbremsen aufbäumte, und die Türen glitten mit einem gummigedämpften Bums zurück. Die Graffiti, in leuchtend rot und knallgelb an die Wände gesprüht, konnten das feuchte Höhlendunkel der Subway-Station nicht aufhellen.

»Beine, Mann«, flüsterte ein Junge seinem Kameraden zu und blieb auf der ölverschmierten Treppe stehen, als sie vorbeiging.

»Nichts wie 'ran«, bekam er zur Antwort.

Sie rannte los, stürmte, an anderen Leuten vorbei, die Treppe hinauf – hinauf ins Tageslicht, immer im Hinterkopf den Gedanken: nur frische Luft, das war es, was sie jetzt brauchte. Sie merkte auch gar nicht mehr, daß es in dieser Stadt nirgends frische Luft gab. Nur manchmal, wenn sie mit Camara im Park spazierte, und auch dann ... Aus der Subway aufgetaucht, wandte sie sich nach links, eilig trabend auf ihren Tänzerinnenbeinen und in Gedanken bereits im Apartment, diesem ordentlichen Raum mit dem beruhigenden Licht und den weißen Wänden, wo Truman Tag und Nacht an den epochalen Meisterwerken afro-amerikanischer Gegenwartskunst arbeitete.

Sie würden nicht streiten, ermahnte sie sich. Sie würde ladylike bleiben, beherrscht, und Truman würde auf ihren Hilferuf reagieren, um ihrer Tochter willen.

»Unsere Tochter ist verletzt«, würde sie sagen, mit der lieblichen Verzweiflung einer Loretta Young. Oder: »Ich meine«, lässig die Hände in die Taschen geschoben, wie Mia Farrow, die sich nach einem Zigarettenkiosk umschaut, »die Kleine ist zusammengeschlagen worden.« Oder, mit einem Blick, als ersticke sie an ihrer eigenen Kotze, wie Sandy Dennis, aber cool: »Es war ... ein Unfall. Unser Kind. Überfallen. Oh, kannst du dich nicht beeilen?« Und er würde mit all seiner alten Zärtlichkeit reagieren, wie sie es kannte.

Sie nahm zwei Treppenstufen auf einmal – ihr Haar strähnig und ungewaschen, ihr Gesicht rußverschmiert – bis sie vor seiner Tür stand. Apartment 3-C. Truman Held, Maler.

Erst jetzt dachte sie daran, sich zu sammeln, Atem zu holen, ihren Bauch einzuziehen, der ihr schlaff und gleichzeitig aufgedunsen vorkam. Sie war nicht mehr Größe 7. Das fiel ins Gewicht, je länger sie unschlüssig dastand.

Noch als Truman sie verließ, war sie auf ihre Konfektionsgröße, auf ihren Körper bedacht gewesen, aus der Erfahrung all der Jahre, die er ihn mit den Körpern schwarzer Frauen verglichen hatte. »Die schwarzen Frauen lassen sich gehen«, sagte er, auch wenn er sie als prächtige Riesinnen malte, die Krieger des neuen Universums gebärend. »Sie sind so *fett*«, pflegte er zu sagen, auch als er eine »Big Bessie Smith« aus massivem Marmor meißelte und ihre ungeheuren, und doch herrlichen Hüften mit bewundernder Hand liebkoste.

Ihre Figur, durchs Tanzen geschmeidig, war wie ein Strohhalm im Wind, so hatte er gesagt, und ihr langes Haar eine Melodie der Leichtigkeit – aufgelöst, leuchtend und frei. Und doch hatte er irgendwann aufgehört, solche Dinge zu sagen – jedenfalls laut. Es war, als ob die sinnlichen schwarzen Leiber, mit Brüsten wie Melonen und Haaren wie Dornenkronen, Geschöpfe seines eigenen Schaffens, die Hand heben und ihm den Mund verschließen würden. Sie fingen an, ihn für sich zu beanspruchen. Wenn sie in das Zimmer trat, wo er eine schwarze Frau, ihren wogenden, pulsierenden, fruchtbaren Leib malte, rückte er seine Leinwand weg oder deckte sie zu oder schickte Lynne vor die Tür.

Anfangs hatte sie die Figuren geliebt – vor allem die Bilder der Frauen im Süden – ihre Skulpturen, leidend und trotz allem triumphierend. Aber als Truman sich veränderte, hatte auch sie sich verändert. Bis sie die Frauen nicht mehr ansehen mochte, obwohl sie viele von ihnen gekannt und geliebt hatte. Aber da war sie schon bereit, ihn freizugeben. Beinah. So wertlos fühlte sie sich vor diesen gemalten und modellierten Frauen, so sicher wußte sie, daß Truman, nachdem er sich durch seine Kunst bis zur Realität seiner Mutter, seiner Schwestern und Geliebten, bis zu ihrer Schönheit und Größe durchgerungen hatte, sie auch in Fleisch und Blut wieder suchen würde.

Er würde immer Camaras Vater bleiben, hatte er wiederholt gesagt. *Sie* würde er niemals im Stich lassen. So weiß sie aussehen mochte.

Sie klingelte, lange und hartnäckig.

»Warum, verdammt, macht er nicht auf?« murmelte sie. Sie zog sich die Jacke fest um den Leib und drückte die Arme an die Hüften. Sie hörte das Knacken und Knistern einer Tüte Bananen-Chips, die in ihrer Tasche zerdrückt wurden. Ihre andere Seitentasche enthielt einen kleinen Gummiball, ein Stück Schnur, eine Käserinde, die Camara hineingeschmuggelt hatte, als sie nicht aufpaßte. Pennys, die sie im Krankenhaus aus Camaras Taschen aufgesammelt hatte, klapperten in ihrer Geldbörse.

Ein Lichtstrahl über ihren Zehenspitzen kündigte das Öffnen der Tür an. Truman, das Haar in unzählige Zöpfchen geflochten, streckte den Kopf heraus.

»Ich bin's«, sagte sie und versuchte zu lächeln. Ja, zu lächeln.

Er riß nicht die Tür auf.

»Wer ist da, Tru?« kam eine Stimme aus dem Schlafzimmer geschwebt. Lynne spürte ein Jucken am Hals, wie ein Geschwür, das durch die Haut brechen wollte.

»Ein'n Moment«, rief er zurück. Argwöhnisch löste er die

Kette. Aber als Lynne einen Schritt nach vorn tun wollte, stieß sie direkt mit ihm zusammen. Er kam heraus und zog die Tür hinter sich zu.

»Scheiße«, sagte sie und trat zurück. »Sag' doch Meridian, daß ich es bin. Wir haben keine Geheimnisse voreinander, nicht wahr?«

»Was willst du, Lynne?«

»Wirklich«, sagte sie, noch immer ein dummes, allzu strahlendes Lächeln im Gesicht. »Ich dachte, ich könnte hereinkommen und es dir in aller Form, wenn auch nicht in aller Ruhe sagen. Ich habe Durst. Gibt's ein Soda?« Sie wußte, sie führte sich auf wie eine alberne Pute – ein noch harmloser Lieblingsausdruck von ihm, mit dem er sie bezeichnete – aber sie konnte nicht anders. Wie sollte sie ihm sagen, daß sein sechsjähriges Töchterchen, das er beharrlich Prinzessin rief (kleinbürgerlich, *kleinbürgerlich,* hatte sie zu ihm gesagt), von einem erwachsenen Mann überfallen worden war und jetzt halbtot im Krankenhaus lag? Wie sollte sie – in einem finsteren Treppenhaus stehend – ihm sagen, daß sie gerade jetzt, Scheiße nochmal, seine Hilfe brauchte?

»Es ist nicht Meridian«, sagte Truman. Er kramte in seinen Jeans und holte seine kleinen Zigarren hervor. Sie lehnte sich an die Wand und dachte, alberne Pute, die sie war: Aber wegen Meridian habe ich dich freigegeben. Für die schwarze, braunhäutige Meridian mit ihrem süßen Negermund und ihrem heroischen Nigger-Woman-Haar.

»Ich *werde* keine Szene machen«, murmelte sie, sich selbst ermahnend. »Wir werden nicht streiten, nicht wahr, wie wir's sonst tun.«

»Klar werden wir nicht streiten«, sagte Truman, und seine Künstleraugen musterten sie, von ihrem weiß-getünchten Gesicht mit den aufgesprungenen Lippen bis zu den dicken, formlosen Ausbuchtungen, die sie unter ihrem Jackett zu verbergen suchte.

»Eine, die ich kenne?« sang sie mit einem Lachen, so geheuchelt wie vorhin ihr Lächeln.

»Nein.«

»Ich werde keine Szene machen«, fing sie wieder an. »Wir werden nicht streiten...«

Aber bevor er sie zurückhalten konnte, hatte sie die Tür aufgestoßen und stand halb im Zimmer und starrte in die Augen eines zierlichen blonden Mädchens in einem winzigen, winzigen Slip, der so knapp war, daß sie – bevor Truman sie herumriß – noch Zeit fand festzustellen, daß das Schamhaar des Mädchens so blond war wie die Haare auf ihrem Kopf.

»Willst du mir vielleicht sagen, warum du hereinplatzt, um mich zu belästigen? Oder ist das nur wieder deine beschissene alte Tour?«

Nur wieder die alte Tour, wollte sie ihm versichern. Aber sie konnte nicht sprechen. Sie stand zwischen Truman und diesem Mädchen, vom einen zur anderen blickend. Das Mädchen sagte: »Ich –« und Truman schnitt ihr das Wort ab.

»Geh' wieder rein«, befahl er und winkte mit dem Kopf.

»Aber ich –« hob das Mädchen wieder an.

Und Lynne fing an zu lachen. Sie lachte und lachte und lachte. Sie lachte, bis sie Seitenstechen bekam. Dann beherrschte sie sich. Sie spürte wieder dieses Jucken am Hals.

»Warum begreife ich denn einfach *nichts?*« fragte sie. Warum begreifen denn anscheinend alle anderen früher als ich, was hier gespielt wird auf dieser beschissenen *Welt?* Bin ich denn blöde? Oder was? Was meinen Sie denn dazu, Miss? Sie drehte sich um und streckte dem Mädchen die Hand hin.

»Nicht so schweigsam, Süße«, sagte sie. »Mach' schon den Mund auf. Ich will Miss Scarlet reden hören!« Truman wollte dazwischen treten, und sie schob ihn weg.

»Trooomän?« sagte das Mädchen und machte einen weiten Bogen um Lynne, als ob sie Läuse hätte. Truman aber hatte sich abgewandt. Er stand rauchend am Fenster und blickte auf die Straße hinunter.

»Schieß los«, sagte Lynne, und sie merkte, daß ihre Stimme ganz verändert klang; sie kannte sich selbst nicht wieder. »Hör' nicht auf den alten Schlappschwanz. Rede. Bist selbst eine alberne Pute, du!«

Und jetzt flossen die Worte des Mädchens, melodisch wie

ein Gesang, südstaaten-mild wie die Passatwinde, weich aus ihr hervor – wie das verdutzte Miauen eines Kätzchens.

»Wiesooo? Was is' looos?« gurrte das Mädchen, und die Piniendüfte Alabamas, der Magnolienblütendunst von Georgia und Mississippi entschwebten ihrem Mund. »Wir leben schon seit zwei Monaten zusammen. Sobald – sagt Truman – sobald er ein paar Bilder mehr verkauft hat, werden wir heiraten. Ich brauche Ihnen wohl nicht zu sagen, wie meine Familie reagieren wird...« Ein Fünkchen stillschweigender Verschwörung hatte die Frechheit, in ihren Augen aufzuglimmen. Sie hob ein zierliches Händchen und deutete auf all die verlorenen und betrauerten Freunde Lynnes, die gelassen von den Wänden herabblickten. »Sind sie nicht wuuunderbar?« fragte sie unschuldig.

Zwei Frauen

Und dann kam der Teil, den Meridian schon kannte, denn sie war die erste gewesen, an die sich Truman wandte, als Camara gestorben war. Was aus Scarlet O'Hara wurde, erfuhr Lynne nie. Meridian war es, die sie beide brauchten, und es war Meridian, die wunderbarerweise da war.

»Du mußt mir über den ganzen Scheiß hinweghelfen«, hatte Truman gesagt, als Meridian aus dem Bus in seine Arme fiel. Und das hatte sie getan, aber sie hatte auch versucht, Lynne zu helfen.

Einen Monat lang war sie hin und her gependelt zwischen seinem schönen hellen Studio uptown (wo ein Bildnis von ihrem Gesicht sie an jeder Wand überraschte) und Lynnes winziger Höhle downtown. Die beiden hatten sie bis zum letzten Tropfen ausgepreßt. Später konnte sie nie mehr an diesen trostlosen Monat zurückdenken, ohne ihn als eine story zu sehen, die von jemand anderem handelte. Vor allem an die letzten Tage erinnerte sie sich wie an einen jener Stummfilme, mit Meridian Hill als der geplagten Hauptdarstellerin, die Subwayschächte hinein und hinaushuschte, Mahlzeiten kochte, schmerzerstickten Monologen lauschte, ins Bett gezerrt wurde – von Lynne, die sich an sie klammerte wie ein Kind, das Angst vor der Dunkelheit hat, und von Truman, der seinen Körper in ihrem ersäufen wollte und sich ihr Fleisch in den Mund stopfte, als verhungerte er buchstäblich nach ihr. Damals geschah es, daß ihr Gefühl für Truman wiedererwachte, aber es war kein sexuelles. Es war Liebe, völlig frei von Besitzansprüchen oder Verachtung. Es war Liebe, die alle Gedanken an Schuld aus ihrem allzu exakt funktionierenden Gedächtnis verbannte. Es war Verzeihung.

Lynne erinnerte sich an ihren letzten Abend mit ihr.

»Wann wollte Truman kommen?« hatte sie gefragt, weil sie nicht da sein wollte, wenn er käme.

»Er müßte jeden Moment kommen«, sagte Lynne und fing an, hin und herzuschaukeln und sich beim Schaukeln alt werden zu fühlen.

Sie aßen und schauten sich eine Sendung im Fernsehen an. Eines dieser Südstaaten-Melodramen über die Beziehung des weißen Mannes im Süden zum Wahnsinn und die Nähe des schwarzen Mannes im Süden zur Erde dieses Landes. Auf die Probleme der Frauen, ob schwarz oder weiß, wurde nicht eingegangen. Sie saßen da, freundschaftlich verbunden und still, in ihren Bademänteln, und sahen die grünen Felder des Südens und die unzerstörbaren (ihre Worte) Gesichter der Schwarzen, sahen sie und versuchten den weißen Wahnsinn zu übersehen. Den Wahnsinn – ihnen selbst ein Rätsel, das sie für den Moment gelöst hatten (Meridian las manchmal, an den Nachmittagen, Lynne Gedichte von Margaret Walker vor, und Lynne versuchte dafür, Meridians struppig nachwachsendes kurzes Haar in Zöpfchen zu flechten), und sie hungerten nach differenzierten und tragfähigeren Strukturen. Manchmal sprachen sie miteinander, vertraulich wie Schwestern, und wenn sie es nicht taten, ließen sie den Fernseher die Stille ausfüllen.

Da kam im Fernsehen eine Szene an einem breiten, schattigen Flußufer, mit Leuten – Müttern und Vätern, Kindern und Großeltern – die höchst elegant die Angel ins Wasser hielten, und dann, in der Totalen, das Gesicht eines schönen Schwarzen, mit Augen so täuschend leuchtend wie sterbende Sterne. Jetzt, da er das Stimmrecht erlangt hatte, so sagte er, wisse er nicht, woher er das Geld nehmen solle, um sich etwas zu essen zu kaufen. Anscheinend sei diese ganze Bewegung, bei der es ums Wahlrecht und um den freien Zutritt zu den Motels ging, nur dazu dagewesen, um ihm vor Augen zu führen, daß alles in diesem Land, vom Stimmrecht bis zu den Motels, verändert werden mußte. Ja, anscheinend, so sagte er, brauchte er ein Gewehr.

Das war ihnen beiden klar. Daß sich das Land im Besitz der Reichen befand, und daß dieser Besitz den Reichen weggenommen werden mußte, bevor »Freiheit« etwas bedeuten konnte, war eine Tatsache, für ihr Bild von Amerika so fundamental, daß sie es naiv fanden, darüber noch zu diskutieren. Und doch, das Gesicht hatte es ihnen angetan. Es war ein Gesicht, wie sie es nur im Süden gesehen hatten. Ein Gesicht, in dem das Fieber des Leidens eine ungeheure Wärme hinterlassen hatte, und dem die Glut des Schmerzes eine Kerze hinter den Augen entzündet hatte. Es wollte begreifen, wollte erfassen, und die Anstrengung, ehrenhaft zu leben und dabei doch für alles Verständnis zu haben, für jeden Widersinn in der Natur, für jeden kauzigen Charakter und jede unwahrscheinliche Möglichkeit aufgeschlossen zu bleiben, hatte ihm eine matte Gelassenheit verliehen, so fest verankert und stabil, daß sie leicht mit Dummheit zu verwechseln war. Dies Gesicht machte, daß sie lieben wollten. Es machte, daß sie weinen wollten. Es machte, daß sie dem jungen Mann zurufen wollten, er solle weglaufen, daß sie ihn wenigstens warnen wollten, wie tief er verletzt werden würde. Es machte sie heimwehkrank.

»Haben wir Pfirsiche im Haus?«

»Ich würde mich schon mit einem Pinienzweig begnügen.«

Und Meridian und Lynne standen auf, kramten in der Wohnung herum und suchten nach Spuren ihrer einstigen Heimat im Süden. Lynne fand ihre Turkey-Walk-Decke und breitete sie sich über die Knie.

In diesem kleinen, schäbigen Apartment gab es Andenken an andere Orte, andere Zeiten. Da war zum Beispiel ein Kinderbettchen, zusammengeklappt in der Ecke des Wohnzimmers. Spielsachen fielen einem auf den Kopf, wenn man die Schranktür zu rasch öffnete. Winzige weiße Stiefelchen versteckten sich noch – eines jedenfalls – unter dem Kopfende des Bettchens. Getragene Kleidchen, zerschlissen, verblichen oder gut erhalten, hingen an Nägeln im kleinen Hinterzimmer. Die Abwesenheit des Kindes selbst war es, was sie schließlich zusammengeführt hatte. Zusammen hatten sie einen Verlust getragen, anders als der Verlust von Martin Luther King oder Malcolm X oder George Jackson. Sie trauerten tiefer, weil das Kind Camara (nach Camara Laye, der afrikanischen Schriftstellerin, die natürlich nichts von seiner Existenz ahnte, aber deren Buch *The Radiance of the King* eine verwandte Saite in Lynne angeschlagen hatte) ihnen persönlich vertraut gewesen war, weil es sehr jung (sechs Jahre) gewesen war und gestorben war, nachdem ihm Furchtbares angetan worden war. Sie wußten, sein Leiden machte es nicht einmalig; aber zu wissen, daß Verbrechen an Kindern, aus Leidenschaft oder aus Haß begangen, nichts Einmaliges sind in einer Gesellschaft, wo Kinder nicht besonders hoch geachtet werden, war ihnen kein Trost.

Sie warteten darauf, daß der Schmerz um Camaras Tod nachließe. Sie warteten darauf, einander um Verzeihung zu bitten. Sie warteten darauf, miteinander reden zu können. Und sie warteten darauf, daß Truman, Camaras Vater, zu seiner Frau käme, die ihre Tragödie erlebt hatte, wie schon so manche Welfare-Mother vor ihr: sie hatte es mit Pillen versucht, mit Exzessen von Sex (oder Exzessen der Abstinenz; welches von beiden war sich Meridian nicht sicher), und sie war in den Süden zurückgekehrt, wo sie und Truman – so erinnerte sie sich verschwommen – eine kurze Zeit glücklich gewesen waren. Und sie hatte in der Öffentlichkeit einen Nervenzusammenbruch gehabt. Für manche Dabeistehende der erste, den sie sahen (denn wenn ihre eigenen Verwandten regelmäßig ausflippten, nannte man sowas nicht »Zusammenbruch«. Ein Zusammenbruch, das war immerhin etwas anderes, als wenn man sagte: *zusammengebrochen* – wie etwa »Der So-und-so ist *zusammen*gebrochen«. In der Regel bei einer Beerdigung).

»Ich möchte dir etwas sagen«, sagte Meridian. »Ich mußte mich sehr zusammenreißen, dich nicht zu hassen. Und ich glaube, es ist mir immer geglückt.«

»Ist gar nicht so leicht, die omnipotente Honky-Woman nicht zu hassen«, sagte Lynne.

»Einverstanden.«

Meridians Koffer waren eigentlich gar nicht ausgepackt worden. Sie ging ins Bad und suchte Trikots und Zahnbürste zusammen.

»Danke, Meridian, für alles. Ehrlich, ich weiß nicht, was ich getan hätte ohne dich.«

»Du hättest Truman gehabt«, sagte Meridian.

»Ach, Truman«, sagte Lynne. »Das Letzte, was uns verbunden hat, ist für immer begraben.« Und sie biß sich auf die Lippen, um nicht zu schluchzen. »Schätze, ich sollte froh sein«, sagte sie. »Schätze, ich sollte dankbar sein, daß es vorbei ist. ›Jetzt kannst du wieder heim, zu den Deinen‹, das war's, was Truman zu mir sagte. Als wolle er sagen: ›Dieser kleine Flirt, durch den du herausfinden wolltest, wie die andere Hälfte der Menschheit lebt, ist vorbei, also kannst du deinen armseligen weißen Arsch packen und nach Hause gehen.‹ Kannst du dir vorstellen, wie ich bei meinen Leuten 'reinspaziert komme: ›Hallo, alle beisammen, dieser Black Nigger, mit dem ich durchgebrannt bin, hat mich sitzen lassen, mein Mulattenkind ist auch gestorben. Schätze, jetzt bin ich bereit, das College abzuschließen.‹ Meridian«, sagte sie und sah zu ihr auf. »Begreifst du, wie abgefuckt das alles ist?«

»Hm, ja«, sagte Meridian.

»Ich kann nicht nach Hause zurück. Ich hab' kein Zuhause mehr. Auch wenn ich könnte, ich würde es nicht. Ich weiß, die Weißen sind schlecht und abgefuckt. Ich *weiß*, sie sind zum Untergang verurteilt. Aber, was wird aus mir? Ich *weiß*, ich habe Gefühle, wie jeder andere Mensch. Camara war nicht nur irgendein Kind, das auf der Straße überfallen wurde. Sie war *mein* Kind. Ich müßte über das Grab meines Kindes trampeln, wenn ich zurückkehren wollte, und ich werde es nicht tun.«

»Ich weiß«, sagte Meridian.

Sie hatte Meridian umarmt, und sie waren auseinandergegangen. Lynne war in eine Art von Schlaf versunken, während sie an den Süden dachte.

Lynne

Ja, sie war in den Süden zurückgekehrt. Zurück in das kleine ungetünchte Haus. Es stand einsam und verlassen, ein verlorener Freund.

Sie hielt sich nicht lange mit der Frage auf, ob jemand es ihr verwehren würde, die Tür aufzubrechen und einzutreten. Sie zog sich auf die Veranda hoch, spürte Glasscherben unter den Füßen und versuchte erst einmal durchs Fenster zu sehen. Sie konnte die Hand durchstrecken, weil eine der Scheiben herausgefallen war. Dann probierte sie die Tür. Sie war nicht abgeschlossen: Sie hatte sich auch gar nicht gefragt, ob sie es sein würde oder nicht. Sie trat ein, wie sie es gewohnt war, trat rasch über die erhöhte Türschwelle, stieg hinunter und streckte die Hand aus, um das Licht anzuknipsen. Es funktionierte nicht, sei es, weil der Strom abgeschaltet war oder nicht, es war ihr egal. Es war dunkel. Mit den Fingern durch Spinnenweben und über Staub fahrend, tastete sie nach vertrauten Gegenständen auf dem Fensterbrett. Kurz danach zündete sie einen bunten Kerzenstummel an. Der Staub verbrannte mit einem beißenden, trockenen Geruch. Da war die Pritsche. Sie ließ sich fallen, und noch mehr Staub wirbelte auf. Sie legte sich den Schal unter den Kopf, unter die Wange. Sie war eher müde als hungrig. Sie streifte die Schuhe ab. Zog den Mantel über sich und schlief ein.

Sie schlief einmal rund um die Uhr, so daß es, als sie erwachte, noch immer dunkel war. Unsicher erhob sie sich, fühlte sich im

Augenblick des Aufstehens erfrischt, noch nicht auf die blauen und orangenen Pillen in dem durchsichtigen Plastikfläschchen in ihrer Handtasche angewiesen. Mühelos zog sie sich im Dunkeln die Schuhe an, ihre Füße waren kalt, und sie trat ans Fenster. Es war eine verhangene Nacht, mit grauen, leuchtenden Wolken, denn hinter ihnen stand der Mond. Beinah konnte sie ihn durch die Bäume jenseits der Veranda sehen. Im Hof war es still, nicht mal die Bäume schwankten und flüsterten, wie sie es, so erinnerte sie sich, immer getan hatten. Aber vielleicht war es, weil noch nicht Sommer war. Es war noch nicht einmal Frühling, obwohl es hier überall nach Frühling aussah. Nach dem langen Winter im Norden, wo noch immer Stürme tobten und der Schnee bis in den Norden Tennessees den Bus verfolgt hatte, war die Luft hier leicht und warm an ihrer Haut, ein wenig feucht. Wie ein Kuß, *dachte sie, mit jener mühelosen poetischen Assoziation, die sie an sich selbst nicht bewunderte.*

In diesem Hof hatte sie im Juli und August und an anderen heißen Tagen gesessen und unzählige Wassermelonen genascht. Klebrig kühl und gut, und der Saft war ihr, Spuren ziehend, über die Arme gelaufen. Er hatte sie einmal fotografiert, wie sie eine Wassermelone aß, und die Linien auf ihrem Arm hatten das Bild ruiniert; sie zeichneten sich wie nach innen gewölbte Adern ab, als ob irgendein schleimiges Tier seine weißliche Spur in die Haut eingegraben hätte. Trotzdem hatte das Bild ihr gefallen. Ihr Haar war offen wie immer, bis über die Taille hängend, schwarz, ohne Locken. Ihre Augen strahlend (auf dem Foto ebenfalls schwarz, ohne den feinen Stich ins Braune), frech, nach dem Finger spähend, der den Auslöserknopf der Kamera drückte. Keine Überraschung. Wartend. So daß ihr war – als sie jetzt auf die Treppe hinausblickte – als könne sie dort noch immer sitzen, unberührt durch all das, was im Lauf der Jahre geschehen war. Dort sitzen, noch immer schlank, ihr weißes Gesicht glücklich gelöst, von einem falschen Hauch Bräune überzogen, leuchtend – so fand sie – vor Gesundheit; jedenfalls die Krankheit verbergend.

Das Klosett war nicht direkt draußen, sondern auf der hinteren Veranda. Ein finsterer, türenknarrender Ort. Winzig, nur mit dem Nötigsten ausgestattet. Sie hatte einen anderen Kerzenstum-

mel angezündet; niemand schien hier gewohnt zu haben, seit sie fortgezogen war. Da war noch immer eine Glasscherbe über dem Waschbecken, wie ein Dreieck beschlagenen Silbers, der Staub schälte sich in Rollen. Die Toilette gluckste und rauschte, bevor sie funktionierte. Die Poster waren von den Wänden gefallen oder verrottet, aber als sie die Kerze zu einem emporhob, sah sie die vergilbten Konturen von hunderten marschierender Gestalten, auch wenn die Worte unter diesem verblichenen Bild völlig ausgetilgt waren. Es war, als bewegten die Demonstranten sich durch einen geisterhaft unwirklichen Raum, sie selbst Gespenster und nicht im mindesten besorgt oder ängstlich, was geschehen würde, wenn sie über den Rand des Bildes stürzten, aus der Wand, in einen noch toteren, noch endgültigeren Winkel.

Gerührt schälte und aß sie eine Orange. Langsam. Mit untergeschlagenen Beinen sitzend, die Kerze am Boden flackernd in der leichten Brise, die durch das scheibenlose Fenster wehte. In ihrer Tasche hatte sie Orangen, drei Äpfel, eine Käse-Ecke aus dem Delikatessen-Shop: wo die Besitzer sie erkannt hatten und erstarrt waren. Sie war dagestanden, mit diesem irritierenden Lächeln, das sie an sich hatte (das Lächeln irritierte sie sogar selbst, aber trotzdem setzte sie es ein), wenn sie es mit bigotten Heuchlern zu tun hatte, die Ansprüche an sie zu haben meinten. Sie warfen ihr nicht gerade die Lebensmittel über die Theke, wie sie es früher getan hatten, wenn sie mit ein paar schwarzen Männern oder Frauen hereinkam. Oder damals, als ihre Schwangerschaft sichtbar zu werden begann.

Anfangs hatte sie tatsächlich gehört, wie sie die Luft anhielten: die Matrone, die an der Registrierkasse stand, die jüngere Frau, die in der Küche über den schwarzen Kesseln stand, der junge Mann, der am Ende (als Camara bald zur Welt kommen sollte) doch noch freundlich mit ihr gesprochen hatte, aber mit einer gewissen Furcht vor ihr, einer Furcht wie um sein Leben, um seine gefährdete Sicherheit. Sie sammelte ihr Wechselgeld ein und schaute die drei ruhig an, ließ ihre Augen urteilen. Sie machten ihr ihre jüdische Herkunft - drückend - bewußt, während sie sie doch nur an ihr Weiß-Sein erinnern wollten. Und - über ihr Weiß-Sein hinaus - an das Weiß-Sein, das diese Familie (ursprünglich stammten sie, wie sie erfahren hatte, aus New York) jetzt wie ein Leichentuch einhüllte.

In diesen Tagen, damals, ging sie mit ihren schwarzen Freunden hin, um deutsches Bier zu holen, und die Augengespräche, ein Kampf, der ihren Freunden völlig verborgen blieb, wogten heftig zwischen ihr und den drei Ladeninhabern hin und her. Der junge Mann, bereits kahl werdend und seine Haut fahl vom Herumstehen und allwöchentlichen Salami-Schneiden, lernte nach und nach, ganz deutlich mit den Augen zu sprechen. Er sagte: Wir wollen dich nicht. Trotzdem, komm' wieder zu uns zurück. Es ist noch nicht zu spät. (Das war, bevor sie schwanger wurde.) Sie sagten: Hast du's gefunden? Hast du's gefunden? Und ihre Augen sagten zu der Frau mit der raffinierten Hornissennest-Frisur im Südstaatenstil: Dein Leben ist vergeudet. Vergeudet. Umzingelt von exotischen Lebensmitteln. Zu dem jungen, kahlwerdenden Mann sagte sie: Ja! Ja! Ich hab's gefunden. Ich bin glücklich. Warum, glaubst du, leuchte ich so? Idiot. Schwächling. Salami-Schneider. Null-Sex. Zu euch zurückkehren? Wurm. Du bist verrückt. Und was würdet ihr machen, wenn ich zurück käme? Mich eure Pastrami einwickeln lassen? Mich eure Sauergurken 'rausfischen lassen? Holzkopf. Leblose Kreatur. Geldmacher. Salami-Schneider. Challah-Bäcker!

Nicht ein einziges Mal fragten sie sie, wer oder was sie sei. Und mit ihnen sprach sie gutes Mädcheninternats-Englisch. Es war einfach so, daß sie es von ihnen wußte, wie sie es auch von ihr wußten. Daß sie, wie sie's seit jeher gewesen waren, an einen Ort versetzt waren, wo sie hinpaßten wie eine sechste Zehe an den Fuß. Wo niemand ihnen Vertrauen schenkte und jeder, der politische Ambitionen hatte, sie nach Kräften ausbeutete. Wo sie in einem Delikatessen-Shop hausten und mit vollen Händen Money machten, weil sie sich nicht vorstellen konnten, etwas Aufregenderes aus ihrem Leben zu machen. Geld machten, um Häuser – protzige, große, freistehende Häuser – draußen vor der Stadt zu kaufen. Geld machten, um ihre Elaines und Davids auf die Law School und auf die Medical School zu schicken, ohne ein richtiges Wort Hebräisch zu können, außer wenn sie im Norden die Synagoge besuchten, wo sie sich auch wieder wie Fremde fühlten.

Goyim strömten in den Delikatessen-Shop und hinaus, stinkend vor Toleranz und Südstaaten-Charme, ihr gezwungenes Lächeln wie Messerklingen, voll (echter) Anerkennung für die Lebensmittel. Ungewöhnlich, exotisch exzellent. Eine Abwechslung zu Pekan-Pastete und Gumbo-Kohl, mit einem großen Glas Ginger-Ale oder Tom Collins serviert.

Sie beobachtete sie in all den Jahren, die sie in dieser Stadt gelebt hatte (denn sie kaufte dort ein, auch wenn es teuer war und sie wenig Geld hatte), und beobachtete sogar die Fassade des Delikatessen-Shops, solange er nach dem Bombenanschlag auf die örtliche Synagoge geschlossen war. Man war schockiert, so sagten die Zeitungen. Entsetzt über den Bombenanschlag! Sie lachte über ihre Naivität. Lachte über ihre prekäre »Sicherheit«. Lachte mit so bitterem Hohn, daß sie nicht mehr mit einem Südstaaten-Juden sprechen konnte, ohne den Wunsch, ihn oder sie ins Gesicht zu schlagen.

Der Käse, ein dänischer Camembert, zerging wie Butter auf ihrer Zunge...

Der Käsegeschmack brachte sie wieder zu sich, obwohl sie, den Kopf unbeweglich an der Stuhllehne, die Augen geschlossen hielt. Sie richtete sich auf, sah Meridian an, die eingeschlafen war, und sprang laut gähnend auf.

»Die Schwarzen sind gar nichts so Besonderes«, sagte sie. »Ich geb's nicht gerne zu, aber sie sind es nicht.«

»Vielleicht«, sagte Meridian, als ob sie die ganze Zeit hellwach gewesen wäre. »Die Zeit, um etwas Besonderes zu sein, ist vorbei. Die Juden kämpfen für Israel, mit einer Hand in einen Ritz der Klagemauer gekrallt. Nimm' es doch einfach so, die Schwarzen und die Juden haben ausgehalten, so lange sie konnten.« Meridian rieb sich die Augen.

»Gütiger Gott, das ist deprimierend«, sagte Lynne. »Es ist noch deprimierender als zu wissen, daß ich Truman wiederhaben will.«

»Das *ist* deprimierend«, sagte Meridian.

»Oh, ich weiß, er taugt nicht viel«, sagte sie. »Aber er hat mich vor einem Schicksal bewahrt, schlimmer als der Tod.

Um seinetwillen kann ich nie mehr so abgestumpft sein, wie meine Mutter war. Selbst wenn ich mich anstrengen würde, nicht zu wissen, was in der Welt los ist, selbst wenn ich in Scarsdale oder in einem anderen komischen Nest lebte und nie in meinem Leben Wohlfahrtsfraß hätte essen müssen, würde ich dennoch *wissen.* Ich bin von Natur aus nicht dafür geschaffen, zu den Unterdrückern zu gehören. Ich kann sie nicht ausstehen; sie machen mir dauernd Schuldgefühle. Sie sind häßlich und wissen nicht, daß die Armen über sie lachen und nur darauf warten, sie mit einem Fußtritt vor die Tür zu setzen. Nein, Truman taugt nicht viel, aber er ist sehr *lehrreich*«, sagte Lynne. »Außerdem«, fuhr sie fort, »ist niemand vollkommen.«

»Abgesehen von weißen Frauen«, sagte Meridian augenzwinkernd.

»Ja«, sagte Lynne, »aber ihre Zeit wird kommen.«

ENDE

Kein ferner Himmel schützte mich
und keines Fremden Fittich schützte mein Gesicht.
Ich steh als Zeuge ein, des Schicksals aller,
Überlebende aus jener Zeit, von jenem Ort.

Anna Achmatova: »Requiem«

Endlich frei

EIN TAG IM APRIL 1968

Lange bevor die City von Atlanta erwachte, fand sie sich neben der Kirche, den Rücken gegen die Steine gelehnt. Wie all die Armen um sie her, mit ihren dürftigen Feuern in Kohlenpfannen gegen den Aprilfrost, hatte sie sich ein Brathähnchen in Silberpapier mitgebracht und aß es langsam, während sie auf die Sonne wartete. Die Familien in der Runde erzählten den Kindern Geschichten über die alten Zeiten, bevor noch die Schwarzen marschierten, bevor noch die Schwarzen wählten, bevor sie sich erlauben durften, ihren Zorn oder auch nur ihren Verdruß zu zeigen. Da gab es auch Stories über Südstaaten-Jagdpartien auf Waschbär und Opossum in den roten Hügeln Georgias, und Mythen von starken Frauen und Männern, Indianern und Schwarzen, die um die geheimen Plätze des Landes wußten und sich von dort nicht vertreiben ließen. Wie immer, hatten sie ihren besten Sonntagsstaat angelegt, und sie waren entmutigt; die schwarzen Crêpepapierbinden um ihre Arme hätten aus Eisen sein können.

Sie waren da, als die Menge zu wachsen begann, ganz früh am Morgen. Beiseite rückend, ihren Platz am Kirchenportal räumend und doch nach vorne drängend, reckten sie ihre ermüdeten Hälse, um zu sehen, um nur für einen Moment, nur für einen kurzen Blick den Sarg zu sehen.

Sie waren da, als die Limousinen vorfuhren, und waren da, als die Familie sich – gebrochen – die Stufen hinaufschleppte, und waren da, als die für die Präsidentschaft kandidierenden Senatoren vorübereilten, und waren da, als die Schar der Geistlichen in ihrer unüberbietbaren Empörung vorbeistapften, und waren da, als die Film-Stars, wie gemächlich im Winde treibend, in die Kirche schwebten, und waren da, als alle diese sich den Anschein gaben, die erbarmungswürdige Menge der Niemande nicht zu sehen, die danach hungerten, näherzutreten, die während des ganzen Trauergottesdienstes (der ihnen wie scheppernde Muzak hinaus übertragen wurde) draußen standen und mit ihren Füßen – in allzu leichten Schuhen – scharrten und sich immer wieder räusperten, um ihre Tränen zu unterdrücken, und trotzdem hilflos weinten.

Später, dem Sarg auf seiner Maultier-gezogenen Lafette folgend, fingen sie an einen Song zu singen, den der Tote geliebt hatte: »Ich trete ein in den Ga-arten allei-ein ... da der Tau noch liegt auf den Ro-osen...« So ein alter Schlager! Und neutral. Die Würdenträger, die sich noch nicht verdrückt hatten – und jetzt auf den Vier-Meilen-Marsch hinter dem großen Toten schimpften – rissen in genialer Mime eifrig ihre Münder auf. Vor Meridian stolzierte ein Mann mit einem kleinen weißen Pudel an der Leine. Der Mann war ein Schwarzer, ein Lächelnder. Als er sich umschaute, funkelte in seinem Mund ein in verziertes Gold gefaßter Zahn. Auf dem Rücken des Hündchens verkündete ein purpurrotes Plakat mit weißen Buchstaben: »I have a Dream...«

Dann bemerkte sie es: Im Gehen verwickelten sich die Leute gegenseitig in laute, sogar schallende Unterhaltungen. Sie fragten sich nach ihren Jobs aus. Sie fragten sich nach ihren Angehörigen aus. Sie redeten über das Wetter. Und überall der Ruf nach Coca Cola, nach einem Imbiß. Popcorn tauchte auf, und den ganzen Weg entlang entfalteten Würstchenstände ihre breiten bunten Schirme. Die Sonne kam hinter den Wolken hervor, und im Trauergeleit zog man die Jacken aus und lockerte Gürtel und Schlipse. Diejenigen, die das Lieblingslied ohnehin nicht gekannt hatten, ließen es fallen, und es lag ein

Gefühl der Erleichterung, der Befreiung in der Luft, das abstoßend war.

Meridian wandte sich ab, wie in Scham vor dem Toten selbst.

»Ist doch ganz typisch für die Schwarzen, Mann«, sagte ein dürrer schwarzer Junge, der auf eine imaginäre Trommel klopfte. »Wir machen kein großes Tamtam um den Tod, wie es die Weißen tun.« Er sagte es zu einem weißen Pärchen, das sich schuldbewußt an jedes seiner Worte klammerte.

Hinter ihr lachte eine schwarze Frau, lachte und lachte, als wären zu guter Letzt all ihre Sorgen davongeflogen.

Fragen

»Ich fürchte, ich werde nicht fähig sein, zu erfüllen was von mir verlangt wird – von der Geschichte, von der Ökonomie...«

»Aber da ist so vieles, was du geben kannst, anderes als nur die Fähigkeit, zu töten. Das sollte doch selbstverständlich sein.«

»Ist es aber nicht.«

»Ich hab' auch die Faust gehoben und geschrien: ›Tod den Honkies‹«, sagte Truman, »aber ich wußte, daß ich es nicht wirklich so meinte. Nicht wirklich. Nicht wie die Männer, die während der Unruhen die Polizei angriffen. Ich habe mir überlegt, wie es sein würde, zu töten – damals, als ich glaubte, ich würde eingezogen. In der Army wäre das Töten in Ordnung. Da ich nicht eingezogen wurde, schien es mir sinnlos, darüber nachzudenken.«

»In der Army dürftest du einfach töten, um selbst am Leben zu bleiben. Revolutionäres Töten geschieht systematisch. Du stellst die Leute vor dir auf, die dich mißhandelt haben, als Gruppe, und du liquidierst sie einfach, wie du eine Krankheit liquidieren würdest.«

»Eine Krankheit mit Gesichtern, mit Kindern ... mit menschlichen Stimmen.«

»Ja, aber dennoch eine Krankheit.« Für Truman war es eine theoretische Diskussion, darum konnte er seinen Standpunkt klar vertreten. »Übrigens«, sagte er nun, »glaubst du, du könntest jemanden töten, der vor dir aufgestellt ist, ihn beseitigen wie Diphterie oder Pocken oder Krebs?« Obwohl die Reichen für Truman ein Krebsgeschwür dieser Welt waren, hätte er nichts dagegen gehabt, selbst reich zu sein.

Meridian lachte, und die unausrottbare Ambivalenz ihres Wesens belustigte ihn. »Manchmal bin ich mir sicher, daß ich es könnte. Manchmal bin ich mir ebenso sicher, daß ich es nicht könnte. Aber selbst wenn ich mir sicher wäre, daß ich es jederzeit tun könnte – wie könnte ich es *wissen,* nicht wahr? Es wissen, bevor die Gelegenheit da wäre, jemanden zu töten? Außerdem«, sagte sie, »vertraue ich den Revolutionären nicht genug, um sie entscheiden zu lassen, wer getötet werden sollte. *Ich* würde wahrscheinlich selbst auf der falschen Seite des Exekutionskommandos enden.«

»Niemand würde von dir verlangen, zu töten«, sagte Truman.

»Weil ich eine Frau bin?«

»Heiliger Gott«, sagte Truman, »weil du ganz offensichtlich nicht dafür geschaffen bist. Du bist zu sensibel. Ein Schuß, und du wärst, auch wenn du danebentriffst, ein Fall für die Ärzte.«

»Das stimmt«, sagte Meridian, »aber meinst du, das hat etwas damit zu tun? Ich nicht. Ich glaube, wir alle, die wir gleiche Chancen und materielle Güter für die Schwarzen und für die Armen fordern, müssen uns fragen, wie wir zum Töten stehen, auch wenn sonst niemand es tut. Andernfalls werden wir – vor dem Kampf – niemals wissen, wieviel wir bereit sind aufzugeben.«

»Nimm einmal an, du hättest herausgefunden, daß du – ohne jeden Skrupel – einen anderen für eine gerechte Sache ermorden könntest. Was würdest du tun? Würdest du hingehen und ihn ermorden?«

»Allein, niemals«, sagte Meridian. »Außerdem fängt die Revolution, was glaubst du wohl, nicht mit einem Mord an – Kriege vielleicht, ja – sondern mit Lehren und Lernen.«

»Oh, ja – *Lernen*«, sagte Truman verächtlich.

»Ich würde gern wieder lehren«, sagte Meridian. »Ich habe Achtung davor, wenn es richtig gemacht wird. Immerhin wollen die Menschen erfahren, wie man leben...«

»Und du glaubst, du könntest es sie lehren?«

»Ich weiß nicht. Ich stelle mir richtiges Lehren und Lernen als Kreis von ernsthaften Menschen vor, die sich hinsetzen, um einander sinnvolle Fragen zu stellen. Ich stelle es mir nicht als ein Weiterreichen von fertigen Antworten vor. Das Lehren, wie es bisher gemacht wird, ist doch nur eine Anleitung, welche Waren man begehren soll.«

»Meridian«, sagte Truman, »ist dir klar, daß heute niemand mehr über solche Sachen nachdenkt? Die Revolution war das Thema der sechziger Jahre: Medgar und Malcolm und Martin und George, Angela Davis, die Panthers, lauter Leute, die Häuser und dann sich gegenseitig in die Luft gesprengt haben. Aber das alles ist vorbei. Ich selbst mache für die Zweihundertjahrfeier eine Statue von Crispus Attucks. Wir sind hier, um zu bleiben: die Schwarzen und die Armen und die Indianer, und jetzt auch all die illegalen Immigranten aus der Karibik, die Amerika so lieben, wie es ist.«

»Dann glaubst du also, daß die Revolution, wie alles in Amerika, zu einer Modeerscheinung geschrumpft ist?«

»Klar«, sagte Truman. »Die Anführer wurden umgebracht, die unruhigen jungen Leute wurden mit Anti-Armuts-Jobs gekauft, die Kleidung der Armen wurde in den Modeboutiquen der Seventh Avenue kopiert. Und du *weißt*, wie viele weiße Middle-Class-Girls aus Brooklyn heute mit einem Afro herumlaufen.«

»Aber du glaubst nicht, daß die grundsätzlichen Probleme, die King und Malcolm und all die anderen aufgezeigt haben, noch immer existieren? Glaubst du nicht, daß die Menschen, irgendwo tief in ihrem Innern, sich immer noch damit auseinandersetzen?«

»Nein«, sagte Truman.

»Gibt es denn in der Revolution keinen Platz für einen Menschen, der *nicht* töten kann?« fragte Meridian, die ihm offenbar nicht glauben wollte.

»Warum machst du dich mit solchen Fragen verrückt?« fragte Truman und beugte sich zu ihr hinüber. »Wenn die Zeit kommt, dann vertraue auf dich und tu' das Richtige.«

»Das ›Richtige‹? Oder vielleicht nur das, was mir das Leben retten könnte?«

»Mach' keine Haarspalterei.«

»Nein. Sieh mal, du meinst wahrscheinlich, ich sollte darauf vertrauen, daß ich das Korrekte tun werde. Aber es ist mir schon immer schwergefallen, das Richtige und das Korrekte zu unterscheiden. Das Richtige ist, niemals zu töten. Daran werde ich immer glauben. Das Korrekte ist, zu töten, wenn Töten notwendig ist. Und manchmal ist es das, ich *weiß*.«

Sie mußte mit diesen Fragen ringen, sie konnte nicht anders. Wie auch Truman nicht anders konnte, wenn er ein solches Ringen für zwecklos hielt. Am Ende taten die Menschen doch immer das, was sie tun mußten, um zu überleben. Sie fanden sich ab, sie lehnten sich auf, sie verkauften sich oder kämpften es mit der Waffe aus – oder sie ließen sich einfach treiben im Strom der Zeit, was immer das sein mochte. Und sie gefährdeten nicht Leib und Leben mit Fragen nach einem Sinn, den sie verlieren könnten. Und das unterschied sie von Meridian.

Es war ein kleines weißes Haus, von Nachbarn aus der Schwarzen Community frisch getüncht, mit grünen Fensterläden und einer grünen Tür. Es stand auf der Böschung über einer Landstraße, wie all die anderen Häuser. Die »Straße« war ein Weg voller Karrenspuren, und auf beiden Seiten zogen sich flache Gräben hin, bestanden mit dichtem Unkraut und vereinzelten gelben Blumen. Von der Straße gesehen, lag das Haus beinah versteckt hinter einem Maschenzaun, überwuchert allmählich, im Lauf der Jahre, von kletternden Ranken, von blauen Trichterwinden und Purpurwinden und orangeroter und gelber Heckenkirsche, wie sich jeden Sommer zeigte, und im Winter war immer noch der grüne, dickblättrige Efeu da. Auch die Pforte war von Ranken überwachsen, und mit einem rostigen Eisenhaken zu öffnen. Von der Straße war nur der Schornstein zu sehen, und ein Streifen vom schwarzen

Dach. Der Garten fiel rückwärts in eine breite Senke ab, die sich parallel zur Landstraße hinzog, und die von den Anwohnern in ohnmächtiger Verbitterung als »Swimming-Pool« bezeichnet wurde. Wenn es regnete, durften die Kinder nicht draußen spielen, weil das Wasser im »Pool« lautlos steigen konnte – wie ein Dieb in der Nacht –, bis es über dem Kopf eines Dreijährigen zusammenschlug.

Bei gutem Wetter aber spielten die Kinder gerne im »Pool«, und sie schlichen sich hinters Haus, um im Wasser herumzuwaten. Das öffentliche – weiße – Schwimmbad war, nachdem die Bundesregierung in Washington befohlen hatte, es auch für die Schwarzen zu öffnen, von den Vertretern der Stadtverwaltung einfach geschlossen worden – von Leuten, die reich waren, und weiß, und überdies ihren privaten Swimming-Pool im eigenen Garten besaßen. Es hatte nie ein öffentliches Schwimmbad für die Schwarzen gegeben, von denen folglich nur wenige schwimmen konnten.

Besonders schlimm waren die Überflutungen im Frühjahr und im Herbst, weil dann die schweren Regenfälle kamen. Außerdem aber hatten die gleichen Stadt-Vertreter, die das öffentliche Schwimmbad geschlossen hatten, in der Nähe des tiefgelegenen Schwarzen Wohnviertels einen riesigen Wasserspeicher gebaut. Wenn das Wasser in diesem Stausee durch den unaufhörlichen Regen stieg, ließ man den Überschuß abfließen, wohin er wollte. Dies geschah stets ohne Vorwarnung, und so wurden die ungehorsamen Kinder, die im »Pool« umherplanschten, von der Flut mitgerissen und ertranken.

Immer wenn dies geschah, und es geschah jedes Jahr, weinten die Menschen in der Community und brachten den trauernden Eltern Obst und Brathühnchen als Gaben. Die Männer standen in Gruppen beisammen und verfluchten den Bürgermeister und den Bevollmächtigten der Stadt und die Versammlung der Stadträte, die sie ironischerweise stets nur die »Stadtväter« nannten. Die Frauen saßen bei der Mutter des umgekommenen Kindes, dachten an ihre eigenen umgekommenen Kinder, starrten zu ihren Männern hinüber – die den Blick nicht erwiderten – und schüttelten die Köpfe.

Es war Meridian, die sie vor den Amtssitz des Bürgermeisters geführt hatte, in ihren Armen den aufgetriebenen Leib eines fünfjährigen Jungen, der zwei Tage lang im Kanal gelegen hatte, bevor er mit einer Hakenstange herausgefischt wurde. Der Leichnam des Jungen war so entstellt, daß die eigene Mutter nur einen Blick darauf geworfen und sich geweigert hatte, ihn anzufassen. Den Menschen, die Meridian folgten, erschien es, als trüge sie einen großen Strauß langstieliger Rosen. Und so süßlich mochte der Leichnam auch riechen, nach ihrem heiteren, gesammelten Gesicht zu schließen. Sie waren ihr in die Versammlung der Stadträte gefolgt, der ein weißhaariger, bebrillter Bürgermeister vorsaß, und sie hatte das Kind, dessen Leiche in Auflösung begriffen war, neben seine Amtsglocke gelegt. Die Leute hatten mit ihr kehrt gemacht und waren ihr hinaus gefolgt. Und sie gingen hinter ihr, als sie sich – in einiger Entfernung vom Stadtzentrum – plötzlich zusammenkrümmte und auf den Boden fiel.

Als sie wieder auf war, kamen sie zu ihr und boten ihr alles Erdenkliche an, darunter das Versprechen, sie würden das nächste ihnen geborene Mädchen auf ihren Namen taufen. Sie aber nahm ihnen das Versprechen ab, sie sollten – als mindeste Widerstandstat gegen die Ermordung ihrer Kinder – ihr Stimmrecht gebrauchen lernen.

Zuerst lachten die Leute nervös. »Aber ist doch nichts«, sagten diese Menschen, die vordem nichts anderes gewußt hatten, als untereinander zu jammern und immer zu weinen. »Man wird uns auslachen, weil es nicht radikal ist«, sagten sie, plötzlich bereit zu glauben, der Radikalismus werde ihren ängstlichen Seelen über Nacht wie eine schimmernde Rüstung wachsen.

Es gab zwei Zimmer. Im einen, eine Kochplatte, ein Tisch und einen wackligen Stuhl (von den Nachbarn mitgebracht, als sie die Lebensmittel und die Kuh brachten), und in dem anderen, wo Meridian schlief, nur ihren Schlafsack auf dem nackten Boden, ein paar Toilettenartikel auf dem Fensterbrett (die Truman im ersten Moment übersehen hatte) und einen vertrockneten Strauß Wiesenblumen in einer grünen Weinflasche im Eck. Und natürlich die Briefe.

Truman war immer auf der Suche nach Meridian, auch wenn er es selbst nicht wußte. Er fand sie immer, als zöge sie ihn an einem unsichtbaren Faden. Aber auch wenn er sie immer fand, war sie nie das, was er erwartete. Diesmal würde es nicht anders sein.

Sie wollte nicht in seinem neuen grünen Auto fahren. »Ein netter Wagen«, sagte sie, »aber ich gehe lieber zu Fuß.«

»Vor zehn Jahren«, sagte Truman, »als deine Art von Protest noch neu und in Mode war, *mußten* wir marschieren. Jetzt dürfen wir fahren. Oder gehört das Fahren in neuen Autos zu dem, wogegen du protestierst?«

»So ähnlich, glaube ich«, sagte Meridian.

»Warum bist du nicht konsequent«, sagte er, »und tust dir Steine in die Schuhe?«

Camara

Irgendwann – nach dem Frühjahr '68 – begann Meridian wieder in die Kirche zu gehen. Das erstemal, es war ein heißer Sonntag im Juni, hatte sie auf der anderen Straßenseite vor den Toren eines Kaufhauses gestanden und zugeschaut, wie die Leute eintrafen. Sie fuhren in funkelnden Autos vor, grün, braun oder schwarz, stiegen aus, gut gekleidet, gepudert und gebürstet, mit glänzendem Haar, mit Handtaschen aus Lackleder, die Männer steif und »cool« in schwarzen Anzügen, die Frauen farbenprächtig in pinkroten, gelben und pastellblauen Roben, mit Blumen.

So beobachtete sie und empfand eine gewisse Panik. Sie schienen so unverändert durch all das, was mit ihnen geschehen war. Sicher, die Kirche war eine andere als die Kirchen ihrer Kindheit; sie war weder schäbig noch klein. Sie war groß, aus Ziegeln gemauert, mit Buntglasfenstern aus gelben und braunen Scheiben, kein Rot und kein Blau. Ein imposanter Bau. Und doch reckte sie sich nicht in den Himmel wie eine Kathedrale, sondern stand festgefügt auf der Erde. Meridian spürte die starke Hitze im Umkreis der Kirche lasten, und die Menschen schritten langsam, beinah feierlich die Treppenstufen hinauf, wie in eine zeitlose Fotografie hinein. Und sie, die auf der anderen Straßenseite stand, gehörte nicht zu ihnen. Vielmehr empfand sie sich als Außenstehende, als einzelnes Auge hinter einer Kamera, aus einem Winkel ihrer Jugend hervorvisierend, jetzt nur scharfgestellt, weil sie beobachtete. Hätte sie nicht beobachtet, die Szene wäre genau die gleiche gewesen, und nur das »Foto« selbst hätte nie bemerkt, daß die Kamera fehlte.

Jeden Sonntag, mehrere Wochen lang, entschied sie sich für eine andere Kirche. Schließlich – und sie wußte keinen Grund dafür – fand sie sich vor einer großen weißen Kirche wieder, einer baptistischen Kirche (mit Blau und Rot in den Buntglasfenstern; vielleicht war es das, was sie angezogen hatte), und sie hielt den Atem an und stieg die Treppe hinauf und ging hinein. Die Kirche war beinah voll besetzt, und ein Türhüter – ein stiller Junge, kraftvoll, aber *gebändigt* in seinem feierlichen blauen Anzug – geleitete sie zu einem Platz in der Nähe des Eingangs. Es erschien ihr so unwirklich, daß die Leute noch immer *kamen,* daß sie tatsächlich am Sonntagmorgen aus dem Bett stiegen und zur Kirche kamen; und wenn sie an ihr vorübergingen, starrte sie ihnen nach, den Mund halb offen.

Ein massiger, dunkelhäutiger Mann mit vorspringenden roten Augen – ob traurigen oder bösen Augen, das konnte sie nicht erkennen – schlurfte an ihrer Bank vorbei und stieg zur Kanzel hinaus, was ihre Aufmerksamkeit auf eine kleine Gruppe von Menschen lenkte, die sich dort versammelt hatten. Ein demütig dreinschauendes Wesen im braunen Kostüm schleppte die große Fotografie eines im Bürgerrechts-Kampf erschlagenen Märtyrers hinter dem Altar hervor. Prompt sprangen zwei kleine schwarze Mädchen auf und stellten zu beiden Seiten Vasen mit langstieligen Lilien auf – weiß und unbefleckt (die grünen Stengel wächsern und fleischig).

Sie erhob sich, während die Leute ein früher sehr bekanntes Lied sangen. Jetzt aber konnte sie sich nicht mehr an die Worte erinnern; sie schienen wie steckengeblieben in einer verwehten Spur ihrer Erinnerung. Geistesabwesend die Banklehne vor sich umklammernd, starrte sie zu den Leuten hinter dem Altar hinauf. Sie wollte es gar nicht gleich finden – was es auch sein mochte, das sie suchte. Sie hatte wirklich keine Vorstellung, was es sei. Und doch war sie *hier.* Sie machte den Mund auf und versuchte zu singen, aber bald erkannte sie, daß es nur die Melodie des Liedes war, an die sie sich erinnern konnte, denn diese Worte klangen ganz neu für sie.

Der Mann mit den roten Augen sprach leise mit den Leuten, die um ihn saßen, und wischte sich Gesicht und Nacken mit einem Taschentuch, das schneeweiß gegen seine glänzende Haut abstach. Einer der Männer stand auf und bat irgendwen, das Gebet vorzusprechen. Der Mann, der nach vorne ging, kniete sich nicht hin. Er stand aufrecht vor der Gemeinde, die Schultern gestrafft, das Gesicht hart. Er sagte, sie wären froh über diese Gelegenheit, wieder einmal zusammenzusein. Er sagte, sie wären dankbar, am Leben zu sein, in der Mehrzahl gesund zu sein, und als Gemeinde wie als Familie zusammenzuhalten. Er sagte, er sei dankbar dafür, daß sie sich in Zeiten der Not aufeinander verlassen könnten. Er sagte, er bete nicht mehr, denn es gäbe viel Arbeit für die Community zu tun. Er setzte sich.

Auf dieses Gebet folgte ein weiteres Lied, das Meridian völlig fremd war, dessen Worte sich ganz hinter der ziemlich kämpferischen Melodie versteckten. Meridian schien es, als ob dies beabsichtigt sei; jedenfalls wurde ihre Aufmerksamkeit nicht mehr durch eine vergebliche Suche nach Worten abgelenkt, an die sie sich nicht erinnern konnte, sondern verschmolz allmählich mit der triumphalen Gewalt dieser seltsam todesverachtenden Musik.

»Kriegsgesänge gilt's zu schreiben«, zitierte sie unwillkürlich Margaret Walkers berühmtes Gedicht, »Totenklagen zu vergessen!« Sie schrak auf und blickte in die Runde. Die Leute sahen aus, genau wie sie immer aussahen, seit sie schwarze Kirchgänger gekannt hatte, und das war ihr ganzes Leben lang, aber sie hatten die Musik geändert! Sie war schockiert.

Der Geistliche – um die dreißig, in tadellosem schwarzen Anzug, mit gestreifter Krawatte nach einer älteren Mode – sprach mit einer Stimme, so erschreckend ähnlich der Stimme von Martin Luther King, daß Meridian anfangs glaubte, es sei seine Absicht, die Leute für dumm zu verkaufen, oder sich zu mokieren. Sie spähte umher, um zu sehen, ob sonst noch jemand Anzeichen von Empörung oder Spott zeigte. Aber alle

Gesichter in ihrer Bankreihe blickten stoisch nach vorn, und sogar die schwatzenden jungen Männer in der Bank gegenüber schienen unbesorgt. Ihr erster Impuls war gewesen, bitter aufzulachen über diesen wichtigtuerisch, nachäffenden Prediger. Dann aber fing sie an, hinzuhören. David und Goliath wurden kurz erwähnt, um eine Feststellung zu unterstreichen. Dann ließ der Prediger eine Attacke auf Präsident Nixon los, den er »Tricky Dick« nannte! Er sprach die jungen Männer unter den Zuhörern an und verbot ihnen, am Vietnam-Krieg teilzunehmen. Er sagte den jungen Frauen, sie sollten aufhören, nach einem Mann Ausschau zu halten, und lieber versuchen, ihren Kopf mit nützlichen Dingen zu beschäftigen. Er sagte den älteren Mitgliedern der Gemeinde, sie sollten sich schämen dafür, daß sie ihre kleinen Kinder für sich in den Kampf schickten. Er sagte ihnen, daß sie feige und erbärmlich wären, wenn sie ihre Kinder allein in die Schulen im Weißen Stadtviertel schickten. Er schalt die anwesenden schwarzen Lehrer, die sich, wie er sagte, nicht hart genug anstrengten, die schwarze Jugend zu unterrichten, weil sie offenbar nicht an sie glaubten.

Auf einmal wurde Meridian klar, daß er absichtlich King imitierte, daß er und alle in seiner Gemeinde *wußten,* daß er ganz bewußt diese Stimme lebendig hielt. Es war wie ein *Theaterstück.* Das überraschte Meridian; und die Stimme des Predigers – gar nicht seine eigene Stimme, sondern die Stimme von Millionen, die nicht mehr sprechen konnten – rollte weiter und immer weiter in ihrer mal hitzigen, mal kühlen Spur. Gott wurde nicht erwähnt, außer in Anspielungen.

Plötzlich wurde ihr bewußt, daß der Klang des »Ah-men« ein anderer war. Nicht aus Resignation gemurmelt, nicht aus Verzweiflung geschrien. Niemand sprang aus seiner Bank auf. Niemand schwitzte gar. Nur das »Ah-men« stieg klar und unsentimental empor, und im bestimmten Ton eines »Wir haben es satt!«

Als der rotäugige Mann sich erhob, gab es überall in der Kirche ein Getuschel. Der Prediger stellte ihn vor, als Vater des Erschlagenen, dessen Bild von weißen Lilien flankiert war. Ja, jetzt da er vorgestellt wurde, erinnerte Meridian sich an ihn.

Als sein Sohn umgebracht wurde, war er zeitweilig wahnsinnig geworden. Meridian hatte davon in der Zeitung gelesen. Er hatte sein Haus mit der Axt demoliert, hatte sie geschwungen, bis er – absolut und zutiefst stumm und sprachlos – aus der Stadt geschafft und in ein Sanatorium gesteckt wurde. Er war wiedergekommen, rotäugig und massiger und von tödlicher Ruhe – er nahm Tranquilizers, so hieß es, und gedachte (so flüsterten, so hofften die Leute) für ein politisches Amt zu kandidieren. Dies aber hatte sich nicht erfüllt.

Er lebte friedlich in der Ruine seines demolierten Hauses, und manchmal kehrte – unwillkommenermaßen – sein Verstand für einige Tage wieder. Dann brüllte er seinen Schmerz heraus. Zu anderen Zeiten sprach er – mit seiner für gewöhnlich reservierten, eher ironischen Stimme – zu seiner Frau und den anderen Kindern, die längst tot (bei einer früheren Feuersbrunst umgekommen) waren. Sein Sohn, der Märtyrer, war ihm als einziger von der Familie geblieben. Als der Junge klein war, hatte er stolz erklärt, daß dieser Sohn – schmächtig, schwarz, zart und anmutig, wie seine Mutter gewesen war, mit ihren zierlichen kleinen Händen – im Alter einst seine Stütze, seine Zuflucht sein werde. Er hatte nicht verstanden, als sein Sohn sich für den Kampf entschied. Noch weniger hatte er verstanden, als sein Sohn tatsächlich zu kämpfen anfing, als er von Kugeln, von Bomben, von Revolution zu reden begann. Für seine Reden allein (soviel sein Vater wußte, oder glaubte, oder wissen wollte) hatten sie ihn umgebracht. Und sein Vater – an seinen gesunden Tagen, gedopt wie er war, randvoll mit Tranquilizern (denn es ist wahr, er aß sie mit vollen Händen) – verstand noch immer nicht. Er hatte geglaubt, daß die Macht seiner Liebe allein (und wie selten sie war, wußte sogar er!) seinen Sohn retten werde. Aber seine Liebe – selbstlos, offen, eine liebkosende, streichelnde Liebe – hatte seinen Sohn nur stark genug gemacht, gegen alles aufzubegehren, was nicht Liebe war. Stark, geliebt, durch die Augen des Vaters seinen eigenen hohen Wert erkennend, war er aufgebrochen, die Welt zu verändern, die sein Vater fürchtete. Und sie hatten ihn ermordet.

Sein Vater wußte um die Schönheit der Seele dieses Sohnes, wie ein Juwelier um das Leuchten des Juwels im Gestein weiß – die Zartheit im Herzen des Kriegers. Und dieser Verlust war es, um den er weinte, um dessentwillen er das Leben als willkürlich und widersinnig verabscheute. Und sein Leben als leer empfand, und sein Herz als beraubt.

Die Leute versuchten, freundlich mit ihm zu sein, wie er dies, selbst in seiner Verrücktheit - voll Vertrauen von ihnen erwartete. Es war ein Gefühl, das ihn mit seinem Sohn verbunden hatte. Denn mochte sein Sohn auch noch so mißtrauisch sein gegen die Weißen, gegen die Reichen, gegen Menschen, die Krieg führten, um andere zu vernichten – er hatte absolutes Vertrauen zu den Leuten, unter denen er aufgewachsen war. Leuten wie sein Vater – der ein einfacher Mechaniker gewesen war, der seine eigene vollgestopfte kleine Werkstatt besessen hatte, in der er gute, stolze, ehrliche Arbeit tat – Menschen wie sein Vater, die die Last jeder Unterdrückung und jeder Revolution tragen konnten, solange sie nur wußten, daß sie zusammen waren und daran glauben konnten, daß die Qualen, die sie erlitten, ein *gerechtes* Ende finden würden. Die Leute öffneten sich ganz und gar für den persönlichen Schmerz eines anderen, wenn man sie nur ließ. Aber der Vater, die Hälfte der Zeit verrückt, und glücklich darum, ließ keine Nähe zu. Er wurde nach einiger Zeit mit seinen Erinnerungen und seinen Geistern alleingelassen.

Nur zu Gelegenheiten wie dieser, nur bei Gedenkfeiern für seinen toten Sohn, war seine Anwesenheit ausdrücklich erwünscht, und er kam auch in die verschiedenen Schulen und Kirchen. Niemals sah er das Bild seines Sohnes an, sondern kam herein und stand vor den Leuten, weil sie, die Mahner brauchten, es von ihm verlangten. Sie akzeptierten ihn in der Form, wie er sich gab, und wußten, daß er unberechenbar war. Heute stand er minutenlang reglos, sein Kehlkopf zuckend, seine Augen röter denn je, ohne Tränen. Die Gemeinde schwieg voll Ehrfurcht und mit einer Erwartung, die von vornherein dankbar war, ganz gleich, was er ihnen geben würde. Die Worte kamen aus einer Kehle, blockiert von Angst und Erinnern, von Leid und von Drogen. Und die Worte, der Anfang einer Ansprache, die er vor Jahren – für Gelegenheiten wie diese, da ihm so viel abverlangt wurde – mühselig auswendig gelernt hatte, waren dieselben, die er jedes Jahr sprach. Dieselben, genau diese drei: »Mein Sohn starb.«

Wieder stand er minutenlang da, zur Schau gestellt. Versunken in seine Erinnerungen, in seine Verwirrtheit, in seinen Schmerz, wurde er dann behutsam an seinen Platz geführt, und sein massiger Leib sank schwer auf den Stuhl, die Arme hingen ihm schlaff herab, die aschfahlen Handflächen der Menge zugekehrt. Und dann stieg die süße Musik auf, die ihre unnachahmliche Beseeltheit, ihre *Soul*, aus sprachlosem Leid wie diesem empfing, und die Kollekte wurde herumgereicht, Geld, für den Gefangenen-Hilfsfond der Kirche bestimmt, und der Prediger ermahnte alle, die in Hörweite saßen, am dreiundzwanzigsten ihre Stimme für schwarze Kandidaten zu geben.

Eine Weile regte sich die Gemeinde nicht. Meridian saß da und dachte daran, wie sehr sie immer die Kirche verabscheut hatte. Wenn sie in einer Kirche war, hatte sie immer klaustrophobische Ängste, als ob die Wände zusammenrückten. Als Kind hatten ihr sogar die Leute leid getan, die lange und langweilige Predigten über sich ergehen ließen, in der Sommerglut lustlos sich Luft zufächelnd und – vergeblich, so meinte sie – das beste erhoffend. Die Musik hatte sie geliebt. Außer der Musik hatten ihr nur die Buntglasfenster gefallen, falls welche da waren, denn Buntglas verwandelte das gewöhnliche Licht in etwas Prächtigeres, golden und rosig und malvengrün. Es war friedlich und schön und inspirierte die Andacht, die die Predigten nicht hatten wecken können. Als sie jetzt an die Fenster zurückdachte, hob sie den Kopf, um sich das große Buntglasfenster gegenüber anzusehen.

Anstelle des herkömmlichen bleichen Christus, mit dem verirrten Lamm, war da ein großer, breitschultriger Schwarzer. Er trug einen strahlend-blauen Anzug, durch den das Licht schimmerte wie in einem See, und eine leuchtendrote Krawatte, die aussah, als ob ihm Kirschen über die Brust kollerten. Sein Kopf war zurückgeworfen, sein Gesicht im Gesang verzerrt, und Schweißperlen sprühten wie funkelnde Diamanten um seinen Kopf. In einer Hand hielt er eine Gitarre, an einem goldenen Gurt befestigt, der um seine Schulter geschlungen war, und sie war kastanienbraun, das eine Ende viel schmäler als das andere, mit bernsteinfarbenen Wirbeln – wie Spritzgebäck-Plätzchen – am schmäleren Ende. Die andere Hand war hoch über den Kopf gereckt, und sie hielt einen länglichen Gegenstand, dessen eines Ende von Blut triefte.

»Was ist das?« fragte sie die gemütvolle Frau neben sich, die – leise summend – nach Fliegen klatschte und zwischendurch ihren zappeligen Kindern Kopfnüsse austeilte.

»Was?« wandte sie sich freundlich zu Meridian um und lächelte bezaubernd und unbeschwert. »Ach, *das.* Das hat einer unserer jungen Künstler gemacht. Es heißt: ›B.B., mit Schwert‹.«

Und was sollte Meridian, die stets eine vorwiegend reaktionäre Kraft in der Schwarzen Kirche gesehen hatte, von alledem halten? Was sollte man überhaupt davon halten? Sie war verwirrt, weil die Musik sich verändert hatte. Verwirrt, weil alle in der Gemeinde das Theaterstück für selbstverständlich gehalten hatten. Verwirrt, weil die Jugendlichen von heute in der Kirche nicht schliefen. Immerhin, vielleicht war es noch der einzige Ort, der den Schwarzen geblieben war, um sich zu versammeln, der Ort, wo Probleme des Lebens nicht in betrügerischer Weise erörtert wurden, wo der Weg in die Zukunft gemeinschaftlich diskutiert wurde, und wo moralische Fragen ernst genommen wurden.

Im Hinausgehen dachte sie an das Gesicht des jungen Mannes auf der Fotografie. Ein Gesicht, zerstört durch Knüppel in Menschenhänden. Jetzt war es nichts als zerschmetterte Knochen, die auseinanderfielen, während die Haut verweste, aufgelöst am Boden des Sarges; und die zarten Finger, zerbrochen und zermalmt unter Autoreifen, würden nie wieder die Richtung weisen. Immer würde sie diesen jungen Mann lieben, der gestorben war, bevor sie Gelegenheit hatte, ihn kennenzulernen. Wie aber, so fragte sie sich, konnte sie ihre Liebe jemandem zeigen, der bereits tot war?

Es gab einen Grund für die Zeremonie, die sie in der Kirche miterlebt hatte. Und als sie diesem Grund in ihren Gedanken nachging, wurde es ihr klar. Die Leute in der Kirche hatten dem rotäugigen Mann sagen wollen, daß sein Sohn nicht umsonst gestorben sei und daß sie, käme sein Sohn noch einmal zurück, sein Leben mit ihrem eigenen schützen würden. »Siehst du«, so sagten sie, »wir erwachen nur langsam zu der Gewißheit, daß wir nicht anders sind als andere Männer und Frauen, und nur langsam erheben wir uns im Zorn, aber wir sammeln uns bereits, um für das zu kämpfen, und es zu schützen, wofür dein Sohn in unserem Namen gekämpft hat. Laß uns nur deine Geschichte und das Leben und Sterben deines Sohnes mit dem verknüpfen, was wir bereits wissen – mit den Songs, den Predigten, dem ›Brother und Sister‹ – und bald werden wir so zornig sein, daß wir gar nicht anders können, als aufzustehen. Versteh' doch nur«, so sagten sie, »daß die Kirche (und Meridian wußte, sie meinten nicht einfach »Kirche«, zum Beispiel die Baptistische, Methodistische oder was noch, sondern vielmehr Gemeinschaft, Zusammenstehen, vereintes Streben nach Gerechtigkeit), daß die Musik, die Form unseres Gottesdienstes, die uns immer getragen hat, und die Art des Ritus, an dem du mit uns teilnimmst, daß all dies die Wege zur Veränderung sind, die wir kennen. Dies alles wollen wir mit uns nehmen, so weit wir können.«

Als Meridian dies begriffen hatte, tat es einen Ruck in ihrer Brust, als wäre ein dickes Seil, das ihre Lungen gefesselt hätte, gerissen, und sie könne wieder frei atmen. Denn sie begriff endlich, daß die Achtung, die sie ihrem Leben schuldete, von ihr verlangte, es fortzusetzen gegen alle Hindernisse, es zu leben und kein Stück davon aufzugeben ohne einen Kampf auf Leben und Tod – und möglichst *nicht* den ihren. Und daß diese Existenz, über sie selbst hinaus, all die Menschen um sie her einbegriff, weil, ja tatsächlich, weil die Jahre in Amerika sie alle als Ein Leben geschaffen hatten. Als sie dies erkannte, war sie mitten auf der Straße stehengeblieben. Unter einem großen

Baum am Rande der Straße, jetzt gedrängt voll von den Autos derer, die aus der Kirche heimkehrten, gab sie dem rotäugigen Mann ein Versprechen: daß sie, jawohl, töten würde, bevor sie zulassen würde, daß noch einmal jemand ihm seinen Sohn ermordete.

Ihr Herz schlug, als wolle es zerspringen, Schweiß rann ihr über die Haut. In der Regel wagte Meridian keine Versprechen zu geben, aus Angst, daß ein unvorhersehbares Ereignis sie zwingen könnte, sie zu brechen. Sogar ein sich selbst gegebenes Versprechen ließ sie um dessen Einlösung zittern. Es war kein leeres Versprechen, und doch hätte sie, falls man sie aufgefordert hätte, zu erklären, was es bedeutete, dies nicht sagen können. Und sich dieser neuen Fähigkeit des Tötens zu rühmen – die sie mitnichten bewunderte – hätte gewiß bedeutet, jenes Begreifen, das sie gewonnen hatte, zu zerstören. Nämlich dies: daß schon der bloße Gedanke an Mord unendliche Differenzierung verlangte, wie er auch unendliches geistiges Ringen voraussetzte, und daß der historische Hintergrund und die gegebene Situation stimmen mußten. Nur in einer Kirche, umgeben von den gerechten Hütern der Erinnerungen des Volkes, konnte sie sich der bloßen Idee des Mordes aus Vergeltung auch nur nähern. Nur unter den Frommen konnte diese Idee trösten und aufrichten.

Meridians Treue zu ihrem Versprechen blieb nicht beständig. Manchmal verlor sie sie ganz. Dann dachte sie: Ich habe erkennen dürfen, wie diese neue Fähigkeit, für unsere Freiheit alles zu tun, ja sogar – jenseits sporadischer Gewaltakte – zu töten, einst aufstehen und erblühen wird, aber ich selbst bin noch nicht an dem Punkt angelangt, wo ich fähig wäre, einen Menschen zu töten, noch werde ich – außer in falschen Anwandlungen, die mich in Zeiten der Not und des Zorns bedrängen – es jemals sein. Also bin ich ein Versager, wie die Revolutionäre vom Typ Anne-Marions und ihrer Bekannten es waren. (Auch wenn sie von keiner revolutionären Tat gehört hatte, die diese Gruppe, seit sie sich vor zehn Sommern von ihnen trennte, je vollbracht hätte. Anne-Marion war, soviel sie wußte, eine bekannte Dichterin geworden, deren Gedichte von ihren zwei Kindern handelten, und von der Beschaffenheit des Lichts, das sich in einem Teich brach, den sie besaß.)

Dies war es, dachte Meridian, was ich mir nicht eingestehen wollte, dies war es, was mich leiden machte: ich gehöre nicht der Zukunft. Mir ist nur bestimmt, den alten Liedern lauschend am Rande der Straße zurückzubleiben. Vielleicht aber, so dachte sie, wird es meine Aufgabe sein, hinter den wahren Revolutionären herzumarschieren - jenen, die wissen, daß sie Blut vergießen müssen, um den Armen und den Schwarzen zu helfen, und daher voranschreiten - und wenn sie dann innehalten, um sich das Blut abzuwaschen, und feststellen müssen, daß ihre Kehlen vom Gestank des ermordeten Fleisches zu sehr erstickt sind, um noch singen zu können, werde ich kommen und aus meiner Erinnerung Lieder singen, die sie noch einmal werden hören müssen. Denn es sind die Lieder der Menschen, verwandelt durch die Erfahrung einer jeden Generation, die sie zusammenhalten, und wenn eines davon verlorengeht, nehmen die Menschen Schaden an ihrer Seele. Wenn ich nur dies vermag, wird meine Aufgabe immerhin nicht vergeblich gewesen sein.

In anderen Zeiten aber kehrte die Treue zu ihrem Versprechen mächtig zu ihr zurück. Sie mußte nur ein verhungerndes Kind sehen oder versuchen, einen Erwachsenen, der weder lesen noch schreiben konnte, zur Ausübung seines Stimmrechts zu gewinnen. Bei solchen Gelegenheiten war ihr Zorn so gewaltig, daß sie tatsächlich überzeugt war, die Reichen und die Rassisten dieser Welt hätten Grund, sie zu fürchten, weil sie - wenn auch scheinbar schwach und ohne einen Penny, wenn auch ein bißchen verrückt und ohne Macht - dennoch von entschiedenem und hinlänglich furchtlosem Charakter sei, der, sich selbst genug in ruhigem Einstehen für das eigene Ziel, das mächtigste Land der Erde auf die Knie zwingen konnte.

Reisen

»Mama«, rief ein halbnackter kleiner Junge, als sie zur Veranda hinaufstiegen, »da draußen sind Leute, und eine davon ist die Frau mit der Mütze.«

Die hölzernen Stufen waren zerbrochen, die Veranda eingesunken. Im vorderen Zimmer arbeitete ein schmächtiger junger Mann stumm in einer Ecke. Vor ihm lag ein riesiger Stapel Zeitungen, die aussahen, als wären sie aus den Händen von Kindern gerettet, die über der Comix-Seite ihr Pausebrot verspeisten. Meridian und Truman schauten zu, wie der Mann sorgfältig das Papier glättete, jeweils zehn Blätter, dann zwanzig, zusammenlegte und sie zu einem Knüppel aufrollte, über den er einen Gummiring streifte. Wenn er einen »Knüppel« fertig hatte, warf er ihn wie ein Holzscheit auf einen langen Stapel solcher »Knüppel«, der entlang der einen Wand des ärmlich möblierten, ziemlich feuchten und stickigen Zimmers aufgeschichtet war.

Durch die Innentür konnte er – wenn er sich umdrehte, um die Zeitungen auf den Stapel zu werfen – seine Frau auf dem Bett liegen sehen. Er nickte ihnen zu, sie sollten zu der Frau ins Zimmer gehen.

»Wie geht's Ihnen?« fragte Meridian, während sie und Truman sich nach Stühlen umschauten.

»Nicht dorthin setzen«, sagte die Frau zu Truman, der sich auf einen Stuhl setzte, den der kleine Sohn gebracht hatte. »Sie versperren mir den Blick auf meinen Mann.«

»Tut mir leid«, sagte Truman und rückte rasch beiseite.

»Heute geht's mir ein bißchen besser«, sagte die Frau, »ein bißchen besser.« Ihr schmales schwarzes Gesicht war kindlich, nichts als spitze Knochen und große braune Augen, die nie vom Rücken ihres Mannes abließen.

»Johnny, mein Mann, ist gegangen und hat Wildbret für mich mitgebracht und hat mir ein bißchen Eintopf gekocht. Das hilft mir, glaub' ich, damit ich wieder etwas zu Kräften komme.« Sie lachte, aus keinem für ihre Besucher erfindlichen Grund. »Es war ein weiches, inniges Kichern, schwach, aber so, als wolle sie ihnen zu verstehen geben, daß sie alles, so schwer es war, ertragen könne.

»Wo hat er um diese Jahreszeit Wild aufgetrieben?« fragte Truman.

»Sagt es nicht weiter«, kicherte die kranke Frau wieder, »aber er ist auf die Jagd gegangen. An einer Stelle, wo das Schild steht: ›Wildwechsel‹. Wenn wir eine Gefrierbox hätten, würden wir für den Rest des Jahres kein Fleisch mehr brauchen. Johnny –« fing sie an, und ließ alle ihre Zähne sehen, und ihre Hand krallte sich in die Bettdecke, mit der gleichen Intensität, die in ihrem beinah gespenstischen Lächeln lag.

»Sagtest du etwas, Agnes?« fragte Johnny, der von seiner Arbeit mit den Zeitungen aufstand und an das Fußende des Bettes kam. »Hast du wieder Hunger?«

»Ich bin schon satt, wenn ich dich ansehe, Schatz«, sagte die kranke Frau kokett. »Das ist wohl der einzige Grund, warum ich nicht sterben will«, sagte sie und sah ihre Besucher für den Bruchteil einer Sekunde an. »Ich werd' meinen lieben hübschen Alten nicht mehr sehen.«

»Gequassel«, sagte Johnny und ging ins andere Zimmer zurück.

»Er war früher Arbeiter in der Kupferfabrik, hat Draht gemacht. Sie feuerten ihn, weil er das Fenster vor seiner Werkbank nicht verhängt lassen wollte. In der Fabrik, wißt ihr, da wollen sie nicht, daß die Arbeiter 'was anderes sehen als das, was direkt auf der Werkbank vor ihnen liegt. Aber mein Johnny sagt, er ist kein Maultier, und will keine Scheuklappen tragen. Er wollte ein bißchen Gras, ein bißchen Himmel sehen. Schlimm genug war es, dort im Keller begraben, aber sie wollten sogar die Sonne aussperren.« Sie blickte nach dem Rücken ihres Mannes, als könne sie ihre Hände hinüberschicken.

»Was macht er mit diesen Zeitungen?« fragte Truman.

»Habt ihr gesehen, wieviel er davon hat?« fragte die Frau. »Ihr solltet das hintere Zimmer sehen. Gerollte Zeitungen, bis an die Decke. Die halbe Küche ist voll von gerollten Zeitungen.« Sie kicherte heiser. »So ein Fleiß, in ihm. Na, im Winter schaffen er und Klein-Johnny diese Knüppel zu Leuten, die einen Kamin haben, und verkaufen sie für einen Nickel das Stück, oder, an Farbige, für drei Pennies.«

»Hm«, sagte Meridian. »Vielleicht könnten wir ihm ein bißchen helfen, solange wir hier sind. Wir sind nur gekommen, um euch zu fragen, ob ihr eure Wählerstimme registrieren lassen wollt? Aber ich finde, wir könnten genauso gut ein paar Zeitungen rollen, solange ihr's euch überlegt.«

»Wählen?« fragte die Frau und bemühte sich, ihre Stimme zu heben, um die Frage an ihren Mann weiterzugeben. Dann lehnte sie sich zurück. »Geht 'rüber und holt euch ein paar Zeitungen«, sagte sie.

Gleich als Meridian die Zeitungen in die Hand nahm, wurde ihr klar, daß Johnny sämtliche Mülltonnen, Abfallhaufen und Hinterhoframpen der Stadt nach ihnen durchgekämmt haben mußte. Viele waren feucht und glibberig, als ob ein Fisch oder etwas Schlimmeres darin eingewickelt gewesen wäre. Sie fing an, die Zeitungen sorgfältig glattzustreichen und sie zu »Knüppeln« aufzurollen. Die kranke Frau sagte: »Ich habe so einen Traum, daß ich, falls der Vater im Himmel mich segnet, die Woche vor dem zweiten Sonntag im Mai sterben werde. Denn ich will am Muttertag begraben werden. Ich weiß nicht warum, aber ich will es. Die Schmerzen, das ist, als ob meine Nieren in so ein Gaze-Sieb eingewickelt wären, wie man es in der Molkerei hat, um die Milch durchzuseihen, als ob sie dauernd ausgewrungen und ausgewrungen würden. Aber wenn ich sterbe, dann wird das Auswringen aufhören. Um den Muttertag, wenn der gnädige Vater im Himmel es will.«

»Mama kommt in'n Himmel«, sagte Johnny Junior, der herbeigelaufen kam, um die Zeitungen zu rollen, die Meridian glattgestrichen hatte.

»Sie ist jetzt schon so lieb wie ein Engel«, sagte Meridian bewegt, und strich ihm über das Haar, und zupfte ihm ein paar Fusseln ab, »wie du.«

»Was nützt das Stimmrecht, wenn wir nichts haben?« fragte der Mann, als Truman und Meridian aufbrachen. Die Frau, deren Augen beständig den Rücken des Mannes liebkosten, war eingeschlafen, und Johnny Junior kuschelte sich neben sie auf die ausgebleichte Chenille-Bettdecke. Im Winter mußte es kalt sein in diesem Haus, dachte Truman, der die Risse in den Wänden betrachtete; und jetzt, im Frühling, war es voll von Fliegen.

»Wollen sie kostenlose Medizin für ihre Frau? Ein Krankenhaus, das Schwarze durch die Vordertür aufnimmt? Eine gute Schule für Johnny Junior und einen Job, den Ihnen niemand wegnehmen kann?«

»Ich weiß nicht«, sagte der Mann mürrisch.

»Na, wahrscheinlich wird das Stimmrecht es Ihnen nicht bringen, nicht zu Ihren Lebzeiten«, sagte Truman, der nicht wußte, warum Meridian log und behauptete, daß es so wäre.

»Was *soll*'s mir einbringen, außer 'ne Menge Schwierigkeiten«, nörgelte der Mann.

»Ich weiß nicht«, sagte Meridian. »Vielleicht ist es sinnlos. Oder, vielleicht kann es der Anfang sein, daß Sie ihr Stimmrecht benutzen lernen. Sie müssen sich daran gewöhnen, Ihr Stimmrecht zu benutzen, wissen Sie. Man fängt mit einfachen Dingen an, und man kommt weiter...«

»Nein«, sagte der Mann, »ich habe keine Zeit für solche Dummheiten. Meine Frau wird sterben. Mein Junge hat keine Schuhe. Geht woanders hin und sucht euch jemand, der nicht die ganze Zeit für Pennies arbeiten muß, wie ich.«

»Okay«, sagte Meridian. Truman folgte ihr, überrascht, als sie schweigend hinausging.

»Was ist das?« fragte der Ehemann zehn Minuten später, als sie mit zwei Einkaufstüten durch die Tür kamen.

»Als Beilage zum Wildbret«, grinste Meridian.

»Ich hab' meine Meinung nicht geändert«, sagte der Mann mit einem mißtrauischen Blick in die Tüten.

Und sie sahen ihn erst am Montag nach dem Muttertag wieder, als er ihnen sechs Kaninchen brachte, schon abgehäutet, und zehn Zeitschriften-»Knüppel«; und unter die Worte auf Meridians gelbem Unterschriftenblock: BIST DU TAPFER GENUG UM ZU WÄHLEN schrieb er, mit schwarzen Großbuchstaben seinen Namen.

Treasure

Zuerst sahen sie das Haus von Miss Margaret Treasure durch eine Rauchwolke über der Landschaft, während sie einen schmalen Feldweg entlangwanderten, auf der Suche nach Leuten, die die Volkszähler immer übersahen. Es war Hochsommer, heiß wie in einem Backofen, und Schweißtropfen, die ihnen von der Stirn fielen, verdampften, bevor sie am Boden landeten. Zu beiden Seiten des Weges raschelten Maisstauden in trockenem einsamen Geplapper, und als sie die Schornsteine des Hauses im Dunst schwanken sahen, entdeckten sie eine dicke Schwarze, die ihnen in einem knappen roten Kleid entgegengewatschelt kam, einen Benzinkanister in der Hand. Sie hatte das Feld angezündet.

Truman und Meridian blieben stehen und beobachteten sie, und als die Frau vor ihnen angekommen war, blieb auch sie stehen. Sie war offenkundig überrascht, sie zu sehen, und ließ Meridian den Benzinkanister vor die Füße fallen.

Auf der breiten Vorderveranda von Miss Treasures sauberem weißen Haus stand ein riesiges Mahagony-Bett, dessen Kopf- und Fußlehnen ihnen über den Kopf ragten. Meridian hielt Miss Treasures fette Hand und half ihr, sich darauf niederzulassen. Miss Treasures Tränen tropften auf den schneeweißen Bettbezug, nachdem sie pinkrosa Spuren in das Schwarz ihrer Haut gegraben hatten.

»Ich muß das Bett verbrennen«, sagte Miss Treasure und knallte ihren Kopf gegen die Fußlehne.

»Warten sie noch ein Weilchen«, sagte Meridian und blickte zum brennenden Maisfeld hinüber. »Truman und ich werden ihnen helfen.«

»*Werden* Sie?« fragte Miss Treasure. Ihre Tränen versiegten für einen Moment, und sie lächelte ganz glücklich. Weil sie so fett war, hatten sie nicht gemerkt, wie alt sie war, aber jetzt sahen sie, daß sie tatsächlich eine alte Frau war. Die Adern auf ihren gichtknotigen Handrücken waren dick wie Taue, und ihre feuchten Augen waren vom grauen Star getrübt. Während Meridian und Truman sich zu Miss Treasure aufs Bett setzten, kam eine jüngere Frau, etwa Mitte sechzig, an die Tür und beugte sich von außen gegen das Fliegengitter.

»Verschwinde, Lucille«, krächzte die alte Frau, Miss Treasure, deren Stimme heiser vom Heulen war.

»Schande«, sagte die alte Frau affektiert und wandte sich ab. »Schande. Schande. Schande. Auf unseres Vaters Namen.«

Miss Treasure erhob sich vom Bett und ging ins Haus und kam einige Minuten später mit einem Zitronensaft und einer hohen, glänzenden schwarzen Perücke auf dem Kopf zurück. Ihr Gesicht unter der Perücke war runzelig und verwüstet.

»Hauptsache«, sagte Miss Treasure und schlürfte ihre Limonade, »ich verbrenne das, was mir gehört. Alles Land, was Sie hier sehen, gehört Ihrer sehr Ergebenen. Ich kann's verbrennen, wenn ich will. Nicht wahr?«

»Sicher«, sagte Truman.

»Ja, Ma'am«, sagte Meridian.

»Hast du das gehört, Schwester?« rief Miss Treasure.

»Ummmpf!« kam es hinter dem Fliegengitter hervor.

»Wie heißt ihr beiden, habt ihr gesagt?«

»Meridian und Truman«, sagte Meridian.

»Ich bin Miss Margaret Treasure, und das ist Little Sister Lucille.«

»*Miss* Lucille Treasure«, kam die Stimme hinter dem Fliegengitter hervor. »Ich bin eine Miss, genau wie du.«

»Mögt ihr Kinderchen 'was Zitronensaft?« fragte Miss Treasure, während sie einschenkte.

Miss Lucille Treasure kam auf die Veranda. Hager und von

der Farbe nassen Sandes, gab sie sich mit der steifen Arroganz eines Spazierstocks in der Hand eines Prinzen. Grausamkeit lag in ihren Augen, als sie ihre Schwester ansah.

»Das bißchen Verstand, was sie hatte«, schniefte sie, »ist ihr abhanden gekommen.«

»Ist es nicht«, protestierte Miss Margaret Treasure. Und sie fing an, ihre Story zu erzählen: Die beiden hatten ihr ganzes Leben lang - nicht als Pächter, sondern als Besitzer - auf der Treasure-Plantage gelebt. Wie es ihrem Vater gelungen war, in diesem Teil Georgias eine Plantage zu erwerben, war ihnen als Kinder zu fragen verboten gewesen. Jedenfalls hatte Miss Margaret Treasure - von Little Sister Lucille angestiftet - Stück um Stück des Landes verkauft, bis sie nur noch so viel besaß, wie man von den beiden Veranden des Hauses aus überblicken konnte. Jahrelang hatten sie keine Menschenseele gesehen, außer wenn Little Sister Lucille zweimal im Jahr in die Stadt fuhr, um Vorräte einzukaufen, wie es ihr Vater getan hatte. Alles andere, was sie brauchten, lieferte die Farm. Sie hatten Hühner, ein paar Kühe, ein Schwein. Menschen sahen sie eigentlich nur, wenn Little Sister Lucille alle fünf Jahre die Maler beauftragte, zu ihnen herauszukommen und das Haus anzustreichen. Und mit dem letzten Anstrich des Hauses hatten Miss Margaret Treasures Kümmernisse angefangen. Sie hatte sich in einen der Maler verliebt.

Na ja, fuhr Miss Margaret fort, jetzt hatte sie nur noch diese letzten paar Acres Land und das Haus, das sie behalten wollte. Aber sie mußte alles verkaufen, um ihren guten Namen und ihre Selbstachtung zu retten. Denn vor sechs Monaten hatte sie aus ihrem Schlafzimmerfenster geguckt und ein Gesicht oben auf der Leiter gesehen. Es war das Gesicht ihres Schicksals. Sein Name war Rims Mott. Ein Hundename, fügte sie hinzu und brach aufs Neue in Tränen aus.

Little Sister Lucille stand dabei, die Hände in die Hüften gestemmt und blickte finster auf die bebenden Schultern ihrer Schwester herab.

»Eingelassen hat sie sich«, sagte sie säuerlich und spuckte übers Geländer der Veranda; ihre braune Spucke fiel zwischen zwei blaue Hortensienstauden. »In ihrem Alter! Die ganze Nacht hab' ich sie machen gehört. Jaulend und rungelnd wie zwei Straßenkatzen.«

»Verschwinde«, sagte die weinende Frau. »Ich kann es nicht haben, wenn du schadenfroh hinter mir stehst. Nur weil er dich nicht angesehen hat!«

»Was will ich mit einem Mann von fünfundvierzig Jahren?« fragte Little Sister Lucille. »Ich weiß mir was besseres, als mich besudeln zu lassen. Wenigstens«, schniefte sie, »werde ich als reine Frau vor meinen Schöpfer treten, so rein wie am Tage, als ich geboren war.«

Miss Margarets nasses Gesicht verzog sich vor Qual. Aus einem Döschen, das sie zwischen zitternden Finger hielt, legte sie frischen Puder auf, auch wenn die Tränen ihn immer wieder wegschwemmten. »Alle sagen, ich muß ihn heiraten«, schluchzte sie, »aber ich will nicht, *noch* nicht.«

»Dann heiraten sie ihn nicht«, sagten Truman und Meridian wie aus einem Munde.

»Denn falls ich ihn heirate«, fuhr Miss Margaret fort, »wird er mich sicherlich überleben. Und dann wird sein Name auf diesem Haus sein, und er wird es besitzen, und ich traue ihm nicht zu, daß er ein Kind erziehen kann.«

Meridians Gesicht verriet nun doch Überraschung, und im gleichen Moment erfaßte auch Truman den Grund für Miss Margarets Tränen.

»Ja«, sagte Little Sister Lucille selbstgefällig, als sie ihre veränderten Mienen sah, »sie ist fett und schwarz und zweiundsiebzig Jahre alt, und der erste Mann, für den sie die Beine breit macht, hat sie geschwängert.«

»Neunundsechzig«, sagte Miss Margaret.

Gelächter, wie eine boshafte Silberschlange, kroch an Trumans Wirbelsäule hoch. Er konnte es nicht fassen, als er Meridian *beiläufig* fragen hörte: »Im wievielten Monat *sind* Sie?« Er schielte zu ihr hinüber und erwartete ein Gesicht zu sehen, das um Fassung rang, doch auf ihrer braunen Haut stand nur ein leises, schon verblassendes Erröten.

»Ahhh!« kreischte Miss Margaret und sprang auf die Füße

und riss an dem schwarzen Bett. »Helft mir doch, es zu verbrennen«, schrie sie und zerrte mit solcher Kraft daran herum, daß ihre Perücke ihnen vor die Füße rollte. Little Sister Lucille erhaschte sie und fing an zu lachen, anscheinend vergessend, daß ihr eigenes Haar gräßlich dauergewellt und in einem läppischen Orange getönt war.

Truman und Meridian faßten mit an und schoben das Bett aus Leibeskräften. Es hing über den Rand der Veranda, wie ein an Land gezogenes altes Schiff. Miss Margaret zerrte, und das Bett polterte die Treppe hinunter, auf den Hof, wobei Miss Margarets Bein eingeklemmt wurde. Sie schien den Schmerz nicht zu spüren, sondern rüttelte unbarmherzig an dem Bett herum und versuchte es – über ihren eigenen Körper – zum Rande des Maisfelds zu wälzen, wo das Feuer inzwischen ausgegangen war.

»Sie haben kein Benzin mehr«, sagte Meridian und schüttelte den Kanister.

Meridian und Truman saßen unter einer heißen Sommersonne im Garten und wickelten Miss Margarets Bein in kalte Kompressen.

»Miss Margaret«, sagte Meridian, die das Bein auf dem Schoß hielt und es ab und zu liebevoll tätschelte, »wie Sie sich bewegen, da glaube ich nicht, daß Sie schwanger sind. Findest du, daß sie schwanger aussieht?« fragte sie Truman. »Trumans Frau hatte ein kleines Töchterchen«, erklärte sie Miss Treasure auf, »darum kann man ihn fragen, denn er muß es wissen.«

Truman schüttelte bedächtig den Kopf. »Sie kommen mir kein bißchen schwanger vor«, würgte er heraus.

Miss Margarets Gesicht leuchtete auf, verdüsterte sich aber gleich wieder. »Rims hat es auch gesagt«, sagte sie. »Er und Little Sister Lucille haben es *beide* gesagt.«

»Na«, sagte Meridian, »wenn wir Sie wegen Ihrem Bein zum Doktor bringen, können wir ihn gleich fragen.«

Miss Margaret schaute sie furchtsam an. Es war Jahre her, daß sie die Plantage verlassen hatte, und aus den Zeitschriften, die sie las, wußte sie, daß die Welt jenseits der Grenzen ihres Besitzes unsicher war. Sie jammerte über ihr Leben und stöhnte über den Schmerz in ihrem verletzten Bein. Sie war Jungfrau gewesen, bis Rims in ihr Leben trat, es mit flackernder Erwartung erfüllte und ihren Körper so sehr verzauberte, ihn mit so herrlichem Weh erfüllte, daß sie gewußt hatte, es sei eine Sünde, für die sie bestimmt bestraft werden würde. Sie lag wie ein verirrtes Kind auf der heißen Erde, oder wie ein schwer getroffener Hund, der seinen Geruchssinn verloren hat und umher irrt und sich an den Baum lehnt, an den er sonst pinkeln würde.

Truman und Meridian stützten sie Schritt für Schritt des Weges und hielten sie an ihren fetten Armen – bis vor die Sprechzimmertür des Arztes. Als sie eine Stunde später wieder zum Vorschein kam, war aller Kummer aus ihrem Gesicht verflogen, und es schien unbeschrieben und glatt, als ob ihre Runzeln alle – von Küssen – hinweggewischt wären. Am nächsten Tag kam sie, um ihren Namen auf Meridians gelben Block zu setzen.

»Sagt mir, was ich machen soll, ihr jungen Leute«, sagte Miss Treasure. »Ich gehöre zu euch!«

Pilgerschaft

Und also mußten sie in das Gefängnis gehen. Und also mußten sie. Und also mußten sie das Kind aufsuchen, das ihr Kind ermordet hatte – das war nicht neu. Wohl aber das Gefängnis. Nur zwei Stockwerke hoch, lag es abseits der Straße in einem Meer von Grün, die schwarzen Bäume rundum wie Zinnen um eine Burg. Das Knirschen des Schlüssels, das Schloß, die knarrende Tür, die nach innen öffnete und Licht in die Düsternis saugte. Um Unterschriften zu sammeln. Um die rauhe Musik der Stimmen von Frauen zu hören, Frauen, dazu verurteilt, dazusitzen und wie Insekten zu summen, zu weinen, in der Reihe zu warten. Wer war dieses Wesen? Dieses Mann/Frau-Wesen mit einer rasierten Stelle im kurzgeschornen Haar? Das stumpfe Gesicht, die Schenkel eines Mannes, die Brüste einer Frau? Aber sie waren nicht gekommen, um zu gaffen oder die kalte Sicherheit derer zu spüren, die frei waren.

Sie war in einer Zelle, so klein, so winzig wie ein fast leerer Schrank. Meridian hatte Zeitschriftenbilder von grünen Feldern, einem blauen Fluß mitgebracht, von einem einzigen roten Apfel auf weißem Blatt, groß, alles Geheimnis enthaltend, das je auf Erden war oder sein wird. Es war der Apfel (nicht der Fluß oder die grünen Felder), der dem Mädchen gefiel. Sie liebte das Rote, liebte das Runde, liebte den glatten Glanz auf den Dingen, die sie aß.

Ja. Sie hatte ihr Baby in die Wange gebissen, hatte ein Stück herausgebissen, bevor sie es mit einem Stück Vorhangrüsche erwürgte. So rund und so glatt war es auch gewesen. Aber nicht rot, ach ja, bevor sie es biß. Und war es nicht richtig, das Vergängliche zu verzehren, das man, so lieblich duftend, so weich zu berühren, Mmmm, doch nicht behalten durfte? Es war (sagte sie verträumt) als hätte ich mir das Herz ausgerissen (rot und rund, zart, ein glänzendes Valentins-Herzchen!) und es in meinen Händen gehalten (mein Herz war süß, süß, duftete süß wie Apfelblüten) und ein Stück herausgebissen. Es war mein Herz, das ich biß, das ich würgte, bis es starb. Das ich am Fluß versteckte. Mein Herz, das der streunende Hund ausgrub, und bellend den Besitzer des Feldes herbeirief. Mein Herz. Wo ich bin (fährt sie fort) ist niemand. Und warum bin ich am Leben, ohne mein Herz? Und wie kommt das? Und wer, verdammt, seid ihr?«

»Leute, die die Leute bitten, ihre Stimme abzugeben.« (Um zu bekämpfen, zu überwinden alles, was sie auf dieser Welt jemals gekannt.)

(Sie lacht, herzhaft und jung.) Na, ihr glaubt doch wohl nicht, daß hier jemand ist, der wählen wird? Perlen des Lachens, das sie fortreißt in die Absurdität von Würmern, die zappelnd nach einem Regen Sanddämme bauen, um sich darin zu verkriechen, bevor der zermalmende Stiefel, der über ihnen schwebt, niedertrampelt.

»Deine Mutter und deine Schwester sagten uns, wo du bist.«

Eine Mutter und eine Schwester, merkwürdig selbstgefällig gegen dieses Kind, das ihr Kind getötet hat. Dreizehn (sagte die Mutter) und *allzu* verdammt erwachsen, seit sie noch keine zehn war. Verworfen, hab' ich ihr gesagt. Verschwinde aus meinem Haus. Geh' meinetwegen auf den Strich. Ganz anders als (sich umdrehend, blickend) Carrie Mae, die mir bei der Geburt die meisten Schmerzen machte. Wahrscheinlich weil's damals der einzige Schmerz war, den Carrie Mae mir machte, und damit – vorbei. Die andere aber (mit dem Kinn deutend), die im Gefängnis, kam *allzu* leicht. Wie geschmiert.

Verschont mich (sagt das Mädchen). Auf ihrem Gesicht hat die Sonne Rechtecke eingebrannt, zwischen den helleren, durch die Gitterstäbe geschützten Stellen. Ich schau' jeden Abend aus meinem Fenster (sagt sie), bis sie untergeht, mir die Brust zu wärmen. Falls ihr mir nicht mein Herz wiedergeben könnt (sagt sie, plötzlich giftig), haut doch, verdammt, ab.

Es ist zuviel für sie beide. Wieder draußen, sind sie Fremde in dem grünen Land, auf dem Erdboden, auf dem sie gehen, den sie seit jeher kennen. Es geht Meridian so nah, daß sie sich an ihren Schlafsack klammert, weinend unter Trumans zitterndem Arm, ihr eigenes Herz erregt vor Mitleid um ihren Sohn. Aber ihr Herz will nicht schneller schlagen, will sich nicht erwärmen, außer für das Mädchen, das Kind, das ihr Kind getötet hat. Verworfen, dachte sie, verworfen. Ein beschissenes Herz aus Stein.

Truman lag wie hingeschlachtet und fühlte eine Wärme wie von heißem Blut ihn überschwemmen. *Scham.* Aber wofür? Für wen? Was hatte er getan?

Meridian saß und beobachtete die Arbeiter aus der Stadt, die den Müll aus dem Abflußkanal harkten, bevor sie ihn aufluden (ja, diese geringe, lebenswichtige Dienstleistung hatten die Wähler erreicht), und sie schrieb mit solcher Intensität und Leidenschaft, daß der Kugelschreiber Löcher in das Papier grub.

ich will ein ende setzen der schuld
ich will ein ende setzen der scham
was immer du getan hast, meine schwester
(mein bruder)
wisse, ich möchte dir verzeihen
dich lieben
nicht der kristallene stein
unserer schuld ist es
der uns einschließt
nicht der zahn unserer reinheit
der unsere herzen blutig beißt.

Sie schlief diese Nacht in Trumans Armen, während Trumans Träume in einem ächzenden, schluchzenden Gesang seinen Lippen entwichen.

Eines Tages, nachdem Truman – der bei Meridian Augenblicke zu erleben begann, da er zutiefst mütterliche Gefühle hatte – ihr mit einem in kaltes Wasser getauchten Tuch die Stirn gewischt hatte, schrieb Meridian:

es gibt wasser für uns in der welt
uns gereicht von unseren freunden
wenn auch die felsen: Mutter, und gott
auflösen sich zu sand
und wir, alleine ausgesetzt
uns zu
heilen
und neu-zu-erschaffen.

Diese Gedichte verbrannte sie nicht. Sie hängte sie über Anne-Marions Briefen auf, ohne danach diese Briefe, die Gedichte, oder auch nur die Wände je wieder anzusehen.

Sühne:
Später, im selben Leben

Truman hob ihre Hände von seinen Schultern. »Ich muß dir etwas sagen, Lynne. Versuche, nicht zu erschrecken.«

»Du willst dich von mir scheiden lassen«, sagte Lynne, tapfer, albern.

»Nein, ich glaube nicht. Die Wahrheit ist, ich liebe dich noch immer.«

»Noch immer?«

»Schon immer. Ich liebe dich. Du verwirrst mich manchmal...«

»Du verwirrst mich oft.«

»... aber. Aber ich begehre dich nicht mehr.«

Lynne sank in ihren Schaukelstuhl zurück. Truman kniete am Boden.

»Ist es, weil ich fett bin?« fragte sie. »Ist es vielleicht, weil ich stinke? Ist es, weil mein Haar dreckig ist? Oder ist es, weil –« und sie lachte ein erwürgtes Lachen – »ist es, weil ich jetzt KUNST geworden bin?«

»Nein, nein«, sagte er und wunderte sich über sie. »Ich liebe dich ja. Nur, ich – will nichts anderes, als für dich sorgen und dein Freund sein. Dein Bruder. Kannst du das akzeptieren?«

Lynne kicherte und dachte an den Süden, die grünen Felder...

»Vielleicht können wir noch einmal von vorne anfangen«, sagte sie. »Laß uns in den Süden zurückkehren.«

»Wozu?«, fragte er.

Bilanz ziehen

»Aber weißt du, was ich von dir will?« fragte Truman Meridian und beugte sich über ihren Schlafsack. »Versprich' mir, daß du mich nicht auslachen wirst...« Er zögerte. »Ich will, daß du mich liebst.«

»Aber ich *liebe* dich«, sagte Meridian.

»Du bemitleidest mich. Ich will deine Liebe, wie ich sie einmal vor langer Zeit besaß. Da spürte ich, wie sie mich ansprang, immer wenn du mir in die Augen sahst. Sie überflutete mich wie eine ganz besondere Sonne, wie Gnade.«

»Meine Liebe zu dir hat sich verändert ...«

»Du hast sie zurückgenommen.«

»Nein, ich habe dich freigegeben ...«

»Ha«, sagte er »gib' doch zu, daß du gelernt hast, mich zu hassen, mich zu verachten, zu wünschen, ich wäre tot. Deine Nichtachtung für mich war es, die es mir unmöglich machte, zu vergessen.«

»Ich meinte es ernst, als ich sagte, es soll dich freisetzen. Es steht dir frei, so zu sein, wie immer du willst, zusammenzusein, mit wem immer du willst, welcher Hautfarbe oder welchen Geschlechts auch immer du willst – und was du riskierst, indem du wahrhaft du selber bist, wie du sein willst, das ist nicht mein Verlust. Es steht dir aber *nicht* frei, zu glauben, ich sei eine Närrin.«

Er bemerkte, daß zu der Reihe von Briefen über ihren Köpfen etwas hinzugekommen war. Ein leeres Blatt Papier und daneben, das Ende der Reihe bildend, die Fotografie eines riesigen Ochsenauges. Als er nähertrat, entdeckte er – nach einigem Kopf- und Halsverrenken –, daß es gar kein Ochsenauge war, sondern ein gigantischer Baumstumpf. Ein winziger Zweig, nicht dicker als sein Finger, brach an der einen Seite hervor. Das Stück Papier daneben war nicht leer, wenn auch die Handschrift grotesk winzig war. Dennoch erkannte er sie als Anne-Marions Schrift. Es enthielt nur eine Zeile: »Wer könnte glücklicher sein als Du, daß ›Die Besucherin aus Fernen Welten‹ nicht gestorben ist?« Sie hatte, ebenfalls in winziger Schrift, hinzugeschrieben: »vielleicht ich«, es dann aber halb ausgestrichen.

Hinter ihm auf dem Fußboden beugte sich Meridian immer und immer wieder vor, um ihre Zehen zu berühren, ihr gerötetes Gesicht angespannt vor Entschlossenheit; eine Woge der Dankbarkeit, daß sie am Leben war, überflutete Trumans Körper. Als sie innehielt, um Atem zu schöpfen, ließ er sich neben ihr auf den Boden fallen und nahm sie in die Arme. Aber Meridian lehnte sich nur einen Augenblick an ihn, dann fuhr sie fort, ihre Muskeln zu strecken und zu spannen.

»Truman«, sagte Meridian, als sie sich erschöpft auf den Boden legte, »erinnerst du dich, was passierte, als wir das letztemal ausgingen? Erinnerst du dich, wie diese Frau mich anschaute und uns dann die Tür vor der Nase zuschlug?«

Er erinnerte sich.

»Ich habe dir nie erklärt, warum sie das tat. Sie tat es, weil ich etwas über ihr Leben wußte, das sie mir erzählt hat, aber jetzt wünschte sie, ich wüßte es nicht, weil sie befürchtet, was die Leute über sie denken könnten, falls sie es erführen. Diese Frau hat ihren Mann verlassen, weil er in seinen Hund vernarrt war.«

Truman lachte.

»Nein, nein, im Ernst. Er war verliebt in einen Hund. Er kaufte von allem nur das beste für den Hund zu fressen. Er bürstete ihm unzählige Male am Tag das Fell. Er sprach dauernd mit ihm und ignorierte seine Kinder und seine Frau. Er ließ ihn auf dem besten Bett im Gästezimmer schlafen. Manche Nacht blieb er bei ihm. Als seine Frau schließlich zu zetern anfing und ihn fragte, warum, erklärte er, daß der Hund einen besseren Charakter habe als sie. Die Frau verließ ihn. Nahm alle fünf Kinder und zog zu ihrer Mutter. Aber die Mutter wollte sie nicht haben, weil die Kinder ihr auf die Nerven gingen, also überzeugte sie ihre Tochter, daß es besser wäre, zu ihm zurückzukehren, selbst wenn die Geschichte, die sie erzählte, wahr sein sollte. Denn immerhin besaß er ein eigenes Haus und war nicht geizig oder bösartig. Sie hatten alle genug zu essen, und er kam nicht am Wochenende betrunken nach Hause und schlug sie nicht. Die Frau hatte keine andere Wahl; sie ging zu ihrem Mann zurück, weil sie allein die Kinder nicht ernähren konnte. Natürlich ließ sie ihren Mann versprechen, den Hund zu töten.«

»Und, hat er den Hund getötet?«

Meridian zuckte die Schultern.

»Das, fürchte ich, ist nicht die Pointe«, sagte sie.

Befreiung

Sie war stark genug, um zu gehen, und besaß nichts, um zu packen. Sie hatte ihre Mütze abgelegt, und die weiche Wolle ihres neu gewachsenen Haars rahmte ihr schmales, entschlossenes Gesicht. Sein erster Gedanke war: Lazarus, aber dann versuchte er sich auf jemand weniger Passives zu besinnen, der selbst, ohne Hilfe, auferstanden wäre. Meridian würde in die Welt zurückkehren, von der Krankheit gereinigt. Das war es, was er wußte.

Was er *fühlte*, war aber, daß etwas in ihr genauso war, wie sie immer gewesen war und wie er sie, endlich, hatte kennenlernen dürfen. Das war der Teil, den er jetzt vielleicht spüren, aber nicht sehen konnte. Er würde nie wieder »seine« Meridian sehen. Der neue Teil war aus dem alten hervorgegangen, und das war beruhigend. Dieser Teil von ihr, neu, sicher und bereit für, ja sogar begierig auf die Welt, ihm mußte er, das wußte er, irgendwann in der Zukunft um seines wahren Wertes willen wieder begegnen.

»Deine Zwiespältigkeit wird immer beklagt werden von Leuten, die sich für Revolutionäre halten, und dein unorthodoxes Verhalten wird den Traditionalisten Anlaß geben, mit den Zähnen zu knirschen«, sagte Truman, der sich selbst für keine der beiden Gruppen interessierte. Für ihn waren sie praktisch Phantasiegebilde. Dennoch war es für ihn erstaunlich, wie tief Meridian eine Idee – ganz gleich, woher sie kam – ihr Leben durchdringen ließ.

»Ich hasse den Gedanken, daß du immer allein bist.«

»Aber genau das ist mein Wert«, sagte Meridian. »Außerdem werden sich alle Menschen, die so allein sind wie ich, eines Tages am Fluß versammeln. Wir werden die Abendsonne untergehen sehen. Und in der Dunkelheit werden wir vielleicht die Wahrheit wissen.«

Sie umarmte ihn, lange, anhaltend (ihre Nase und ihre Lippen, die an seinem Hals herumwühlten, reizten ihn zum Lachen), und dann ging sie, und ging so rasch, als wolle sie jemanden einholen.

Truman drehte sich um, und Tränen brannten auf seinem Gesicht, und beinah blind fing er an, die Gedichte zu lesen, die sie an den Wänden zurückgelassen hatte. Die Briefe zu lesen, brachte er noch nicht über sich. Jedenfalls war es jetzt sein Haus. Seine Zelle. Morgen würden die Leute kommen und ihm zu essen bringen. Irgendwer würde kommen und seine Kuh melken. Sie würden geduldig darauf warten, daß er die Aktion begann, daß er sie den nächsten führerlosen Schritt geleite. Vielleicht würde er.

»was immer du getan hast, mein bruder ... wisse, ich möchte dir verzeihen ... dich lieben   nicht der kristallene stein unserer unschuld ist es   der uns einschließt   nicht der zahn unserer reinheit   der unsere herzen blutig beißt«

Truman fühlte, wie der Raum zu kreisen anfing, und fiel zu Boden. Einen Augenblick später, schwindelig, kroch er zitternd in Meridians Schlafsack.

Unter seiner Wange spürte er die harte Kante des Schirms ihrer Mütze, er zog sie hervor und setzte sie sich auf den Kopf. Er hatte eine Vision: Anne-Marion, wie sie ihrerseits eines Tages verloren vor dieser Tür stünde, die immer offen bleiben würde, und er fragte sich, ob Meridian wußte, daß der Urteilsspruch, den sie sich auferlegt – und durchlebt – hatte, nämlich, den Konflikt in der eigenen Seele auszutragen, jetzt von ihnen allen in Furcht angenommen werden mußte.

Zur Erläuterung

amen corner: Hervorgehobene Bankreihe in der Kirche, im Altarraum oder in einer Nische, wo die Vorbeter bzw. Vorsänger beim Responsorium (»Amen!«) sitzen.

anti poverty jobs: Arbeitsplatz-Schaffung, vor allem im Sozialbereich, damals im Rahmen des von Präsident Johnson versuchten Kampfes gegen die Armut in USA (anti-poverty-programs).

country club: Gesellige Clubs der oberen Mittelschichten, mit Freiluft-Sportanlagen; im Süden der USA oft Sammelbecken reaktionärer Gesinnung.

cracker: Abwertender Spitzname für arme Weiße im ländlichen Süden der USA.

Crispus Attucks: Ca. 1723-1770; amerikanischer Patriot; angeblich entlaufener Sklave; einer der Männer, die beim Massaker von Boston durch britische Truppen getötet wurden. Die Bostoner leiteten mit ihrem Zoll- und Steuerboykott die Lossagung der amerikanischen Kolonien ein, und mithin die Unabhängigkeit der USA.

funeral home: Aussegnungshalle und Balsamierungsinstitut eines Bestattungs-Unternehmers.

hip: Jazz- und Beat-Sprache; bedeutet u.a.: ein sensibler Mensch mit Interesse für (Jazz-)Musik, Kunst und soziale Probleme.

honky: Spitzname für Weiße der US-Nordstaaten.

»I have a dream«: Motto einer der großen Botschaften Martin Luther Kings, vom 20. August 1963.

movement: Bürgerrechtsbewegung der Schwarzen in den sechziger Jahren, mit dem Ziel der vollen staatsbürgerlichen

Gleichstellung; Abschaffung rechtlicher und politischer Diskriminierung.

muzak: Musikberieselung im Kaufhaus und in Werkshallen.

Registrierung von Wählerstimmen: In den USA, wo keine Wohnsitzmeldepflicht besteht, läßt der Wähler sich vor der Stimmabgabe beim Wahlamt registrieren. In den Südstaaten bestand bis Mitte der sechziger Jahre eine Reihe von Gesetzen und Verordnungen, die Schwarze von der Stimmabgabe abhalten sollten: z.B. eine Wahlsteuer, der Nachweis von Schriftkenntnis usw. Diese wurden durch den 24. Verfassungszusatz (1964) verboten, und die Voting Rights Act von 1965 autorisierte die Bundesbehörden, die Wähler-Registrierung zu überwachen. Entscheidungen des Supreme Court (1966) und einzelstaatlicher Gerichtshöfe wirkten in dieselbe Richtung, wonach es ein Hauptziel der Bürgerrechtsbewegung in diesen Jahren war, die passiven, eingeschüchterten Schwarzen im Süden der USA zur Wahlbeteiligung (Registrierung) zu motivieren; was für die Bürgerrechtskämpfer (civil rights workers) oft mit Lebensgefahr verbunden war.

Scarlet O'Hara: Hauptfigur des Romans »Vom Winde verweht«, von Margaret Mitchell; Idealbild der kultivierten Lady aus der dekadenten Plantagenbesitzer-Aristokratie im Süden der USA.

troopers: state troopers: einzelstaatliche Polizeitruppe.

Harriet Tubman: Ca. 1821-1913; entflohene Sklavin, Kämpferin für die Abschaffung der Sklaverei; führte selbst viele Sklaven in die Freiheit und bewies bei solchen Unternehmungen (der »Underground Railroad«) eine Härte, Ausdauer und Unerschrockenheit, die ihr den Spitznamen »General Tubman« eintrug. Nahm auf der Seite der Nordstaaten am Bürgerkrieg teil, als Krankenschwester, aber auch als »Scout«, also als Anführerin von Kommandotrupps. Widmete sich danach ganz der Waisen- und Altenpflege.

welfare mother: Von der (unter Präsident Reagan gekürzten) Wohlfahrtsunterstützung, ergänzt durch Lebensmittelgutscheine *(food stamps)* konnten alleinstehende Mütter damals leidlich ihr Leben fristen.

Inhalt